KB241923

이기는
심리의
기술
트릭

안세영 지음

한국경제신문

협상의 극치인 '클린 트릭clean trick'을 국내에 처음 소개하는 책이다.

남을 배려하며 두 배로 얻어낸다.

생떼 쓰는 고객을 웃으며 위협해 내보낸다.

상대가 아무리 '지저분한 트릭dirty trick'을 써도 맞받아친다. 그래서 언제 어디서 어떤 적수를 만나도 절대 지지 않는다.

때론 폭탄주를 돌리며 누구와도 친구가 된다.

여러분의 생활은 이 같은 클린 트릭을 필요로 하는 협상의 연속이다. 아침에 눈을 떠서 먼저 목욕탕에 들어가려는 부인에게 남편은 '내가 먼저 샤워만 간단히 하고 금방 나오겠다'고 협상한다. 아내가 맞벌이로 하는 옷가게에 가면 몇 번 입은 옷을 반품해 달라고 생떼 쓰는 아줌마에서부터 별의별 손님을 다 상대해야 한다.

회사에서 영업을 맡은 남편도 여러 거래선들과 협상을 하며 외국 바이어들과 비즈니스를 위해 술잔까지 기울여야 한다. 퇴근 후에는 퇴계로 등산용품 가게에 들러 터무니없는 정가표를 붙인 노련한 상인들과도 밀고 당겨야 한다.

여러분이 날마다 하는 협상은 야누스의 얼굴이다. 인간의 법칙이 지배하는 착한 선비의 모습과 정글의 법칙이 지배하는 야수의 모습을 가지고 있다. 사자나 호랑이를 다루려면 설득이나 배려만 가지고는 어림없다. 뭔가 기발한 트릭을 써야만 야수를 길들이고 제압할 수 있다.

하지만 요즘 시중에 난무하는 '설득', '협상', '처세'에 관한 많은 책들은 착한 선비의 모습을 가진 협상밖에 설명하지 못하고 있다.

사운이 달린 비즈니스 협상을 하는데 어떻게, 설득만으로 상대를 움직일 수 있겠는가? 필요하면 위협하고 으름장도 놓아야 한다. 상대가 막무가내로 생떼를 쓰면 슬쩍 비켜서서 스스로 함정에 빠지게도 해야 한다. 뛰어난 협상 고수를 만났을 때 무작정 정면으로 달려들면 백전백패다. 오히려 멍청하게 보이는 허즉실의 벨리업belly-up 전략으로 상대를 방심하게 만들어야 한다.

'클린 트릭'이 제시하는 협상은 여러분이 인간관계를 넓히고 경쟁력 있는 샐러리맨과 경영자가 되는 데 새로운 지평을 열어줄 것이다.

본문의 '역사에 흐르는 협상 이야기'에서 소개하듯이 성웅 이순신 장군도 때론 비굴하게 협상하고, 때론 조정 대신들에게 선물까지 주며 클린 트릭 협상을 했다.

이런 배경으로 제목을 '이기는 심리의 기술 트릭(클린 트릭)'으로 정했지만 처음에는 약간 고심했다. 우리 사회가 가지는 '트릭'이라는 단어에 대한 잘못된 편견 때문이다. 하지만 사전을 보면 '비열한 술책'이라는 뜻도 있지만 '멋지게 해치우는 재치'라는 뜻도 있다. 전자가 지저분한 '더티 트릭'이라면 후자는 멋진 '클린 트릭'이다.

이 책은 저자의 세 번째 협상책이다. 600페이지 가까운 글로벌 협상 전략은 이제 협상 과목이 개설된 경영학과나 통상학과의 교재로서 자리를 잡았다. 두 번째 《CEO는 낙타와도 협상한다》는 손에 쏙 들어가는 가벼운 책인데 7쇄를 찍었는데도 2만 부를 돌파하며 꾸준히 나가고 있다. 이 정도면 비소설 부문에서 거의 베스트셀러라고 한다. 그래서인지 여러 군데 출판사에서 비즈니스 협상에 관한 책을 또 한권 써달라는 제의를 받았다. 현대인이 일상생활과 비즈니스를 하는데 '쉬운' 책을 써달라는 것이다.

처음에는 교수가 무슨 그런 책을 쓰냐고 망설였다. 그런데 지난 안식년 때 윈스턴 처칠의 자서전을 읽고 마음을 바꿨다. 처칠은 제2차 세계대전을 승리로 이끈 위대한 지도자이자 저술가이다. 평생을 통해 많은 책을 쓰고 신문, 잡지에 기고를 했다. 처칠과 같은 영웅도 대중성 있는 글을 쓰는데…… 하며 집필을 결심했다.

이 책을 쓰며 출판사의 민신태 팀장, 김명효 기자와도 협상 아닌 협상을 했다. 50대 중반 학자의 딱딱한 협상 이론이 아닌 우리 30~40대 남녀가 쏙 빠져들 만한 눈높이 수준으로 책을 써달라는 부탁이었다. 그래서 노력도 많이 했다. 젊은 제자들의 세계를 이해하고자 신촌의 삼겹살집에서 소주잔을 기울이며 자주 이야기를 나누었다.

이 책은 CEO나 경영자들도 읽어봐야 한다. 부하 직원을 다루려면 '그들'을 이해 못하면 안 된다. 그리고 우리 기업에 잘못 뿌리박힌 '협상 탈출의 실패' 같은 많은 한국적인 편견과 오해를 바로 잡고자 책의 많은 부분을 할애했다.

마지막으로 저자는 통상산업부와 청와대 수석실 그리고 미국 워싱턴 UN기구에 근무하며 대통령, 장관, 기업인, 그리고 미국 투자자들과 함께 전 세계 50여 개 나라들을 돌아다니며 무수한 협상을 해왔다.

미국 USTR와의 1997년 자동차 슈퍼301조 협상에서 시작하여 일본 통상성은 물론 과테말라, 칠레, 브라질까지, 그리고 프랑스 파리에서 헝가리의 부다페스트까지 지구촌을 돌아다녔다. 요즈음은 중앙일보에 '안세영 교수의 비즈니스 협상학'을 연재하고 있으며, 서강대, 연대, 고대 등의 최고경영자 과정, 삼성, SK 등에서 특강을 하고 삼성경제연구소 SERI CEO '인기 콘텐츠'에서 동영상으로 협상을 강의했다.

마지막으로 이 책을 쓰는 데 많은 도움을 주고 추천사를 써주신 여러분들께 감사드린다.

2007년 10월
안세영

차 례

협상의 달인 맹 사부

| 진정한 고수는 큰 그림을 그린다 |

 '정말 한가한 사람이군.'

비행기에 오른 지 10분도 채 안 되어 맹달호 부사장은 코를 골기 시작했다. 김 팀장은 새로 부임한 그와 함께 시카고 출장길에 오른 것이 불안하기 짝이 없었다. 단순한 출장도 아니고 회사의 사운이 달린 심각한 협상에 저렇게 허술해 보이는 사람을 붙여주다니.

시카고의 US디지털사와 저작권 분쟁은 김 팀장으로서도 오금이 저리는 일이었다. 회사가 작년에 개발한 히트 게임 상품이 US디지털사의 아이디어를 도용했다고 클레임이 걸려온 것이다. 지적 재산권 침해는 이유야 어떻든 일단 미국 기업과 붙으면 엄청난 비용을 치러야 한다고, 법률 팀장인 찰리 홍 변호사는 겁부터 주었다.

바짝 긴장한 회사에선 최고의 협상 전문가인 김 팀장을 비롯해 뉴욕 주 변호사 출신인 찰리 홍, 게임 개발의 천재 오성 박사 등 쟁쟁한 멤버들로 협상 팀을 구성했다. 그런데 사장실에 들어가 이 드림 팀을 이끌 협상 단장 '맹달호' 씨를 소개받고 김 팀장은 실소를 금할 수 없었다.

'모 중견업체에서 잔뼈가 굵었다는 맹달호 부사장.'

10년은 넘게 입은 것 같은 낡은 양복 차림에 머리카락은 부스스하고 와이셔츠 소매는 단추를 잠그지 않아 헤벌어져 있었다. 말투도 어눌하고 첫 인상부터 뭔가 허술하기 짝이 없었다.

뭔가 있으니까 CEO 박이 팔을 걷어붙이고 스카우트해 부사장으로 앉혔을 테지만, 아무리 그래도 검증이 안 된 이런 사람을 회사 게임 사업의 사활이 걸린 이번 시카고 협상 팀을 맡기다니, 김 팀장은 벌써부터 마음이 불안했다.

다음날 새로 취임한 맹 부사장이 참석한 가운데 법률 팀의 찰리 홍이 그간 준비한 방대한 자료를 가지고 첫 회의를 했다.

"이런 소송에 잘못 말려들면 몇 년 고생은 기본이고 수십 억은 순식간에 날립니다."

"소송에 날리는 그 수십 억은 약과입니다. 앞으로 우리 회사의 새로운 게임 제품 출시에 끼칠 영향을 고려하면 그 피해는 천문학적 숫자지요."

옆에 있던 게임 천재 오 박사가 한마디 거들었다.

"이 회사는 뭔가 분쟁이 걸리면 악착같이 상대 회사를 물고 늘어지는 찰거머리형입니다. 텍사스의 T사, 조지아의 P사, 일본 나고야의 M

사 등 수많은 회사들이 시카고의 이 독종 회사한테 당했지요."

김 팀장이 준비해 간 회의 자료를 발표하는 동안에도 맹 부사장은 여전히 손가락 마디만 딱딱 소리내며 꺾을 뿐이었다. 오랜 습관일 테지만 미국 사람들이 보면 기겁할 일이었다.

한술 더 떠 회의 중에도 시카고에서 걸려온 전화를 붙들고 10여 분이나 환담을 했다. 아참, 그렇지. 맹 부사장이 시카고 대학 나왔다니 그쪽에 동창들이 좀 있긴 할 것이다. 그런 미국 명문 대학을 나온 사람이 영어는 완전히 경상도 사투리를 섞어 한다.

전화를 끊고 나서도 심각한 회의실 분위기와는 딴판으로 그저 그런 맹한 표정을 지으며 몇 마디 물을 뿐이었다.

"'디지털 하이웨이 프로젝트' 담당자에게 이번 협상에 참석하라고 전하세요."

회의가 끝난 후, 맹 부사장이 여비서에게 지시하는 말을 듣게 된 김 팀장은 더욱 황당했다. 정부가 IT 분야의 야심찬 차세대사업으로 공모중인 프로젝트로 그 규모만 5,000억 원이 넘는다. 하지만 이 정부 프로젝트와 시카고 협상과 무슨 관계가 있단 말인가?

김 팀장은 무수히 많은 상사를 보아왔지만 이런 상사는 처음이었다. 외모뿐만 아니라 보여주는 행동, 협상 준비를 하는 자세까지 마음에 드는 구석이라곤 한 곳도 찾아볼 수 없었다.

며칠 후, 김 팀장 일행은 마음에 내키지 않는 맹 부사장과 함께 시카고 행 비행기에 올랐다. 이미 맹 부사장에게는 찰리 홍이 이번 협상과 관련한 묵직한 파일을 세 개나 주었다.

대개 상사들은 귀찮을 정도로 아랫사람을 불러 질문하며 상황을 파악하느라 정신이 없을 텐데, 맹 부사장은 비행기가 하와이 상공을 지나는데도 여전히 조용하기만 했다. 하도 불안해서 슬며시 가 보았다.

'지금 도대체 뭘 하고 있지?'

맹 부사장의 자리로 간 김 팀장의 입에서 한숨이 절로 새어 나왔다. 찰리 홍이 준 자료는 밀쳐두고 태평양전쟁에 대한 책만 열심히 읽고 있다니. 해군장교 출신인지는 알았지만 지금 저렇게 한가하게 진주만 스토리만 보고 있을 때인가?

그렇게 시카고에 도착하여 US디지털사에 발을 딛는 순간, 김 팀장의 가슴은 심하게 요동쳤다. 아니나 다를까, 사무실 안에는 다섯 명의 고수들이 한판 승부를 할 자세로 앉아 있었다.

절도 있고 리더십이 있어 보이는 카네기 사장. 깡마른 데다 신경질적으로 생긴 법률 팀장인 아이젠버그 변호사. 그가 바로 US디지털사가 온갖 소송에서 상대 회사를 물고 늘어지는 장본인이었다. 그 옆에는 냉철해 보이는 젊은 변호사 둘. 그리고 마지막으로 사람 좋아 보이는 토머스 아시아 · 태평양 사업본부장.

두 팀이 모두 치열한 진검 승부를 앞두고 비장한 각오로 만나는 순간이었다. 이때 맹달호 부사장의 한마디가 모두를 얼떨떨하게 만들었다.

"카네기 사장님, 당신의 아버지는 진주만의 전설적 전쟁 영웅이시더군요."

순간 카네기 사장의 눈이 휘둥그레졌다. 먼 한국에서 온 사람이 자기 아버지를 알고 있다니, 놀랄 수밖에. 알고 보니 카네기 사장의 아

버지는 태평양전쟁 때 그 유명한 두리틀 대령의 도쿄 공습에 참가한
전쟁 영웅이었다. 두 사람이 협상은 뒤로 제치고 정신없이 진주만 기
습 이야기, 미드웨이 해전 이야기를 하는 동안 사무실 안에 불었던 찬
바람이 어느새 한풀 꺾였다.

　맹 부사장이 비행기 안에서 읽은 책은 카네기 사장의 아버지에 관
한 전쟁사였던 것이다. 금상첨화로 카네기 사장은 미 해군사관학교
아나폴리스 출신으로 예비역 해군 대위였다. 그는 미 최신예 구축함
을 탔다고 했다. 맹 부사장도 해군 학사장교OCS 중위 출신으로 구축
함인 충무함 함정장교였다고 했다. 아버지의 태평양전쟁 영웅담, 같
은 해군장교, 게다가 둘 다 구축함을 탔다니! 두 사람은 이런 우연의
일치도 없다며 이산가족을 만난 듯 반가워했다.

　소송이나 클레임에 관한 협상은 분위기부터 험악하게 시작되는 게
일반적이다. 대개 초반에 두 팀의 고수들이 마치 삼국지에서 장비와
하우돈이 일합을 겨누듯이 격돌하는 것이다. 다음에 양 팀의 전문가
들이 서로 물고 늘어진다.

　이런데 이번 게임은 초장부터 이상하게 풀렸다.

　김 팀장 일행은 협상에 들어가기 전, 서울에서 가져온 선물을 상대
협상 팀에게 주었다. 카네기 사장에게는 일본에서 발간된 영문《태평
양전쟁사》를 주었다.

　"이 책을 보니 당신 아버지의 도쿄 공습이 일본군의 많은 전력을
본토에 묶어 놓은 효과가 있었다고 합니다."

　카네기 사장은 그의 배려에 감동하는 빛이 역력했다. 아이젠버그
변호사에게는 여성용 자개 보석함을 내놓았다.

"이건 제가 당신 부인을 생각해 서울에서 특별히 고른 보석함입니다. 이 보석함에 부인을 위해 아름다운 보석을 많이 넣어주십시오."

그런데 선물을 건네받는 아이젠버그 변호사의 표정이 씁쓸했다. 부인이 좋아할 텐데 왜 그러지? 이유야 알 수 없지만 협상을 이끌어 가는 데 걸림돌이 되면 어쩌나, 내심 불안한 생각이 들어 마음이 무거워졌다.

협상이 시작되자 카네기 사장이 아이젠버그 변호사를 쳐다보았다. '당신이 선봉장이니 저작권 건으로 공격해 보라'는 표정으로. 서류를 뒤적이던 아이젠버그 변호사가 마침내 포문을 열었다. 하지만 찰리 홍이 우려했던 것보다 훨씬 강도가 낮았다. 이야기가 쉽게 풀릴 것 같은 분위기에 마음을 놓고 있는데, 갑자기 맹 부사장이 엉뚱한 소리를 했다.

"솔직히 말해 저는 이 회사에 온 지 얼마 되지 않아 이 건을 잘 모릅니다. 사내 전문가인 찰리 홍 변호사에게 일임하겠습니다."

그러더니 찰리 홍을 돌아보며 한마디 툭 던졌다.

"당신, 아이젠버그 변호사와 같은 콜롬비아 로스쿨 출신이라며? 선후배간에 잘해 보세요."

아무리 분위기가 좋아졌다 해도 변호사 둘을 붙여 놓으면 서로 물고 뜯지 않을 수 없는 법. 그러고는 카네기 사장을 쳐다보며 말했다.

"카네기 사장님, 이 건은 두 변호사끼리 해결하도록 합시다. 마침 제가 지금 한국 정부가 추진 중인 디지털 하이웨이 프로젝트를 담당하는 전문가를 모시고 왔는데, 옆방에서 이야기하면 어떨까요?"

그의 말에 흔쾌하게 동의한 카네기 사장은 두 회사 법률 팀장을 빼고 김 팀장과 나머지 일행을 옆방으로 안내했다. 협상의 축이 자연스럽게 저작권 소송에서 디지털 하이웨이 사업으로 옮겨가고 있었다. 알고 보니 한국 정부가 국제 공모하는 대형 프로젝트에는 반드시 국내 기업과 외국 기업이 컨소시엄으로 참가하도록 되어 있었다.

'아! 맹 부사장이 가진 '히든 카드'가 바로 이거였구나.'

이 프로젝트 이야기가 나오니 카네기 사장의 눈빛부터 달라졌다. 물론 옆에 있던 토머스 아시아·태평양 사업본부장은 더욱 설쳐댔다. 그제야 김 팀장은 맹 부사장의 높은 수를 읽을 수 있었다.

협상을 마치고 나오며 카네기 사장과 악수를 하면서 맹 부사장이 한마디했다.

"우리 한국인은 오른손으로 악수를 하며 왼손으로 상대의 뺨을 때리지는 않지요."

그리곤 슬며시 아이젠버그 변호사의 얼굴을 쳐다보자 변호사의 얼굴이 머쓱해졌다. 카네기 사장도 '우리 역시 그런 일은 절대로 없지요'라며 받아넘겼다. 그의 마음은 이미 수백만 달러의 저작권보다 수천만 달러의 디지털 하이웨이 사업에 가 있다는 것을 한눈에 봐도 알 수 있었다.

엘리베이터를 타기 전, 맹 부사장은 잠시 발을 멈추고 아이젠버그 변호사를 돌아보며 한마디 던졌다.

"아까 그 보석함 부인께서 아주 좋아하실 것입니다."

다시 아이젠버그 변호사가 씁쓸한 표정을 지었다.

"부사장님, 지금 아이젠버그 변호사는 부인과 별거 중이래요. 왜 눈치 없이 자꾸 부인 선물 이야기는 꺼내세요? 열만 받게요."

엘리베이터를 타고 난 뒤 찰리 홍이 핀잔을 하는데도 맹 부사장의 표정은 여유롭기만 했다. 이쯤이면 더 이상 시카고에서 US디지털사와의 협상 이야기는 할 필요도 없었다.

'협상의 달인 맹달호 부사장님, 무림의 숨은 고수를 몰라 뵈어서 죄송합니다.'

앞으로 김 팀장은 그를 '맹 사부'로 부르기로 마음먹었다.

협상묘수풀이

마냥 엉성해 보이는 맹달호 부사장은 사실 엄청난 '클린 트릭clean trick' 협상의 달인이었다. 김 팀장이 맹 사부라고 부를 만큼.

지금부터 국내에 처음 소개되는 맹 사부의 클린 트릭 협상 전략을 하나씩 살펴보자.

● **절묘한 '의도적 관계 형성' 전략**　　그는 시카고에 있는 대학 동창을 통해 US 디지털사와의 협상에 필요한 몇 가지 핵심 정보를 미리 알아냈다. 우선 태평양전쟁의 전설적 파일럿이었던 카네기 사장의 아버지, 그런 아버지를 흠모해 자신도 해군장교로 근무했다는 카네기 사장 본인에 관한 정보 등이다. 사실 협상을 할 때 상대방과의 첫 대면을 부드럽게 하기

위해선 이 같은 '의도적 관계 형성relation-build move' 전략이 필요하다.

한미간 통상 분쟁이 고조되었을 때 워싱턴 DC에 협상을 하러 가는 H통상부 장관은 비행기 속에서 실무자가 준비해 준 자료를 건성으로 들춰본 뒤 미국 현대 미술사에 관한 책만 보고 있었다. 실무자들은 H장관의 엉뚱한 행동에 안달을 했다.

그런데 막상 미국 무역대표부USTR의 칼라 힐스 장관을 만났을 때 미국 현대 미술에 관한 이야기로 대화를 시작했다. 힐스 장관의 할아버지가 화가였던 것이다. 자신의 할아버지의 작품 세계를 이해해 주는 H장관을 만난 힐스 장관은 매우 기뻐했고, 그 이후 당연히 협상은 순조롭게 진행되었다.

이같이 협상 상대의 관심이나 취미, 성품, 철학 등을 사전에 파악하여 의도적 행위를 함으로써 좋은 관계를 형성하는 데 발판으로 삼을 수 있다.

우리도 이러한 의도적 관계 형성 전략을 쓰면 매우 유익하다.

예를 들어 내일 삼성전자의 김 부장과 협상 건이 있다고 하자. 인터넷에서 간단히 인물 정보 사이트에 들어가면 쉽게 그에 대한 기초 정보를 얻을 수 있다.

'부산 D대학 출신, 취미는 등산과 수영, 종교는 기독교, 주량은 제로 등등.'

이런 김 부장한테 가서 골프 이야기를 마냥 떠들어대거나 술 한잔 하자는 이야기를 하면 속으로 짜증스러워할 것이다. 마침 같은 기독교인이라는데 착안하면 '어느 교회에 다니냐' 는 질문으로 부드럽게 첫 대면을 할 수 있다.

- **양의 탈을 쓴 늑대,
  벨리업 전략**   비즈니스를 할 때 말끔한 차림과 단정한 태도로 상대를 대하는 것이 유리할까? 아니면 엉성한 차림과 어눌한 행동으로 2퍼센트 부족하게 보이는 게 유리할까?

당연히 전자이다. 기본적으로 협상에선 상대가 호감을 가지도록 만들 필요가 있다. 그런데 진짜 고수는 일부러 진검을 칼집에 집어넣고 엉성하게 보이려는 수가 있다. 마침 김 팀장이 모신 맹 사부처럼. 이를 '벨리업belly-up 협상 전략'이라고 한다.

그렇다면 왜 이런 벨리업 전략을 쓸까?

이유는 간단하다.

당신이 마주친 협상 상대가 완벽하다고 가정해 보자. 당연히 긴장하고 전투 자세를 취할 것이다. 그런데 상대가 2퍼센트 부족한 듯해 보이면 방심하고 자기도 모르게 동정심을 느낀다. 이렇게 방심하다가는 등에서 칼을 꺼내는 벨리업의 고수에게 허를 찔리게 마련이다.

맹 사부는 김 팀장뿐 아니라 US디지털사의 협상에서도 이 벨리업 전략을 썼다.

'나는 새로 부임해 이 저작권 소송의 내용을 잘 모릅니다.'

'상대 협상 팀의 우두머리가 그 내용을 잘 모르면 한국에서 온 협상 팀의 실력은 뻔하다.'

김 팀장의 일행을 얕잡아보고 아이젠버그 변호사가 덤벼드는 건 당연한 일이다. 결국 허를 찔리고 말았지만 말이다.

1997년 대통령 특사를 모시고 베네수엘라에 가서 카레라 대통령을 면담한 적이 있었다. 예방 목적은 한국 기업의 베네수엘라 진출을 돕기 위한 것이었다. 마침 한국의 삼성항공이 현지 공군 전투기 엔진 리모델링 사업에 참여코자 협상 중이었다. 물론 국제 공개 입찰 중인 이 프로젝트에는 벨기에와 미국 업체 등이 같이 참여해 치열하게 경쟁을 했다.

카라카스의 대통령 궁을 방문한 한국 사절단은 모두 다섯 명으로 면담실에 먼저 들어가 카레라 대통령이 들어오기를 기다리고 있었다. 물론 베네수엘라 공군이 '왜 한국 업체를 선정해야 하는지'에 대한 설명 자료를 잔뜩 준비하고서. 상대편에서도 몇몇의 전문가가 대통령을 배석해 진지한 협상이 있을 줄 알았다.

그런데 카레라 대통령이 혼자 걸어 들어오는 것이 아닌가! 이미 여든이 넘은 할아버지 대통령은 걸음걸이 자체도 불안했다. 더욱이 배석은커녕 관련 자료도 없이 한국 사절단의 설명을 들었다. 그러면서 몸이 불편한지 자꾸 고개를 떨구곤 했다.

나는 속으로 '이번 협상에서는 상당한 성과를 얻을 수 있겠구나'라고 생각했다. 오랜 협상 경험에 따르면 국가 지도자들은 세부적 내용을 잘 모르면 외교적 생색으로 긍정적 언질을 주는 경우가 많았기 때문이다. 그래서 나는 대통령의 언질을 가지고 베네수엘라 실무 관계자와 협상을 하면 뜻밖에도 일이 쉽게 풀어지리라 기대했다.

그러나 이것은 착각이었다. 한국 사절단의 설명을 다 듣고 난 카레라 대통령은 메모 한 장 없이 한국 측 설명에 대해 조목조목 반박했다.

"한국의 제시 가격은 싸지만 벨기에 경쟁 업체보다 기술 이전 폭이 좁다."

"대금 지불 조건이 어떤 면에서 불리하다."

항공기 엔진 리모델링 사업 내용을 훤히 꿰뚫고 있었다.

그야말로 우리는 카레라 대통령의 절묘한 벨리업 전략에 걸려들고 만 것이다.

● **물 타기**

협상 전략　　맹 사부가 시카고의 친구로부터 얻은 귀중한 정보는 US디지털사가 한국의 디지털 하이웨이 프로젝트에 관심이 있다는 것이었다. 당연히 이 분야에서 잘나가는 카네기 사장으로선 한국의 이 빅 프로젝트에 군침을 흘리지 않을 수가 없었다. 사실 법률 팀의 아이젠버그 변호사가 저작권 위반 건을 걸고 나왔으니 '한번 해보자' 고는 했지만 최고 경영자로서 카네기 사장의 더 큰 관심은 어디에 있었을까? 당연히 한국에서의 대형 신규 사업 참여였다.

이것이 바로 아시아·태평양 사업본부장을 협상 팀에 합류시킨 이유였다. 헤어질 때 맹 사부가 카네기 사장에게 의미 있게 던진 말.

'우리는 상대와 악수하며 다른 손으로 뺨을 때리지 않는다.'

이는 한국 비즈니스 문화에서는 한쪽에선 저작권 소송을 하며 다른 쪽에선 서로 손잡고 디지털 하이웨이 컨소시엄에 참가하는 것은 용납이 안 된다는 간접적인 표현이었다. 그러니 더 큰 구미가 당기는 디지털 하이웨이 사업에 우리와 참여하고 싶으면, 구질구질하게 저작권 가지고 물고 늘어지지 말라는 경고의 메시지나 다름없었다.

이를 '물 타기 협상 전략' 이라고 한다. 저작권 소송 시비를 더 큰 디지털 하이웨이 건으로 물을 타 희석시켜 버리는 것이다. 비즈니스 세계에서는 영원한 적도 영원한 동지도 없다. 그러므로 상대 회사가 당신한테 무슨 건으로 시비를 걸어올 때 상대의 약점이나 관심을 잘 살펴보라. 맹 사부 사례와 같이 두 개의 협상 이슈를 뒤섞어버려, 즉 물을 타서 희석시킬 수 있는 경우가 꽤 있을 것이다.

● 필요하면 상대의 가슴에 돌을 던지는 '더티 트릭'을 써라

맹 사부는 일부러 아이젠버그 변호사의 부인 선물을 준비했다. 물론 별거 중이란 사실을 모르는 게 아니었다. 그럼 왜 엘리베이터 타기 전에 부인 선물 이야기를 또 하면서까지 그의 심사를 긁었을까? 맹 사부는 상대로 하여금 열 받게 하는 '더티 트릭dirty trick'을 썼던 것이다.

"아니, 당신 어디 아파요? 얼굴이 꼭 병자같이 초췌하네요?"

"연세가 얼마시죠? 마흔은 훨씬 넘어 보이시네요."

협상 도중에 상대가 갑자기 이런 말을 꺼내면 기분이 어떨까? 결코 좋을 리가 없을 것이다. 심한 경우 흥분해서 냉정하게 협상에 임하지 못할 것이다.

바로 이 점을 노리고 노련한 협상 상대가 당신을 의도적으로 열 받게 할 수 있다. 맹 사부는 아이젠버그의 개인적인 약점을 알고 심사를 긁어댔던 것이다. 이럴 경우 대부분의 협상자는 감정이 치밀어 올라 상대의 면전에서 테이블을 치며 화를 내거나 심지어 협상 테이블을 뛰쳐나갈 수도 있다.

- ### 상대의 더티 트릭은
  ### 클린 트릭으로 맞받아쳐라

미국 하버드 대학의 로저 피셔와 윌리엄 유리 교수에 따르면, 즉흥적인 감정 폭발은 금물이다. 상대가 지저분한 술책을 쓸 때는 다음과 같은 두 가지 클린 트릭으로 대처한다.

첫째 방법은 인내한 뒤 결별하는 전략이다. 우선은 꾹 참은 다음 다시는 그 사람과 협상하지 않는다. 각종 기만적 술책을 쓴다는 것은 신뢰하기 힘든 협상 상대라는 것을 뜻한다. 이 같은 상대와는 거래를 끊어버리는 것이 낫다. 어차피 결별하겠다고 결심한 마당에 협상 테이블에서 피곤하게 상대에게 일일이 대응할 필요가 없다.

둘째 방법은 맞받아치는 전략이다. '이에는 이'라는 식으로 똑같은 방법으로 맞받아친다. 상대가 위협하면 똑같이 위협하고 속이면 같이 속이는 것이다.

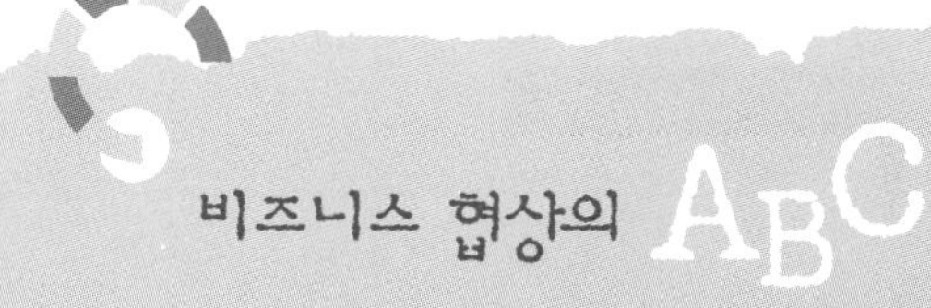

● 협상을 하기 전에 반드시 상대방에 대한 정보를 수집해 '의도적 관계 형성 전략'으로 활용하라. 특히 상대가 자부심을 가지는 아버지나 할아버지의 업적, 스포츠에서의 수상 경력, 취미 등의 정보를 입수해 활용하라.

● 협상 고수인 상대의 양의 탈을 쓴 늑대 전략, 즉 '벨리업 전략'을 조심하라. 여기에 말려들면 낭패를 당하기가 쉽다. 당신도 협상 상황을 잘 살펴보아 필요하면 벨리업 전략을 쓰도록 하라. 뜻밖의 성과를 얻을 수도 있다.

● 상대가 클레임이나 시비를 걸어올 때 상대의 구미를 당길 만한 다른 미끼를 던져 '물 타기 협상 전략'을 사용하라. 잘하면 최소한 본전은 건질 수 있다.

● 갑자기 협상 상대가 외모 등으로 당신의 기분을 상하게 할 때 절대로 열을 받지 마라. 의도적인 지저분한 협상 술책일 수도 있다. 거꾸로 당신도 상대가 감정적으로 흥분할 약점을 발견하면 이를 놓치지 마라. 협상은 정글의 게임이고 인정사정 볼 것 없는 총력전이다.

외로운 늑대형 리더십

| 빈틈없는 인맥 네트워크 만들기 |

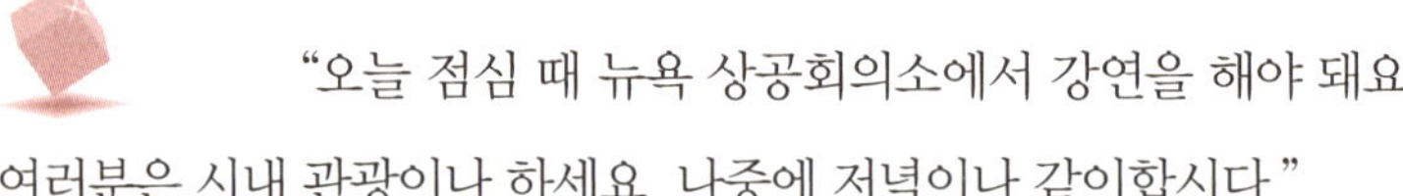

"오늘 점심 때 뉴욕 상공회의소에서 강연을 해야 돼요. 여러분은 시내 관광이나 하세요. 나중에 저녁이나 같이합시다."

"예? 갑자기 강연이라니요?"

아침 식사를 하던 김 팀장은 들고 있던 나이프를 놓칠 뻔했다. 뉴욕 상공회의소라면 세계 경제를 주무르는, 말 그대로 굵직한 인물들이 모이는 곳이었다. 그런데 이제야 말을 하다니. 다른 최고 경영자들 같으면 자랑하기에 바빴을 텐데 말이다.

전날 시카고 US디지털사와의 협상에서 본 맹 사부의 신선한 충격에서 벗어나기도 전이어서 김 팀장은 이제야 말하는 맹 사부가 한없이 대단해 보였다.

상사가 중요한 연설을 하는데, 어찌 뉴욕 관광이나 한단 말인가. 일행은 맨해튼 뉴욕 상공회의소의 강연장으로 갔다.

주제는 '한국의 IT산업 현황과 향후 전망'이었다.

"남북전쟁 때 13개 남부 연합의 모든 산업 생산을 합쳐도 뉴욕 주 하나만 못했습니다. 하지만 이제 뉴욕은 세계 금융과 문화, 예술의 중심지가 되었습니다……."

보통 한국의 CEO 같았으면 '이런 자랑스런 자리에서 이야기할 기회를 주셔서 감사합니다' 등으로 말문을 열었을 텐데 역시 맹 사부는 달랐다. 뉴욕의 역사부터 꺼냈다. 그가 이야기하면 할수록 청중들의 눈이 반짝거렸다. 끝날 때 기립박수를 받는 맹 사부를 보며 김 팀장은 어깨가 절로 으쓱해졌다.

강연을 마치고 허드슨 강이 보이는 이탈리안 레스토랑에서 저녁 식사를 했다. 이 자리에 맹 사부의 시카고 대학 동기인 힐 변호사가 자리를 같이했다. 알고 보니 맹 사부한테 히든 카드가 되는 정보를 제공한 사람이었다.

"미스터 맹, 오늘 들은 이야기인데 지금 US디지털사 내부에서 아이젠버그 변호사와 아·태 팀장 토머스가 한판 붙었대요. 물론 아이젠버그는 저작권 클레임 건을 밀어붙이려 하고, 토머스는 더 큰 디지털 하이웨이 프로젝트를 위해 쓸데없는 잡음은 일으키지 말라고 맞서고요."

"카네기 사장이 누구 손을 들어줄까?"

맹 사부의 물음에 힐 변호사가 의미 있는 미소를 지으며 말했다.

"US디지털사와 손잡고 디지털 하이웨이 건에 응찰하면 자문변호사가 필요할 텐데……."

"두말할 필요가 없지요. 미국 측 변호사는 뉴욕의 'H' 자로 시작하는 변호사가 될 것입니다."

힐 변호사가 호탕하게 웃으며 맥주를 단숨에 들이켰다.

협상묘수풀이

- **영어 스피치 원고로 아랫사람을 들볶지 말라**　　맹 사부는 협상만 잘할 뿐만 아니라 쓸데없이 아랫사람을 들볶지 않았다. 그야말로 외로운 늑대 같은 리더십을 갖춘 것이다.

통상 관료들이 장관을 모시고 워싱턴에 협상하러 갈 때 가장 피곤한 게 무엇일까? 내 경험에 비춰보면 스피치 원고를 만드는 것이다. 스피치 담당자가 초안을 만들면 과장과 국장, 차관보, 차관이 조금씩 고친다. 그런데 막상 최종 수요자인 장관실에 가지고 들어가면 '왜 스피치를 이렇게 만들었냐?' 고 짜증부터 내는 게 현실이다.

처음 담당자가 만든 게 장관의 뜻에 가장 가까운데, 관료 조직 특성상 올라가면서 조금씩 고친 게 결국 덕지덕지 넝마가 된 것이다. 그것으로 끝나는 것이 아니다. 워싱턴에 가서도 협상 준비를 마치고 눈 좀 붙이려 하면 '내일 헤리티지 재단에서의 연설문 좀 보자' 고 한다. 그래서 서울에서 두세 번 본 것을 또 고친다. 문제는 이렇게 여러 번 고치는 것이 무슨 획기적인 내용을 첨가하거나 불필요한 것을 없애는 것이 아니다. '영어 표현을 좀 더 세련되게 하겠다'는 욕심 때문에 단지 손을 보고 또 보는 것이다. 고치기 전의 영어나 고친 후의 영어나 모두 미국인들이 보기엔 오십 보 백 보인데도 그런 과정을 거친다. 그런데 더욱 어처구니없는 일은 다음날 헤리티지 재단의 연설장에 들어갔을 때 일어난다.

한 30여 명 앉아 있는데 반 이상이 서울에서 현지에 파견된 주재원, 주재관이다. 그나마 섞여 있는 미국인도 알고 보면 우리 기업들 지사의 현지 채용인들이다. 진짜 미국인은 열 명도 안 된다. 이런 곳에서 스피치하느라고 아랫사람을 들들 볶는 것이다. 이에 비하면 맹 사부는 진짜 멋진 윗사람이었다.

아랫사람을 전혀 들볶지 않았다. 그리고 연설의 첫머리를 뉴욕의 역사에서 시작했다. 이런 좋은 연설은 영어 표현을 조금 잘해서 나오는 것이 아니고, 평소부터 책을 많이 읽고 공부한 저력에서 나온다.

"미국 비즈니스맨과 저녁을 먹으며 이야기하다 보면 영어를 못해서 밀리는 게 아니라 머릿속에 든 것이 없어서 밀려요."

평생을 세계은행에서 근무한 분의 이야기다. 우리는 이를 귀담아 새길 필요가 있다.

● **적진 분열 전략,
적진에서 아군을 찾아라**　　맹 사부의 절묘한 물 타기 협상 전략 덕분에 US디지털사의 진영은 둘로 갈라졌다. 저작권 클레임을 계속 밀고 나가자는 아이젠버그 변호사 팀과 디지털 하이웨이 프로젝트 건을 챙기자는 아시아·태평양 사업본부의 토머스 팀.

당신이 국내 기업과 협상을 하든 외국 정부와 협상을 하든 상대 조직 내에서 협상 참여자의 이해 관계는 일치하지 않는다. 즉 상대가 당신을 공격하려 해도 장막을 들추어보면 의외로 당신을 도와줄 아군이 있다.

내가 경험한 것을 예로 들어보자.

지금도 그렇지만 1990년대 후반 미국의 반도체 제조업체인 마이크로사는 집요하게 삼성전자를 물고 늘어졌다. 반덤핑 제소를 미 상무성에 한 것이다. 미 상무성과 협상을 하러 워싱턴에 갔을 때 재미있는 일이 벌어졌다.

마이크로 같은 업체는 목청을 높이며 난리인데 다른 한쪽에서는 상무성에 역 로비하는 미국 업체가 있는 것이다. 그들은 누구일까?

바로 삼성반도체를 써서 컴퓨터를 만들어야 하던 컴팩과 델 같은 컴퓨터 제조업체들이다.

1995년 미국 무역대표부는 중국에 대해 특별법 301조를 발동했다. 중국 정부가 상해, 북경 등지에 범람하는 가짜 상표, 소프트웨어 불법 복제 등을 단속하지 않으면 무역 보복을 하겠다는 위협이었다. 물론 그 뒤에는 마이크로소프트사가 있었다. 그런데 중국 정부가 배짱 있게 나왔다.

"무역 보복을 하려면 하라. 그럼 우리는 미국 보잉사와 AT&T사에서 사기로 했던 항공기와 통신 장비를 안 사겠다. 안 그래도 유럽 제품이 훨씬 가격도 싸더라."

이러면 미국 안에서 무슨 일이 벌어질까? 보잉사와 AT&T사가 벌떡 들고일어나는 것은 당연한 일이 아니겠는가.

"USTR! 지금 무슨 멍청한 짓 하고 있는가? 중국 시장 바닥에 굴러다니는 싸구려 불법 복제품 단속 때문에 100억 달러짜리 중국 시장을 잃으려 하는가?"

결국 USTR은 호기롭게 꺼냈던 칼을 슬며시 칼집에 넣고 말았다. 보잉사와 AT&T의 압력에 굴복한 것이다.

'적진에서 아군 찾기'는 기업 사이의 협상에서도 마찬가지다. 그 좋은 예가 대우자동차 매각 협상이다. 우리 쪽에선 매각을 반대하는 노조와 지역 주민, 찬성하는 재경원과 주거래 은행으로 나뉘어져 충돌했다. 하지만 지나고 보니 GM에서도 엄청난 내부 갈등이 있었다고 한다. 당연히 대우자동차를 인수하고자 한 사람들은 GM 릭 왜고너 회장과 아시아 · 태평양 사업본부였다.

그런데 GM 내부에서 반대한 그룹은 누구였을까?

GM 재무 본부였다.

'어휴, 그렇게 부실 투성이인데다 전 세계에 방만하게 사업을 벌이느라 숨겨진 빚이 얼마인지조차 모르는 대우자동차를 인수해?'

2005년 들어 GM의 재무 부실이 터졌지만, 이미 1990년대 말부터 내부적으로 곪아터지고 있었다. 이를 GM 재무 팀은 이미 알고 있었던 것이다. 다음으로 GM의 유럽 현지 자회사인 독일의 OPEL, 이탈리아의 FIAT와 함께 미국 내 GM 단위 공장들도 반대하는 입장이었다. 대우자동차의 유럽과 북미 수출이 자사의 영업을 압박할 우려가 있었기 때문이다.

● **네트워크 맞바꾸기**

전략　　시카고 협상을 성공으로 이끌 수 있었던 맹 사부의 1급 정보는 모두 대학 동기인 힐 변호사 덕분이다. 왜 힐 변호사는 맹 사부를 도와주었을까?

미국의 비즈니스맨, 아니 변호사들은 계산이 철저한 사람들인데. 소위 네트워크 맞바꾸기를 이해할 필요가 있다.

내게도 가끔 워싱턴 근무 시절에 알았던 미국인 친구들로부터 연락이 온다. 서울에 언제 가는데 재경원의 차관 좀 만나게 해 달라는 것이다. 마침 차관과 아는 사이여서 만나게 해주면 그는 내가 미국 상무성 사람을 만나고 싶어할 때 발벗고 나서서 도와준다.

당신도 부장, 상무, 사장으로 승진하다 보면 미국, 일본, 유럽, 중국에 아는 친구들이 많아질 것이다. 이들은 평생을 통해 얻은 당신의 귀중한 자산이라는 사실을 잊지 말기를 바란다.

당신이 국내서든 해외서든 좋은 네트워크를 가지고 있으면 맹 사부처럼 맞바꾸기를 할 수가 있다.

● **미국 로비스트들의**

네트워크　　"다음달 초, 미국에 가니 워싱턴에서 상무장관과 만찬을 같이하도록 해."

내가 공직에 있을 때 장관으로부터 가끔 듣던 이야기다. 이런 이야기를 워싱턴 대사관의 상무관에게 이야기하면 펄쩍 뛴다.

"아니, 미국 상무장관이 무슨 동네 친구냐? 저녁 한번 하려면 적어도 석 달 전에 이야기해야 해. 장관한테 말도 안 되는 소리하지 말라고 해."

그러나 한국 관료 사회에서 살아남으려면 장관이 하라면 무슨 수를 쓰든지 만들어놓아야 한다. 그래서 사방으로 전화통을 돌리게 되고, 결국 미국의 로비스트에게 부탁한다. 그런데 참으로 신통하게도 그들은 상무장관을 그 날, 그 장소에 데리고 나온다. 무슨 수를 쓰는지는 모르지만.

"야, 정말 로비스트는 거저 하는 게 아니다."

서울에서 만찬 자리를 알선한 로비스트에게 1년 계약 동안 돈을 가지고 계산해 보니 족히 10만 달러 이상은 되었다. 만일 어수룩한 나라의 부패한 장관이라면 잔머리가 돌아갈 것이다.

내가 외국 장관하고 저녁 한번 먹어주는데 저 친구가 10만 달러를 벌어? 그럼 그 일부는 슬쩍 내 주머니에 넣어도 되지 않을까? 아는 미국 공무원에게 이를 슬쩍 물어보았다. 미국에서는 절대로 돈 거래는 없다고 했다. 대신 네트워크 거래가 있다고 한다.

이를테면 윌리엄 장관이 현직에 있을 때 친구 로비스트의 부탁을 여러 번 들어줬다고 하자. 그러면 그가 친척 취직을 부탁한다든지 또는 자신의 장관 퇴임 후 일자리를 찾을 때 도와준다는 것이다.

- 미국에 가서 영어로 스피치해야 할 때 너무 '완벽한 영어'를 하려고 애쓰지 마라. 영어 표현에 신경을 쓴다 해도 어설프게 마련이므로 오히려 내용이 알차도록 노력을 기울여라.

- 차라리 맹 사부처럼 미국인이 관심을 가질 내용으로 서두를 휘어잡아라. 미국인들은 한국인이 자기네들처럼 영어를 하려고 하며 알맹이 없는 미사여구만 길게 늘어놓는 데 질려 있다.

- 훌륭한 글로벌 협상자가 되려면 책을 많이 읽어라. 앵무새처럼 영어만 잘해선 안 된다. 반드시 그들의 문화와 예술, 역사, 스포츠 등에 관한 책을 읽어서 일반적인 대화를 나눌 수 있도록 공통의 화제를 발굴하라.

- 상대의 진영에서 아군을 찾아라. 상대 회사의 내부 사정을 들추어보면 은근히 당신과 이해 관계를 같이하는 사업 본부나 그룹이 있다. 이를 교묘하게 이용해 상대 진영이 둘로 갈라져 싸우도록 하라. 협상 전선에서 일단 상대 회사가 분열되면 이유 여하를 막론하고 당신이 유리하다.

- 요즘 같은 글로벌 경영 시대, 인맥은 당신의 귀중한 자산이다. 만나는 모든 사람의 명함은 컴퓨터에 따로 보관 관리해야 한다. 아마 수천 개가 될 것이다. 갑자기 국세청에 부탁할 일이 생겼을 때 '국세청'이란 검색어를 치면 평소 만난 국세청 사람들의 이름들이 쭉 나오게 만들어라.

이번 협상에서 실패하면 귀국하지 마

| 우리나라 경영자들이 가장 많이 저지르는 실수들 |

내일 인도네시아로 출장을 갈 김 팀장이 사장실로 들어섰다.

"내일 출장 관련 서류입니다."

글로벌 경영 전략을 내세운 CEO 박은 요즘 동남아 시장의 교두보로서 인도네시아 진출에 열을 올리고 있었다. 그 일환으로 얼마 전에 자카르타의 꽤 괜찮아 보이는 푸트라정보통신사 인수 작업을 김 팀장에게 맡겼다. 협상 계획을 들어보니 역시 꼼꼼히 준비했을 뿐더러 성사시키겠다는 열의도 대단했다.

CEO 박은 평소 최고 경영자의 리더십을 강조해 왔다. 사장이 뭔가 확고한 리더십을 발휘해야 직원들이 열심히 뛰고 회사가 큰다는 것이

CEO 박의 경영 철학이었다.

"김 팀장만 믿어요. 무슨 수를 써서라도 이번 협상은 꼭 성사시키고 오세요. 푸트라사만 인수하면 우리 회사는 인도네시아 시장 진출에 단단한 교두보를 확보하는 셈입니다."

"사장님, 걱정 마십시오. 꼭 계약서에 사인하고 오겠습니다."

사장실 문을 나서는 김 팀장을 CEO 박이 불러 세웠다.

"팀장이 된 지 몇 년 되었죠?"

"6년입니다."

"그래요, 임원 승진할 때가 됐기는 했네. 다음달에 임원 자리가 세 자리가 비는데."

이쯤이면 김 팀장은 사장한테 은근한 언질까지 받은 셈이었다. 이번 자카르타 협상만 성사시키면 임원을 시켜 주겠다는.

문 과장이 부산 지역 사업 계획서를 가지고 들어왔다. 평소 CEO 박은 그를 별로 마음에 들어하지 않았다. 오너와 연줄이 있다고 목에 힘이 들어가고 뭔가 계속 꿍꿍이가 있는 듯 보여 신뢰가 가지 않았다.

그가 가지고 온 결재 건은 부산 지역에 영업망을 10개 신설하고 직원을 700명 더 충원하자는 것이었다. 경쟁사가 부산 지역에 대한 대대적인 판촉 전략을 펼칠 계획이니, 우리 회사도 여기에 맞불을 놓아야 한다는 것이었다. 그럴듯한 논리이고 사업 계획이었다. 이번엔 무슨 꿍꿍이일까?

'아, 문 과장의 장인이 부산 지역 국회의원이지.'

선거가 가까워지고 우리 회사 같은 일류 기업이 부산 영업망을 강화한다면, 이는 그 지역 국회의원에게 도움이 된다.

CEO 박은 일언지하에 문 팀장의 사업 계획을 백지화시키고 내보냈다.

그런데 불과 10분도 안 되어 김 팀장이 심각한 얼굴로 들어왔다. 손에 아까 퇴짜놓았던 문 과장의 부산 영업망 확장 서류를 들고서.

"이번에 부산 지역에 꼭 영업망을 보강해야 합니다. 이번 기회를 놓치면 경쟁사에게 부산을 뺏기게 됩니다."

김 팀장은 사심 없이 회사를 아끼는 현명하게 판단하는 사람이다. 그런 사람이 부산 영업망을 반드시 확장해야 한다니, 두 번 생각할 것도 없는 일 아닌가.

"OK!"

CEO 박은 아까 퇴짜놓은 그 서류에 흔쾌히 서명했다.

협상묘수풀이

- **부하들을 '협상 탈출의 실패'에 빠뜨리지 마라**　　인도네시아로 출장을 가야 할 김 팀장의 머릿속에 무엇이 들어 있을까? 무슨 수를 써서라도 푸트라사와 협상을 성공시켜 승진해야겠다는 생각뿐일 것이다.

협상이란, 특히 외국회사를 인수하는 M&A 협상이란 정말 복잡하고 예측 불가능하다. 대개 M&A 협상은 장밋빛 청사진을 가지고 시작한다. CEO 박이 그렇듯이 그 회사만 인수하면 인도네시아 시장은 당장 손아귀에 들어올 것 같다. 그러나 막상 김 팀장이 현지에서 협상을 하다 보면 '이게 아닌데' 하는 생각이 들 수도 있다. 서울에서 생각한 것만큼 푸트라사가 매력적이 아닐 수도 있는 것이다.

이럴 때는 과감하게 협상을 깨고 서울에 돌아와 자초지종을 말하는 것이 정답이다. 이게 회사를 위한 길이다.

그런데 앞에서 보았듯이 '사장이 꼭 성사시키고 오라' 는 당부가 귀에 맴돌아 적당히 사인하고 돌아와 버리는 것이다. 협상을 성사시키지 않는 것이 회사에 이익이 될 것이라는 사실을 뻔히 알면서도. 이것을 '협상 탈출의 실패' 라고 한다.

지난 40년간 '하면 된다, We can do it!' 정신으로 밀어붙여 무에서 유를 창조한 한국인에겐 '한번 시작한 협상을 꼭 성사시켜야 한다' 는 잘못된 인식이 있다. 특히 의욕적이고 리더십이 강한 최고 경영자일수록 어처구니없이 직원들을 협상 탈출의 실패로 몰아넣는다.

● **우선 기업에 좋은 협상 문화를 정착시켜라.
이는 CEO의 가장 큰 책무이다** 우리 CEO의 협상 교육의 첫걸음은 이같이 잘못된 '협상 탈출의 실패' 를 바로 잡는 데서 시작해야 한다.

마거릿 닐Margaret A. Neale 교수는 이 같은 오류를 바로 잡기 위해서 조직 내부에 '올바른 협상 문화' 가 정착돼야 한다고 말한다. CEO는 부하들이 개별적인 협상을 잘하도록 독려하는 것도 중요하다. 하지만 더 필요한 것은 '완벽한 실패'를 인정하는 기업 협상 문화와 '매몰 비용sunk cost'을 인정하는 기업 협상 문화이다.

협상이란 불확실한 여건 속에서 완벽하지 못한 정보를 가지고 상대방과 하는 행위이기에 항상 위험 부담이 있다. 이 같은 리스크를 기업이 인정해 주어 협상이 중간에 중단되면 미련없이 이를 완벽한 실패로 간주해 버리는 것이다.

즉 협상을 하다 보면 실수할 수도 있고 상황이 바뀌어 당초에 계획했던 목표를 조금밖에 달성하지 못할 수도 있다. 따라서 이 같은 리스크와 불확실성은 모두 '완벽한 실패'로 인정해 주어 회사가 협상 담당자에게 책임을 묻지 않는 것이다.

"아니, 그렇게 허술한 기업 문화를 심어 놓으면 직원들의 기강이 해이해져 모든 협상을 적당히 하려는 무사안일주의가 만연할 것 아닙니까?"

충분히 있을 수 있는 반박이다. 하지만 여기서 우리는 대우자동차를 인수한 GM대우의 닉 라일리 사장의 충고를 생각해 볼 필요가 있다. 막상 대우 공장을 인수해 한국인들과 같이 일해 보니 애사심, 팀워크, 근면성 모두가 당초 기대 이상이더라는 것이다.

그런데 한국인 직원의 가장 큰 문제점은 '문제가 생기면 덮어버리려 한다'는 것이었다. 생산 현장이나 경영에서 무슨 문제점이 있으면 이를 초기에 공론화시켜 서로 토론하고 상의하여 고쳐야 하는데, 문제를 지적하면 자신의 책임이 되고 자신이 무능한 자로 찍힐까 우려하여 슬며시 넘어가려 한다는 것이다. 그래서 초기에 공론화시켜서 고치면 호미로 막을 수 있는 일을 결국 방치하여 가래로도 못 막는,

때론 그보다 몇 배의 비용을 회사가 치르는 일이 많다고 지적했다.

협상을 진행하다가 불리한 상황이 발생하여 협상을 중단하겠다는 판단을 하면 그간 쏟아 부은 시간과 돈을 모두 매몰 비용으로 과감히 인정하고 버려야 한다.

"어휴, 이번 협상에 들인 공이 얼만데?"

그러나 잘못된 협상에 집착하면 집착할수록 결과적으로 더 큰 손해를 보는 것이 현실이다.

● **CEO는 정보의 덫에 빠지면 안 된다**　　지금 CEO 박은 문 과장의 부산 사업 계획을 다루면서 '정보의 덫'에 빠져 있다. 인간은 평소 싫은 사람이 이야기하는 것은 모두 거짓말이고 사기친다는 선입견을 갖고 있다. 물론 좋아하는 상대가 이야기하면 여과 없이 받아들이고. 역사를 들여다보면 간신에 둘러싸인 실패한 왕들이 모두 이 같은 정보의 덫에 빠진 것을 볼 수 있다.

크든 작든 하나의 기업을 운영하는 경영자는 절대 이 같은 정보의 덫에 빠져선 안 된다.

"사람과 협상은 철저히 분리하라 Separate deal from people."

이는 하버드 대학, 콜롬비아 대학 등 미국 MBA에서 협상 강의를 할 때 미국 교수들이 가장 강조하는 말이다. 상대에 대한 개인적 선호와 냉정한 협상을 뒤섞어 혼동하지 말라는 것이다.

두 번째로 경영자가 무슨 중대한 의사 결정을 할 때 크게 두 가지 정보가 들어온다.

예를 들어 CEO 박이 인도네시아 푸트라사를 인수하기 위한 사업성 검토를 신규개발사업본부에 맡겼다고 하자. 푸트라사의 기술력, 현지의 높은 시장점유율 등 인수하는 것이 좋겠다고 부추기는 긍정적 정보와 잦은 노사분규, 낡은 시설 등 인수하지 않는 것이 낫겠다는 부정적 정보이다. 푸트라를 인수하고 싶어하는 대개의 CEO는 듣기 싫은 부정적 정보는 무시하고 자신의 생각을 뒷받침해 주는 듣기 좋은 긍정적 정보에만 귀를 기울인다. 이것이 종종 회사 경영을 잘못된 방향으로 몰아넣기도 한다.

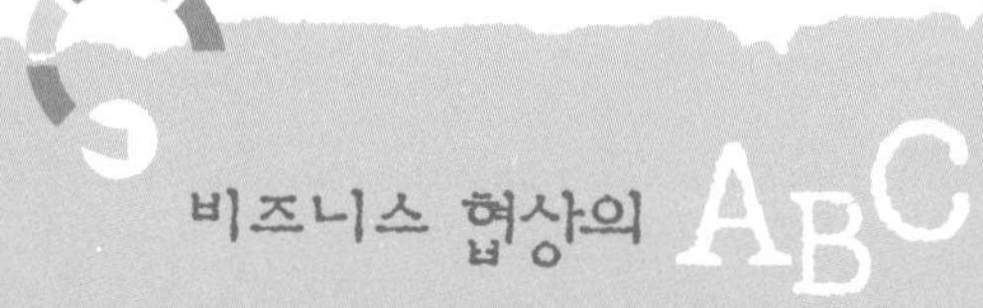

- 협상하러 나가는 직원들에게 '꼭 성사시키라'는 말은 절대 금물이다. 결과에 관계없이 최선을 다하게 만들어라.

- 부하들이 협상을 깨고 빈손으로 돌아온다고 해도 그것을 '실패'나 '무능'으로 몰아붙여서는 안 된다. 그 이유를 잘 들어보고 필요하면 칭찬해 주어야 한다.

- 경영자의 가장 큰 책무는 부하들이 협상 탈출 실패에 빠지지 않도록 '좋은 기업 협상 문화'를 만드는 것이다.

- 경영자는 사사로운 감정이나 지나친 의욕이 앞서 '정보의 덫'에 빠져선 절대로 안 된다. 부하 직원에 대한 개인적인 감정과 공적인 일은 철저히 분리하라.

이순신 장군도 '비굴하게' 협상했다

우리가 존경하는 이순신 장군도 뛰어난 협상가였다.

- 왜적을 물리치기 위해 명나라 진린 제독과 '비굴하게' 협상했다.
- 강한 조선수군을 만들기 위해 부하들과 '리더십 협상'을 했다.
- 조선 수군을 지키기 위해 왕과 '목숨을 건 협상'을 했다.
- 조정에 '친 이순신 그룹'을 만들기 위해 한양 대신들과 '네크워크 협상'을 했다.

그럼 먼저 나라를 구하기 위하여 명나라의 진린 제독과 어떻게 '비굴한 협상'을 하였는지를 알아보자.

"저렇게 성질이 흉폭한 진린 제독이 고군산도에 내려가 이순신 장군을 만나면 티격태격하고 난리가 날 것이야. 이를 어쩌지?"

한양 궁궐 선조 앞에 모인 조정대신들의 얼굴에 근심이 태산 같았다. 임진왜란 막바지에 명나라의 진린 제독이 함대를 이끌고 조선을 도와주러 랴오둥 반도(遼東半島)를 거쳐 내려오며 먼저 한양엘 들렀는데 그의 성격이 소문보다 더 흉폭했다. 판서면 그 당시 조선의 장관급인데 마음에 안 든다고 목에 새끼줄을 매고 질질 끌고 다녔다. 나라 힘이 약하면 별의별 아니꼬운 꼴을 다 볼 수밖에 없다. 하기야 영의정을 지낸 류성룡까지 비 오는 날 찬비를 맞아가며 진린 제독 앞에 꾸중을 들을 정도였으니 말해 무엇하랴. 한양에서 한바탕 난리를 피우고 그가 이순신 장군이 이끄는 조선 수군과 합류하려고 남쪽으로 내려가는 것이다.

우리의 성웅 이순신 장군께서 어떻게 진린 제독을 맞이했을까?

〈불멸의 이순신〉 같은 데서 보면 장군은 불의를 보면 참지 못하는 대쪽 같은 성품인데, 어떻게 했을까? 힘 있는 나라에서 왔다고 저렇게 못되게 구는 진린 제독을 호되게 야단쳤을까? 천만의 말씀이다.

명나라의 함대를 맞으러 조선 함대를 이끌고 수십 리 뱃길을 마중 나갔다.

"먼 뱃길을 오시느라 얼마나 수고가 많으셨습니까. 이렇게 대명제국의 제독과 수군을 환영하고자 바다로 나왔습니다."

바다 위에서 극진한 영접을 받은 진린 제독은 매우 흡족해했다.

"저 이순신 장군, 소문 듣던 것과는 아주 다르네. 전혀 뻣뻣하지 않고 사람 고분고분하니 괜찮네……."

고군산도의 진영에 들어가니 더욱 즐거운 일이 벌어졌다. 산해진미가 가득한 주안상이 차려진 것이다. 진린 제독은 부하들과 마음껏 먹고 마시며 여독을 풀었다.

그런데 이순신 장군의 '진린 제독 극진히 영접' 하기는 여기서 그치지 않았다.

'전쟁에 나간 장군이 가장 좋아하는 것이 무엇일까?

승리! 바로 승리다.

며칠 후 장군께서 슬며시 진린 제독에게 뇌물(?)을 내밀었다.

"장군, 이억만 리 뱃길로 여기까지 오셨는데 황제께서 좋아하실 좋은 승전의 소식을 전하셔야 할 것 아닙니까?"

이순신 장군은 내민 것은 다름 아닌 왜적의 수급 수십 개였다. 진린 제독은 뛸 듯이 기뻐하며 북경의 황제에게 이를 보냈다. 다른 나라의 제독에게 뇌물을 바치고 극진히 대접을 하다니. 이는 평소 우리가 가지고 있는 성웅 이순신 장군의 모습과 많이 다르다. 하지만 협상이란 웅대한 목적을 달성하기 위해서라면 때론 마음에 안 내키는 행동도 해야 하는 법. 오만하고 난폭한 진린 제독과 협상하는 장군의 '웅대한 목적'은 무엇이었을까?

바로 7년 동안 전장에 시달리는 조선의 백성을 구해내는 것이다. 조선의 힘만으로는 왜적을 물리칠 수 없었을 때, 마침 강력한 힘을 가진 명나라의 수군이 왔으니 무슨 수를 써서라도 힘을 합쳐 왜적을 이 땅에서 몰아내야 했었을 것이다. 장군의 이 같은 웅대한 협상 목적을 달성하는데 처음에 진린 제독에게 좀 고개를 숙이고 비위를 맞추는 걸 어찌 꺼리랴. 내가 이순신 장군을 진정으로 존경하는 이유는 바로 장군의 이 같은 웅대한 뜻과 뛰어난 클린 트릭 협상술 때문이다.

그렇다면 계속 진린 제독에게 굽실거렸을까?

천만에!

"모든 명나라 수군은 듣거라. 이제부터 어느 누구도 이순신 장군보다 한 발자국 앞서 걷지 마라."

　결국 이순신 장군의 위대함에 감복한 진린 제독이 그의 부하 장병에게 내린 명령이다. 한 발자국도 앞서 걷지 말라는 것은 바로 명나라 장병보고 이순신 장군의 명령에 복종하라는 이야기다. 장군의 뛰어난 협상 덕분에 명나라 수군과 조선 수군은 힘을 같이해 싸워 왜적을 이 땅에서 물리칠 수 있었다.

정찰제는 없다

| 깎는 요령 vs 제값 받는 요령 |

김 팀장은 고어텍스 모자를 하나 살까 하고 군대 친구가 운영하는 퇴계로의 등산용품점에 들렀다. 같은 대대에서 'K2 박'이라고 불리던 그는 산을 얼마나 좋아하는지 군에서도 그 편안한 본부 중대장 자리를 박차고 산악부대로 지원해 갔다. 제대해서도 산에 미쳐 돌아다니더니 결국 제법 그럴듯한 등산 가게를 열었다. 토요일 오후라서 그런지 제법 손님이 드나드는 모양이었다.

그때 고급 버버리 셔츠를 입은 신사가 들어왔다.

"XCR이란 끝내주는 등산 재킷 새로 나왔다면서요. 그거 얼마죠?"

김 팀장의 친구인 K2 박은 밀레 브랜드의 XCR 재킷을 하나 꺼내며 말했다.

"100만 원입니다."

순간 김 팀장은 놀라지 않을 수 없었다. XCR 등산 재킷 하나에 100만 원이라니, 아무리 밀레라고는 해도 너무 비싸게 부르고 있었다.

"100만 원이요? 좀 비싼 것 같아요. 80만 원에 주세요."

몇 번 흥정이 오가더니 그 신사는 10만 원짜리 수표 아홉 장을 내놓고 멋진 XCR 재킷을 들고 나갔다. 아주 흡족해하는 얼굴로.

'좋아하기는, 시세보다 훨씬 비싸게 주고 샀으면서.'

김 팀장은 가게문을 나서는 버버리 신사를 한심스럽다는 표정으로 쳐다보았다.

잠시 후 아줌마가 한 명 들어섰다. 모습을 보니 보통 아줌마는 아닌 듯 보였다. 산에 가면 검은 바지 입고 펄펄 나는 베테랑 아줌마였다.

"사장님, 안녕하세요. XCR 등산복 하나 주세요. 인터넷 사이트에 들어가 보니까 마모트, 제로 포인트 등 여러 회사 물건이 있던데, 저는 프랑스제 밀레 물건이 제일 좋더라구요. 친구들은 모두 청계산 입구 등산 가게에서 샀어요. 그런데 사실 퇴계로가 싸잖아요. 얼마죠?"

"80만 원이에요."

"어머, 아저씨! 너무 비싸요. 60만 원에 주세요."

"60만 원요? 말도 안 돼요. 그건 XCR보다 훨씬 못한 고어텍스 재킷 값이에요."

아줌마답게 물고 늘어지더니 결국 70만 원에 사들고 나갔다.

똑같은 밀레 제품인데 한 사람에게는 90만 원에, 다른 사람에게는 70만 원에 팔다니, 김 팀장은 어이가 없었다. 앞의 버버리 신사는 돈 좀 있어 보이고, 뒤의 아줌마는 끈질기게 물고 늘어져서 그런가?

“아저씨, 이 가게 좋은 물건 많네요. 어머, 독일제 쉐펠도 있고, 마
모트, 몽벨, 제로 포인트, 세계의 좋은 브랜드는 다 왔네.”

이번엔 화사한 핑크빛 밀레 셔츠를 입은 여자가 들어섰다. 토요일
날 산에 갔다 오는지 밀레 스틱을 손에 들고 있었다.

“XCR 재킷 하나 주세요.”

친구는 이번에도 그 밀레 재킷을 내놓았다.

“얼마예요?”

친구를 빠끔히 쳐다보는 그 여자의 눈매를 보니 만만치 않았다.

“얼마면 사시겠어요?”

“어머, 파는 사람이 팔 가격을 말해야지요.”

“아줌마, 밀레 셔츠를 입고 있잖아요? 밀레 XCR 재킷이 얼마인지
아실 텐데요?”

“어머, 아저씨. 저 아줌마 아니에요. 아가씨예요. XCR 재킷 요새
새로 나왔으니 아저씨가 먼저 말하세요.”

이상한 협상이었다. 이 친구, 다른 손님들한테는 제멋대로 자기가
먼저 가격을 올려치고 내려치더니, 이 밀레 셔츠 여성한테는 계속 내
숭을 떨었다. 손님이 먼저 사고 싶은 가격을 말하라고. 결국 밀레 셔
츠를 입은 여성이 입을 뗐다.

“60만 원에 주세요.”

“60만 원은 원가예요. 80만 원은 받아야 해요.”

서로 몇 번 밀고 당기더니 결국 그녀는 60만 원이 적힌 신용카드
전표에 사인을 했다.

잠깐 한가한 틈을 타서 K2 박과 커피 한잔을 하고 있는데 60대의

노신사가 들어섰다. 풍채를 보니 회사 사장 같은 분위기였다.

"XCR 재킷 있죠? 얼마예요?"

K2박은 역시 밀레 제품을 내놓으며 말했다.

"100만 원입니다."

잠시 친구의 얼굴을 힐끗 쳐다본 60대 노신사는 아무 말도 하지 않더니 가게문을 나갔다.

'버버리 신사는 100만 원을 불러 90만 원에 사갔는데, 저 사람은 왜 그냥 나가지? 둘 다 돈이 있어 보이는데, 왜 이런 차이가 날까?' 김 팀장이 궁금해하는 사이 신문 지면에서 눈에 익은 A교수가 들어섰다.

"박 사장, 오랜만이에요. 장사 잘돼요?"

"교수님, 요즘 신문 칼럼에서 자주 뵀습니다."

"XCR 재킷 하나 줘요. 고어텍스 재킷을 한 3년 입었더니 바꿀 때가 된 것 같아."

"교수님께서 밀레 제품을 좋아하시잖아요. 배낭도 밀레, 바지도 밀레, 마침 밀레 XCR 재킷이 하나 있습니다."

"얼마죠?"

"60만 원입니다."

A교수는 깎아 달라는 말 한마디 없이 돈을 지불하고 나갔다.

등산복 가게를 나온 김 팀장은 친구의 가게 협상 전략에 관해 도대체 걷잡을 수가 없었다. 똑같은 밀레 XCR 재킷을 손님에 따라서 제멋대로 가격을 부르고 있었다. 최고 100만 원에서 60만 원까지. 실제로 판 가격도 높게는 90만 원에서 60만 원까지 크게 차이가 났다.

어떻게 이런 일이 있을 수 있을까?

협상묘수풀이

먼저 가격 제시를 하는 것이 유리할까 누가 먼저 가격 제안을 하지?

내가 먼저 가격 제안을 하는 게 유리할까? 아니면 상대가 먼저 말하게 하고 내가 받아치는 게 나을까? 처음 보는 상대와 거래를 틀 때 비즈니스맨이 가장 많이 하는 고민이다.

여기에 관해서는 학자들 간에 의견이 둘로 나뉜다.

우선 'Never First Open 법칙'이다. 상대가 먼저 가격 제안을 하도록 하고 자신이 여기에 맞춰 적당한 가격을 제안해 맞받아치는 게 유리하다는 주장이다. 일반적인 상식과 일치한다. 현실 비즈니스 협상에서도 서로 상대방이 가격 제의를 하도록 하려는 경향이 강하다.

그러나 '앵커링Anchoring 효과'를 주장하는 학자들은 먼저 가격 제안을 하는 게 유리하다고 주장한다. 인간은 상대가 먼저 제안한 가격에 구속되는 경향이 있다. 즉 자신도 모르게 상대가 제안한 가격을 출발점으로 하여 가격 협상을 한다는 것이다. 따라서 먼저 유리한 방향으로 높게 가격을 제안하면 앵커링 효과 때문에 높은 가격으로 물건을 팔 수가 있다.

바로 김 팀장의 친구가 버버리 신사와 베테랑 아줌마에 대해 이 앵커링 효과를 마음껏 즐기고 있다. 버버리 신사에겐 100만 원이라고 터무니없이 불렀고, 베테랑 아줌마에겐 80만 원을 불렀다. 사실 밀러 XCR 재킷은 기존 고어텍스보다 20퍼센트 정도 기능이 뛰어나다. 당연히 가격도 50만 원 하는 기존의 고어텍스보다 20퍼센트 정도 비싼 60만 원이다.

버버리 신사와 베테랑 아줌마는 상대의 앵커링 효과에 말려들어 모두 시중 가격보다 비싸게 물건을 샀다. 현명한 손님, 즉 상대의 앵커링 효과에 말려들지 않으려면 다음과 같이 협상을 했어야 했다. 즉 가격 협상의 출발점을 가게 주인인 K2 박이 제시한 가격이 아닌 비교가 되는 기존의 고어텍스 가격으로 하는 것이다.

"아저씨, 왜 100만 원이죠? 이 XCR이 고어텍스보다 기능이 얼마나 좋나요? 30퍼센트라고요? 기존의 밀레 고어텍스가 50만원이니 그러면 아저씨는 50만 원보다 30퍼센트 비싼 65만 원 받으면 되잖아요?"

이런 식으로 말이다. 그런데 이 버버리 신사는 '아, 저 친구가 100만 원 부르니 거기서부터 20만 원은 깎아야겠다' 하며 80만원으로 되받아쳤다. 버버리 신사가 앵커링 효과에 빠져들지 않고 합리적인 협상을 했다면 65만 원과 100만 원 사이의 어느 가격, 아마 70~80만 원쯤에서 샀을 것이다.

● **정보에 자신이 있을 때만
먼저 가격을 제시하라**　　"그럼 언제나 앵커링 효과를 즐기기 위해 먼저 가격 제시를 하면 유리한가요?"

그렇진 않다.

"그럼 언제 내가 먼저 가격을 제안하는 게 유리하고, 거꾸로 언제 상대가 먼저 가격을 말하게 하는 게 유리한가요?"

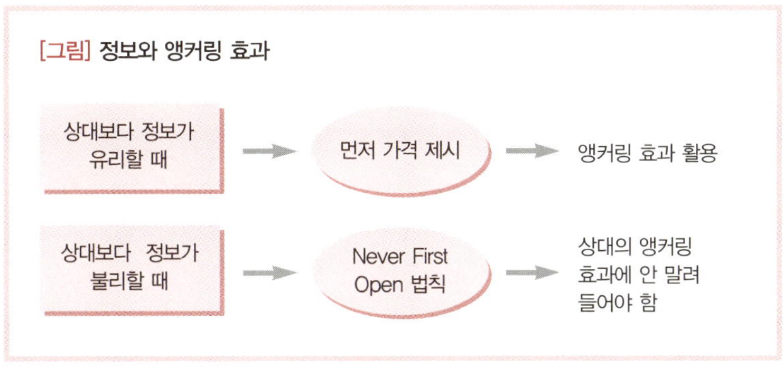

와튼 스쿨의 리처드 셸 교수에 따르면, 이를 결정하는 것은 바로 상대와의 정보력 차이라고 말한다.

협상자가 상대보다 월등한 정보를 가졌다고 확신하면 첫 가격 제시를 하여 앵커링 효과를 활용하는 게 유리하다는 것이다.

하지만 정보에 대해 자신이 없으면 'Never First Open 법칙'에 따라 상대가 먼저 가격 제시를 하도록 하는 것이 낫다. 이때 조심해야 할 점은 상대의 앵커링 효과에 말려들지 않도록 주의해야 한다.

김 팀장의 친구가 밀레 셔츠의 아가씨에게 자꾸 먼저 가격을 말하라고 오리발 내민 이유는 무엇일까?

정보력에서 자신이 없었기 때문이다. 상대방보다 자기의 정보력이 강하거나 약하다는 게 확실하면 대답은 간단하다. 그런데 이 고객은 이미 밀레 셔츠를 입고 있었다. 혹시 XCR 재킷에 대한 충분한 정보를 가지고 있는 건 아닐까? 그런데 말하는 것으로 보아선 그렇지 않고. 헷갈리니까 차라리 상대가 먼저 가격을 제안하게 하여 맞받아치는 Never First Open 전략으로 나간 것이다.

가격을 높게 부르는 '하이볼' 전략이 유리할까?

협상자가 상대보다 정보 면에서 유리하다고 확신하면 먼저 가격을 제시하는 것이 유리하다. 이 경우 아주 공격적으로 높게 가격을 제시하는 '하이볼highball' 전략이 유리할까, 아니면 합리적으로 낮게 가격을 제시하는 '로우볼lowball' 전략이 유리할까?

정말 많은 학자들이 이 질문에 대한 답을 찾기 위해 연구했다. '원칙적'으로 공격적인 하이볼이 유리하다. 바로 김 팀장의 친구가 이 같은 경우이다. 버버리 신사에게 하이볼로 100만 원을 제시하여 90만 원에 팔았다. 베테랑 아줌마에겐 로우볼로 80만 원을 제시하여 70만 원에 팔았다. 그럼 왜 버버리 신사에게 하이볼로 때리고 베테랑 아줌마에겐 로우볼로 가격 제의를 했을까?

이번에도 정보 때문이다. 가게에 들어와 말하는 투를 보면 버버리 신사는 XCR 재킷에 대한 정보가 없어 보인다. 그런데 베테랑 아줌마는 인터넷 사이트도 들어가고 유명 브랜드를 들먹이는 걸 보면 이미 밀레 XCR 재킷에 대한 상당한 정보를 가지고 있어 보인다.

"그럼 가격 협상은 아주 간단하네요. 무조건 가격을 높게 제시하는 하이볼로 때리면 되잖아요."

그러나 공격적인 '하이볼'로 때려선 안 될 때가 있다.

리처드 셸 교수는 다음 세 가지 경우에 그렇게 해서는 안 된다고 말한다.

첫 번째는 오래 관계를 유지해 온 경우이거나 앞으로 많은 거래를 할 가능성이 있는 경우에는 로우볼로 가격을 제시해야 한다. 상대와 오랫동안 거래를 해서 신뢰가 형성되었다든지 앞으로 많은 거래가 이루어질 것같이 예상되면 로우볼로 하라는 것이다. 바로 김 팀장의 친구가 왜 단골인 A교수에게 딱 받을 가격인 60만 원을 불렀는지 이해가 될 것이다.

두 번째는 협상자인 나에게 약점이 있고 상대가 이를 알고 있을 경우이다. 예를 들면 동네에서 생선좌판을 하는 아저씨는 아침에 부르는 가격과 저녁에 부르는 가격이 다르다. 그래도 어느 누구도 이의를 달지 않는다. 그러니까 아침 10시에 시작해 저녁 9시까지 장사를 하는데, 아침 10시 30분의 생선 가격과 저녁 8시 50분의 생선 가격이 다른 것이다. 아침 10시 30분에는 생선을 팔 시간적 여유가 많기 때문에 하이볼로 가격을 제시한다. 그런데 생선좌판 치우기 10분 전인 저녁에 하이볼로 때리면 동네 아줌마가 어떻게 나올까?

'저 아저씨, 웃기네. 지금 나한테 저 생선을 안 팔면 모두 쓰레기통에 버려야 하는데.'

생선좌판이란 냉장고가 없기에 그날 팔지 못하면 버려야 한다. 이같이 상대가 결정적인 약점을 알고 있을 땐 당연히 받을 만한 가격만 제시하는 로우볼로 나가야 한다.

예를 들어 당신 회사가 심각한 재정난에 빠져 있다. 이번에 M사에 이천의 제2공장을 팔아 돈이 들어오지 못하면 영락없이 부도이다. 이를 M사가 알고 있는데, 이천 공장 매각 협상에서 하이볼로 나가보았자 거래가 되겠는가.

세 번째는 상대방이 개인이건 기업이건 간에 가격 흥정을 싫어할 경우에는 하이볼을 피해야 한다.

이태원의 넥타이 노점상을 하는 상인에게 젊은 대학생과 아주 돈이 많아 보이는 사장이 접근해 가격을 물었다. 이때 상인은 어떤 가격 전략을 써야 할까?

"당연히 사장에게는 하이볼로 높게 때려야죠. 돈이 많으니깐 좀 비싸게 부르더라도 살 테니까요."

그런 식으로 나가다간 넥타이 장사 망한다. 2만 원짜리 8만 원 불러봐라. 그 사장은 대꾸도 안 하고 그냥 지나칠 것이다. 김 팀장 친구의 가게에서 '100만 원'이란 말에 아무 말 하지 않고 그냥 나간 노신사처럼 말이다.

우리가 꼭 기억해야 할 것은 가격 흥정을 싫어하는 상대에게 섣불리 하이볼을 때리면 가격 협상 자체를 시작도 못해 본다는 사실이다.

셀 교수에 따르면, 미국인의 약 15퍼센트는 가격 흥정 자체를 싫어한다. 이같이 가격 흥정을 혐오하는 사람들은 변호사와 의사, CEO 등과 같이 경제적 여유는 있으면서 '시간이 금'인 직업에 종사하는 사람들이다. 우리나라도 비슷할 것이다.

그리고 상대의 기업 문화도 잘 살펴야 한다. 기업 문화상 지나친 가격 흥정을 싫어하는 회사들이 있다는 것을 조심해야 한다.

● **상대의 가격 양보 패턴을 유심히 관찰하라**

1단계 _ 무조건 버틴다

리처드 셀 교수에 따르면, 물건을 살 때 처음 제시했던 가격을 계속 주장하라는 것이다. 여기서 한 가지 조심해야 할 것은 구매 의사가 있다는 것을 판매자에게 은근히 비춰야 한다. 예를 들면 현금이나 수표가 있다는 것을 슬며시 보여주면서 말이다. 그렇지 않으면 판매자가 짜증이 나서 협상 자체를 하려 들지 않는다.

2단계 _ 상대의 '양보 폭haggling size'을 면밀히 분석한다

당신이 지금 노트북을 사고 있다고 하자. 처음에 상대가 200만 원을 불렀다.

"150만 원에 주세요."

당신이 아주 세게 가격을 내리쳤다. 협상을 하면서 두 번째 가격 제시가 180만 원, 세 번째가 170만 원, 네 번째가 165만 원, 다섯 번째가 163만 원으로 내려갔다.

그림에서 상대의 깎아주는 크기를 한번 자세히 살펴보자.

처음에 20만 원에서 10만 원, 5만 원, 2만 원으로 차츰 줄어들고 있다. 이것은 무엇을 의미할까? 판매자의 저항가격에 가까워지고 있다는 것을 의미한다. 줄어드는 가격 양보 폭에 비추어 볼 때 저항가격이 160만 원 근처에 있다는 것을 짐작할 수 있다.

3단계 _ 상대가 'No'라고 할 때까지 가격을 내리쳐라

여기서 멈춰선 안 된다. 무자비하게 계속 가격을 내리친다.

"그 가격에는 도저히 못 팔아요."

이 이야기를 들으면 안타깝다는 듯이 그러나 단호하게 가게 문을 나서든지 협상 테이블에서 일어난다. 그러면 판매자는 두 가지 반응을 할 것이다.

첫 번째는 당신을 불러 세울 경우이다.

이때는 더 이상 가격을 인하해 줄 의사가 있다는 표시다. 그러나 이미 저항가격에 접근했기 때문에 가격 인하 폭은 그리 크지 않다.

두 번째는 불러 세우지 않을 경우이다.

이는 상인이 부른 가격이 진짜 저항가격이었다는 것을 말한다. 진짜 그 물건을 사고 싶으면 가게로 되돌아가는 수밖에 없다. 약간 계면쩍긴 하지만.

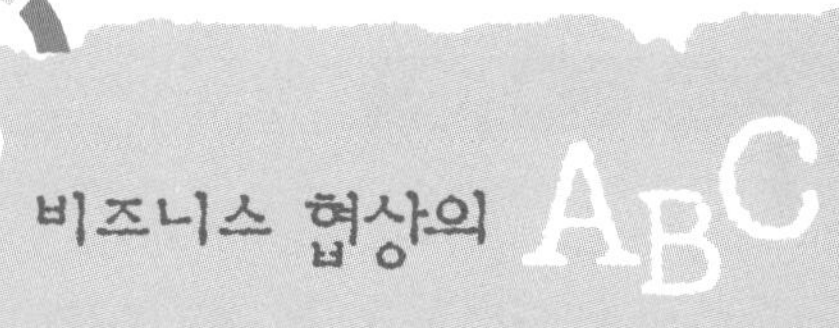

● 가격 협상에선 '원칙적'으로 상대가 먼저 가격을 제시하도록 하고 맞받아치는 것이 유리하다. 잘 모르는 협상 상황에서 어설프게 먼저 가격을 제시하지 마라.

● 하지만 정보력에 자신이 있으면, 즉 상대가 정보가 없는 것 같으면 당신이 먼저 유리하게 하이볼로 가격을 제시한다. 이때 상대는 앵커링 효과 때문에 당신의 가격 제시에 말려들 것이다.

● 원칙적으로 공격적인 높은 가격을 제시하는 하이볼 전략이 유리하다. 하지만 다음 세 가지 경우에는 피해야 한다. 오랜 거래 관계가 있을 때나, 상대가 당신의 약점을 알고 있을 때, 상대가 가격 흥정 자체를 싫어할 때 등이다.

● 물건을 살 때 처음 가격을 제시하고 난 뒤 버티면서 상대의 '가격을 깎아주는 할인 폭'을 유심히 관찰한다. 판매자의 저항가격을 짐작할 수 있다. 상대의 저항가격까지 밀어붙여라.

● 상대가 '이 가격에는 도저히 못 팔겠다'고 하면 미련 없이 협상 테이블에서 일어난다. 이때 당신을 불러 세우면 좀 더 깎을 수 있다.

베니스 상인은 남과 다르게 협상한다

| 밑지는 법 없는 셸 교수의 가격 협상 전략 |

귀사의 인기 상품인 TX 교환기를 20대 구입하고 싶습니다. 구입할 수 있는 적절한 가격과 혹시 가능하다면 일부 신용 구매도 가능한지 답변을 주시면 감사하겠습니다.

_ 파라과이 파라텔레콤, 이사 알폰소

저 멀리 지구 반대편 남미에서 날아온 한 통의 메일을 받아 든 김 팀장은 고개를 갸웃거렸다.

김 팀장은 중남미의 빅3, 말하자면 브라질, 아르헨티나와 우리나라와 FTA를 맺은 칠레와는 거래를 한 적이 있었다. 하지만 파라과이는 전혀 생소한 나라였기 때문이다. 회사에서도 파라과이와의 거래는 물론 파라텔레콤이란 회사는 알지도 못했다.

'비즈니스에서 맺고 끊는 게 명확하지 않은 라틴 사람들과 협상을 시작했다가 괜히 나만 궁지에 몰리는 건 아닐까?'

니카라과와 콜롬비아 사람들과 상담하다가 여러 번 당한 적이 있는 김 팀장은 망설이기 시작했다. 김 팀장 회사의 홈페이지에 올린 TX 교환기의 공식 판매 가격은 대당 10만 달러이니 성사가 된다면 약 200만 달러 정도 되는 비즈니스였다. 이때 김 팀장이 파라텔레콤의 알폰소 이사와 어떻게 가격 협상을 해야 할까? 아니면 아예 가격 협상 자체를 하지 않는 것이 나을까?

협상묘수풀이

비즈니스 협상의 꽃은 가격 협상이다. 우리가 일상 생활에서도 가장 많이 하는 것이 바로 물건을 깎는 것이다. 미국에서도 수많은 학자들이 가격 협상 이론을 내놓고 있다. 하버드 대학의 로저 피셔와 윌리엄 유리 교수, 오하이오 대학의 로이 레위키 Roy J. Lewicki 교수 등. 하지만 대학 교수가 만든 가격 협상 이론이 현실에 정확히 맞아떨어진다면 세상에 비즈니스 협상이 어려울 게 하나도 없다.

그렇지 않은가.

미국학자들의 가격 협상 이론을 살펴보면 복마전 같은 현실 비즈니스 세계의 한 구석만을 설명할 뿐이다. 특히 미국과 비즈니스 문화 자체가 다른 한국에는 아무리 하버드 대학의 날고뛰는 이론이라도 잘 맞아떨어지지 않는 경우가 많다.

그나마 한국적 현실에 가장 맞는 가격 협상 이론은 리처드 셸 교수의 가격 협상 전략이다. 복잡하지 않고 간단해서 이해하기 쉽고 실전에 응용하기도 좋다.

셸 교수의 이론에 따라 김 팀장에게 닥친 협상 과제를 풀어보자. 우선 김 팀장이 협상을 하려면 다음 네 단계를 거쳐야 한다.

- 1단계는 먼저 협상 상황을 분석하고 여기에 맞는 협상 전략을 수립하는 단계이다.
- 2단계는 협상 상대와 정보를 교환하는 단계이다.
- 3단계는 본격적인 가격 협상에 들어가는 단계이다.
- 4단계는 마지막으로 협상을 마무리짓는 단계이다.

셸 교수의 RO 모델과 다섯 가지 전략

과연 파라텔레콤이 협상할 가치가 있는 상대인가?

지금 볼펜을 쥐고 Y축과 X축을 긋는다.

Y축은 '좋은 관계를 맺을 필요성'이다. 즉 파라텔레콤이 우리 회사가 거래를 틀 정도로 가치 있는 협상 상대인가 여부를 말한다.

X축에는 이번 협상에서 얻을 것으로 기대되는 이익이다. 다음 쪽의 그림에서 보듯이 다섯 가지 협상 상황이 생긴다. 이것이 바로 그 유명한 RO Relationship Outcome 모델이다.

여기에는 다음과 같은 다섯 가지 협상 전략이 있다.

1 _ 수용 전략

자기에게 조금 불리하더라도 상대의 주장을 받아들이는 전략이다. 이번에 양보를 하더라도 상대 회사와 좋은 관계를 만들어 앞으로 더 큰 것을 얻어내겠다는 'lose to win' 협상 전략이다.

이 같은 수용 협상 전략이 성공하기 위해서는 협상 상대와 '교환의 법칙'이 형성되어야 한다. 즉 '이번에 내가 양보하면 다음번에는 상대가 양보한다'는 암묵적 교환 관계이다. 이러한 교환의 법칙은 미국이나 유럽 같은 서양 협상 문화보다는 동양 협상 문화에서 일반적으로 통용된다. 달리 말하면 수용 전략은 관계를 중시하는 한국, 중국 등 아시아권의 협상자가 선호하는 전략이다.

2 _ 경쟁 전략

지금 이루어지는 협상에서 많은 이익을 얻기 위해 수단 방법을 가리지 않는 거친 협상 전략이다. 물론 상대방을 위협, 블러핑 bluffing, 거짓 정보 흘리기 등 비윤리적 협상 행위도 서슴지 않는다.

또한 자신의 정보는 감추고 상대의 정보를 최대한 많이 얻어내기 위해 수단과 방법을 가리지 않는다. 그래서 서로 상대의 의중 bottom line 을 알아내려고 많은 노력과 시간을 투자한다.

3 _ 윈윈 전략

말 그대로 누이 좋고 매부 좋은 서로 상생하는 전략이다.

4 _ 회피 전략

이는 협상 자체를 아예 하지 않으려는 전략이다. 따라서 극단적인 충돌과 마찰로 치달아 당사자 모두가 손해보기 쉽다.

5 _ 타협 전략

현실적으로 가장 많이 채택되는 협상 전략이다. 예를 들어 판매자는 240만 원을 고집하고 구매자는 200만 원을 고집할 때, 반반씩 양보해 220만 원에 타협하는 것이다.

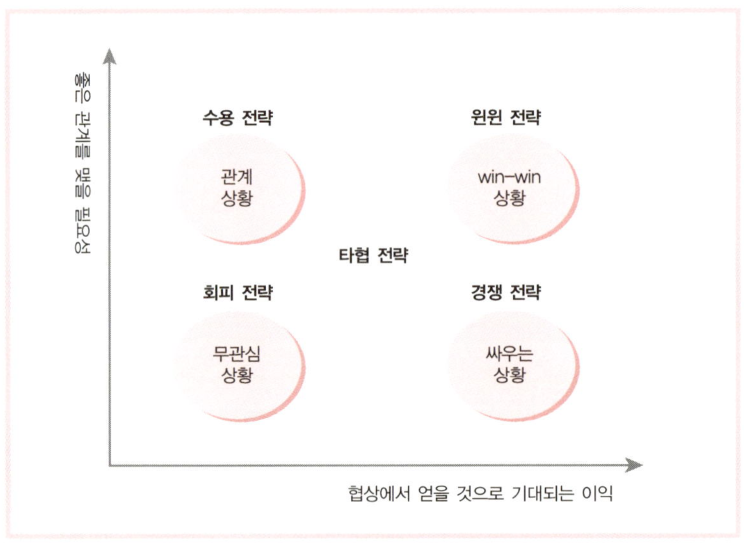

지금부터는 옆의 그림을 보며 협상 상황과 협상 전략을 짝지어 보자.

"야, 알고 보니 파라텔레콤이 엄청난 회사야. 이 회사와 거래를 트면 중남미 시장 진출에 커다란 도움이 될 것 같아. 그런데 우리 회사 규모로 볼 때 TX 교환기 몇 대 파는 데는 큰 관심이 없어."

이때 셸 교수의 다섯 가지 협상 전략 중에서 무슨 전략을 쓸까? 당연히 '수용 전략'을 쓸 것이다. 설사 이번엔 별 관심이 없더라도 중남미 시장의 매력을 보고 거래를 트는 것이다.

"그 회사 규모도 별로고 거래 자체도 별것 없어."

이때는 무관심 상황이고 협상 자체를 하지 않으려는 '회피 전략'을 쓸 것이다.

"파라텔레콤 회사도 좋고 이번 거래에서 얻을 것도 많아."

윈윈 상황이고 어떻게 해서든 협상을 성사시키려는 '윈윈 전략'으로 나갈 것이다.

"파라텔레콤 회사는 별것 없어. 하지만 요즘같이 회사가 어려울 때 200만 달러가 어디야."

이때는 싸우는 협상 상황이고 당연히 '경쟁 전략'을 쓰려 할 것이다.

그런데 비즈니스 세계에선 '타협 전략'이 가장 많다. 반반씩 서로 양보하니 서로 공평하다고 느끼기 때문이다. 또한 이해하기도 쉽다. 본사에 들어와 윗사람에게 쉽게 협상 결과를 설명할 수 있다. 마지막으로 항상 촉각을 다투는 현실에서 가장 간편하고 빠른 의사 결정이다.

셸 교수의 RO 모델은 실전에서 유용하게 쓸 때가 많다. 따라서 기억해 두는 것도 나쁘지 않을 것이다.

앞으로 개인적으로 협상을 하든 회사를 대표해 협상을 하든 머릿속에 '상대와 좋은 관계를 맺을 필요성'과 '이번 협상에서 얻을 기대 수익' 두 개를 Y축, X축에 그린 다음 각 상황에 맞게 수용, 경쟁, 회피, 타협, 윈윈의 다섯 가지 전략 중에서 하나를 선택해서 적용한다.

● 게르만식 분석적 협상 전략을 배우라

"다음달에 내가 해외지사로 나가는데 내가 쓰던 그랜저 살래?"

어느날 직속 상관인 전무님이 당신을 자기 방으로 불러 이런 부탁을 했다. 이때 당신은 어떤 협상 전략을 쓸까?

"전무님을 오랫동안 모셔왔는데 당연히 사드려야지요."

이렇게 말한다면 수용 전략이다.

이 문제를 한국 학생과 외국 학생이 같이 있는 서강대학교 국제대학원의 협상 과목 시험으로 여러 번 내보았다.

대개 한국 학생은 3분의 2 정도가 수용 전략을 쓰겠다고 했다. 나머지 3분의 1은 타협과 윈윈 전략 등으로 나뉘어졌다.

그렇다면 서양 학생들은 어떻게 반응할까?

나는 노글리, 마크, 요하네스의 답안지를 보곤 재미있는 문화적 차이를 발견했다. 모두 독일에서 온 학생인데, 답안지의 내용이 똑같았다. 물론 중간고사이니 서로 짜거나 커닝한 것도 아니었다. 소위 '게르만식 사고'가 그대로 나타난 것이다.

서강대학교 국제대학원에는 매년 독일에서 유학생이 오는데, 이들을 가르치다 보면 재미있는 것을 발견한다. 이들 독일 학생들은 교수가 질문을 하면 절대 '예스', '노'라고 대답을 하지 않는다. 항상 상황을 쪼개서 분석적으로 대답한다. 중고차 협상 문제에서도 이런 게르만식 분석적 사고가 그대로 나타났다.

"지금 내가 중고차를 필요로 하고 있나?"

우선 자기 자신에게 이러한 질문을 던지겠다는 것이다. 이때 차가 필요하지 않으면 회피 전략을 쓴다. 아무리 상사의 부탁이라도 억지로 사지는 않겠다는 것이다.

"좋다, 마침 중고차를 하나 사려던 참이었다."

그러면 협상을 하겠다는 것이다. 그런데 무슨 협상 전략을 쓸까? 여기서 두 번째 절묘한 질문을 던진다.

"내가 이 회사에 근무하면서 저 전무와의 관계가 중요할까?"

정말 실리적인 독일인의 기질이 그대로 나타나는 질문이다. 말하자면 앞으로 회사 생활을 하며 이 상사에게 잘 보일 필요가 있으면 수용이나 윈윈 전략을 쓰겠다는 것이다. 하지만 그와의 좋은 관계를 가지는 게 별 의미가 없으면 경쟁 전략을 쓰겠다고 대답했다. 두뇌 회전이 매우 야무졌다.

그런데 이를 어떻게 알아낼까?

독일 학생들의 대답은 간단했다. 전무가 어느 해외지사로 발령받는지를 보겠다고 했다.

만일 뉴욕이나 런던 지사로 발령을 받으면 이건 분명히 사장이나 부사장으로 승진해 다시 윗자리로 올 가능성이 크다. 그러나 남아프리카나 볼리비아 지사? 거의 십중팔구 다시 얼굴 볼 일 없을 것이다.

대개 회사에서 옷 벗기기 전에 내보내는 해외지사이기 때문이다.

이러한 게르만식 분석적 사고는 우리에게 시사하는 바가 크다. 앞으로 상사가 무슨 중요한 일로 질문을 할 때 '예', '아니오'라고 단박에 대답하지 말아야 한다. 독일인처럼 상황을 쪼개서 대답하라.

"내년도 중국 사업을 어떻게 하지?"

예를 들어 이런 질문을 받으면 다음과 같이 대답하는 것이다.

"사장님, 내년 중국 경기가 좋을 때는 어떻게……, 경기가 안 좋을 때는 어떻게……."

물론 간단한 질문은 '예', '아니오'로 대답해야 하겠지만.

3분 만에 상대를 매료시켜라

김 팀장이 알폰소와 협상하기 위해 힐튼 호텔에서 첫 대면을 했다. 그런데 이 친구 정말 이상했다. 눈동자를 계속 초조하게 굴리고 손발을 연신 떨어대며 뭔가 정서 불안인 것 같았다. 이때 김 팀장은 무슨 생각을 할까?

'신뢰하기 힘든 친구다. 괜히 협상했다가 본전도 찾기 힘들겠다.'

이 같은 마음이 생기면 상대와 이야기하기도 싫고 서로 정보를 주고 받기도 꺼릴 것이다. 셸 교수에 따르면, 협상은 서로가 정보를 활발히 교환해야 성사될 가능성이 크다. 그리고 이 정보 교환은 협상자 간의 개인적 관계와 친밀감에 결정적인 영향을 받는다.

만일 협상 테이블에 앉은 당신이 알폰소에 대한 김 팀장과 같은 인상을 느꼈다면 협상은 십중팔구 파장이다. 따라서 좋은 관계를 맺기 위해 접대도 하고 회사나 개인 차원에서 좋은 이미지 관리도 하는 것이다. 요즘 같은 정보화 시대엔 상대를 만난 후 단 3분 만에 상대를 매료시킬 수 있어야 한다. 즉 당신이 물건을 납품하기 위해 어렵게 신세계 구매 담당 이사를 만났다 하자. 대형 마트의 구매 담당 이사 정도면 한번 만나기 위한 사람들이 줄을 서 있다. 기껏해야 당신한테 15분 정도의 면담 시간을 줄 것이다.

"이 친구, 도대체 지금 무슨 말을 하고 있는 거야?"

상대가 이렇게 느끼면 더 이상 당신 회사 제품에 관해 물어보지도 않고 나가라고 할 것이다. 정보 교환 자체가 안 되니 협상이고 뭐고 다 끝나는 것이다.

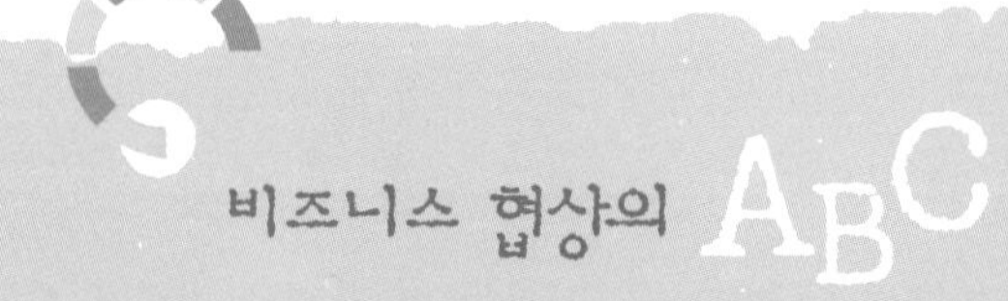

● 셀 교수의 RO 모델을 반드시 기억하라. 지금부터 어떤 가격을 협상하든 RO 모델의 다섯 가지 전략 중 하나를 선택하면 된다.

● 게르만식 분석적 사고 전략을 알아두면 여러 가지로 유용하다. 특히 윗사람이 중요한 프로젝트나 비즈니스에 관해 질문을 할 때 상황을 쪼개서 분석하고 여기에 대한 대응 전략을 세우면 된다.

● 처음 만났을 때 상대에게 좋은 인상, 신뢰를 주지 못하면 정보 교환을 꺼릴 것이다. 협상 테이블에 앉아 좋은 정보든 나쁜 정보든 서로 주고 받게 만들어야 협상이 잘 진행된다.

● 당신이 을의 입장에서 처음 만나 협상을 할 땐 3분 만에 모든 게 결정된다는 것을 명심하라. 따라서 3분 만에 상대의 관심을 끌어야 한다. 이는 회사 회의에서 보고를 하든 스피치를 하든 마찬가지다.

마지막 굳히기 한판

| 가격 협상 마무리 전략, 막판 니블링을 조심하라 |

"이자율을 딱 1퍼센트만 깎아주시죠. 6퍼센트에서 5퍼센트로."

제일물산의 황 전무가 애절한 눈빛으로 김 팀장을 쳐다보았다. 오룩도가 시원스레 내려다보이는 부산의 제일물산 빌딩에서 김 팀장의 200억 원짜리 장비 판매 계약은 가히 성공적이었다. 경쟁사의 텃밭인 부산에 내려와 이 분야 터줏대감인 제일물산과 협상을 성공으로 이끌었으니 말이다. 올라오면 보너스도 두둑이 챙겨주겠다는 CEO 박의 전화까지 받았다.

본 계약은 200억 원에 마무리짓고 이자율, 인도 조건 등 부대 조항을 작성하고 있는데, 황 전무가 외상 매출 이자율 1퍼센트만 깎아달라고 졸랐다.

"별것 아닌 부대 조항이지 않습니까? 제 덕분에 이렇게 큰 계약을 성사시켰는데."

황 전무가 사람 좋게 웃으며 담배 한 대를 건넸다. 지금 황 전무는 니블링nibbling을 하고 있었다. 이는 본 협상이 잘 끝나고 마무리하는 단계에서 '조그만 양보'를 요구하는 것이다. 이 같은 니블링은 때론 사람을 참 난감하게 한다. 하지만 여기서 고민을 한다면 협상 짱 김 팀장이 아니다.

눈에는 눈, 니블링에는 니블링이 있지 않은가.

협상묘수풀이

● **상대의 니블링은 맞받아쳐라**　협상학자들에 따르면, 대부분의 비즈니스맨들은 그간의 협상 성과를 망치거나 관계 훼손을 두려워해 상대의 니블링을 무조건 받아들이는 경향이 크다고 한다. 따라서 상습적 니블러 입장에서는 협상 마지막 단계에 니블링을 잘하면 협상 성과의 3퍼센트 내지 5퍼센트는 더 얻어낼 수 있다는 것이 학자들의 연구 결과이다.

자, 내가 김 팀장이라면 어떻게 할까?

리처드 셸 교수는 니블링을 무조건 받아들이지 말라고 말한다. 한

번 니블링을 받아주기 시작하면 상대는 니블링에 재미를 붙여 상습적으로 니블링을 하려 든다는 것이다. 따라서 그는 '맞받아치기 전략'으로 나가라고 조언한다.

"좋습니다. 이자율을 1퍼센트 깎아주겠습니다. 그 대신 외상 매출 비중을 30퍼센트에서 20퍼센트로 줄입시다."

당신의 니블링을 받아줄 테니, 황 전무 당신도 하나는 양보하라는 것이다. 이렇게 맞받아치면 상대가 다음부터 함부로 니블링을 걸지 못한다. 섣불리 덤벼들었다가는 자신이 손해 보게 될지도 모르기 때문이다.

●　　'우리 서로 반반씩 양
　　보합시다'　　"김형, 우리 서로 바쁜 사람들이니 질질 끌지 말고 여기서 협상을 끝냅시다. 우리 서로 반반씩 양보해서 말입니다."

지루한 협상의 막판에 상대가 이렇게 호기 있게 나올 때 대부분의 비즈니스맨은 이를 받아들인다.

사실 협상이 질질 꼬일 때는 이것이 가장 손쉬운 해결책이다. 그런데 여기서 한 가지 조심해야 할 것은 반반씩 양보해서는 안 될 때가 있다. 당신이 로우볼로 가격을 제시했는데 상대가 하이볼로 가격을 제시했을 때이다. 다음 그림에서 보듯이 판매자는 자신의 저항가격인 200만 원보다 훨씬 높은 380만 원으로 하이볼로 가격을 제안하고, 구매자는 로우볼로 300만 원에 가격을 제안했다고 하자.

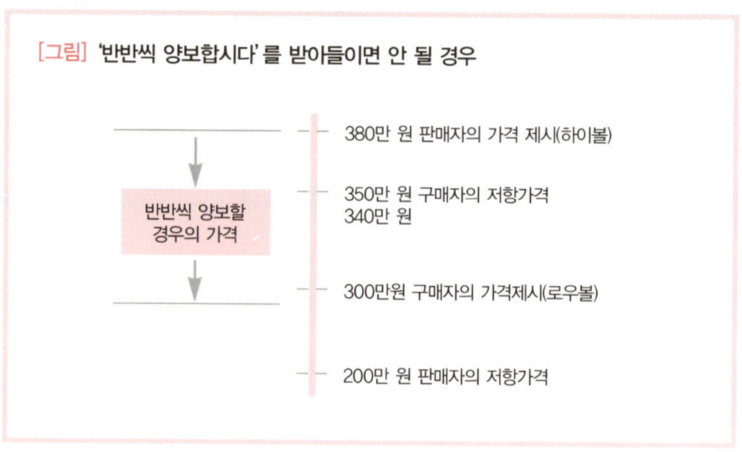

이때 판매자의 '반반씩 양보하자'는 제의를 받아들이면 가격은 340만 원에 결정된다. 이는 구매자의 저항가격 350만 원에 거의 근접한 불리한 가격 결정이다.

때론 최후 담판 전략도 써라

상대가 정말 지저분하게 협상한다. 물고 늘어지고 거짓말하고 질질 끌고. 별의별 속임수와 지저분한 술책을 다 쓰는 것이다.

당연히 협상이 잘될 리가 없고 아마 결렬 위기에 봉착할 것이다. 이럴 때는 마지막 승부수를 던져야 한다.

"이게 마지막 카드입니다. 이걸 받아들이지 않는다면 저는 이 협상 테이블을 떠나겠습니다."

비장한 각오를 한 모습으로 이러한 말을 건네면 상대는 다음과 같은 반응을 할 것이다.

- 당신의 협상력이 상대보다 클 때는 상대가 양보하여 당신의 마지막 카드를 받아들일 것이다.
- 당신의 협상력이 상대보다 약할 때는 상대가 당신의 마지막 카드를 거부해 실질적으로 협상이 결렬될 것이다.

따라서 이 '최후 담판' 전략을 쓸 때는 협상력을 잘 계산하여 칼을 뽑아야 한다.

반대로 상대가 최후 담판 전략을 쓸 때이다. 상대가 평소 협조적인 협상자일 경우에는 진짜 열 받아서 그러는 것이다. 따라서 협상을 지속하고 싶으면 당신의 태도를 바꿔서라도 상대를 협상 테이블로 다시 불러들여야 한다. 필요하면 저자세도 취해야 한다.

하지만 상대가 평소 꼼수를 많이 두는 협상자일 경우에는 전혀 동요할 필요가 없다. 이때는 상대의 협상력을 냉정히 분석해야 한다.

당신의 협상력이 클 경우에는 느긋하게 기다리면 된다. 자신의 최후 담판 전략이 통하지 않는 줄 알고 상대가 협상 테이블로 되돌아올 것이다.

반대로 상대의 협상력이 클 경우에는 도리 없이 상대를 협상 테이블에 되돌아오도록 회유하거나 설득을 하는 수밖에 없다.

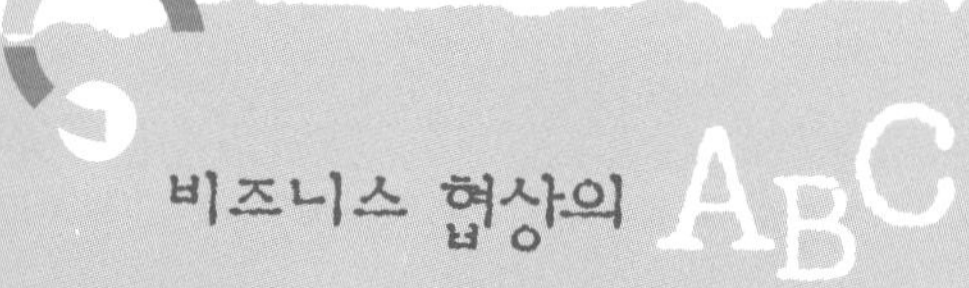

- 본 협상이 끝났더라도 막판까지 니블링을 해야 한다. 당신이 끈질기게 니블링을 잘하면 회사에 3~5퍼센트의 추가 이익을 가져올 수 있다.

- 상대의 니블링은 절대 그냥 받아줘선 안 된다. 반만 받아주는 것도 나쁘다. '니블링을 받아줄 테니 당신도 다른 것을 하나 양보하라'고 맞받아쳐야 한다.

- 상대가 공격적인 하이볼로 가격을 제의했고, 나는 로우볼로 나온 상태에선 '반반씩 양보합시다'를 받아들여선 안 된다. 그럴 땐 내가 손해를 본다.

- 필요하면 가끔 과감하게 최후 담판 전략을 쓴다. 뜻밖에도 난관에 부딪힌 협상을 돌파할 수가 있다.

쥐도 코너에 몰리면 고양이에게 블러핑한다

| 아무리 불리한 협상이라도 블러핑의 승부수를 던져라 |

"김 팀장, 어쩌죠?"

아침부터 홍 팀장이 울상을 하고 김 팀장을 찾아왔다. 그의 아내는 대선 캠프에서 홍보를 담당하고 있었다. 홍 팀장은 유능한 자신의 아내를 늘 자랑하고 다녔다.

그런데 아내가 큰 실수를 했다며 그가 고민을 털어놓았다.

오늘은 대선을 3일 앞둔 날이었다. 이 중요한 시점에 대선주자의 선거용 포스터 사진이 잘못되었다는 것이다. 내일부터 대량으로 뿌려 막판 승부수를 겨룰 계획으로 인쇄해 온 포스터를 보고 경악을 금치 못했다고 한다.

환하게 웃고 있는 대선주자의 사진 아래 작은 글씨로 "Copyright

by Kim S. H."란 문구가 붙어 있었던 것이다. 이 문구를 보지 못해 초상권을 가진 사진작가의 허락을 받지 않고 인쇄한 것이다.

이 사진은 수백 장의 사진 중에서 홍 팀장의 아내가 직접 고른 사진이었다. 잘못되면 모든 책임을 아내가 져야 한다며 홍 팀장의 얼굴이 하얗게 질려 있었다. 대선 캠프의 법률 팀에서는 다음과 같이 말하며 홍 팀장의 아내에게 겁을 주었다는 것이다.

- 이 문제는 잘못하면 대선 자체를 그르칠 수 있다. 요즘 같은 세상에 상대편 진영이 이 사실을 알고 대선 후보를 공격하면 당락에까지 영향을 미칠 수 있다는 것이다.
- 가장 좋은 해결책은 다시 인쇄하는 것인데 대선 3일 전이라 수백만 부의 포스터를 다시 인쇄할 시간적 여유가 없다.
- 더욱이 불리한 상황은 Kim S. H.가 무명 사진작가로 강원도 시골에 살고 있는데, 경제적으로 무척 어렵다는 것이다. 돈이 궁하면 약점을 잡고 늘어질 가능성이 크다. 더욱이 상대가 대선 후보 아닌가? 이는 그가 돈을 목적으로 대선 캠프를 상대로 초상권 침해로 소송을 제기할 가능성이 크다는 것을 뜻한다.

참모진은 가능한 해결책으로 다음 두 가지를 제시했다고 했다.

첫 번째는 인간적으로 호소하는 방법이다.

직접 사진작가에게 전화하여 실수를 솔직히 인정하고 인간적으로 사정하여 사진 사용에 대한 승인을 얻어내는 것이다. 때론 솔직함이 가장 좋은 해결책일 수도 있다.

두 번째는 금전적으로 해결하는 방법이다.

상황이 다급하니 전화를 해서 화끈한 경제적 보상을 약속하고 사진 사용 승인을 얻어내는 것이다. 대선의 당락에 결정을 미칠 상황인데, 그까짓 돈이 아깝겠는가?

"김 팀장, 위의 두 가지 방법 가운데 어떤 것이 좋을까요? 무슨 기발한 묘수가 없을까요?"

협상묘수풀이

협상을 하다 보면 별의별 일이 다 생긴다. 그중에 하나가 상대방에 비해 절대적으로 불리한 처지에서 협상을 해야 되는 경우이다. 여기서 잘못하다가는 상대에게 질질 끌려 다니다 끝난다.

이때 이판사판으로 던져볼 승부수가 '블러핑' 전략이다.

김 팀장이 가르쳐준 블러핑을 홍 팀장의 아내가 어떻게 적용하는지 보자.

홍 팀장의 아내가 수화기를 들고 상냥한 목소리로 호들갑을 떨며 말했다.

"김 선생님, 정말 축하합니다. 저희 대선 후보의 포스터용 사진으로 수백 명 사진작가의 사진 가운데서 최종적으로 선생님 사진이 뽑했습니다. 대선 후보용 사진으로 선정된다는 것은 대단한 영예 아닙니까? 이제 선생님은 정말 유명한 사진작가가 될 것입니다.”

이런 말을 들으면 상대방은 약간 당황하여 얼떨떨할 것이다. 어쩌면 ‘고맙습니다’ 라고 말할지도 모른다. 그런데 여기서 그치면 반쪽짜리 블러핑이다. 내친김에 더 나가야 한다.

“저희 대선 캠프에서 김 선생님께 이렇게 좋은 기회를 주었는데 성의 표시로 정치 헌금 좀 하시죠. 한 100, 200만 원이라도 좋습니다.”

경제적으로 궁색한 사진작가가 이렇게 나올지도 모른다.

“그런 돈 없어요. 성의로 한 50만 원만 기증하죠.”

그러면 상황 끝이다. 난처한 상황을 빠져 나오고 정치 헌금까지 받아내는 것이다. 이것이 멋진 블러핑 협상 전략의 진미이다.

● **불리한 상황에서 블러핑의
승부수를 던져라**　　여기서 똑똑한 사람이라면 꼭 반론을 제기해야 한다.

“사진작가가 바보인가요? 홍 팀장의 아내의 블러핑에 안 넘어갈 수도 있잖아요?”

여기에 대한 대답 또한 간단하다.

설사 상대가 블러핑에 넘어가지 않는다 해도 이 방법이 최선의 협상 전략이다. 왜냐하면 잘되지 않았을 경우 대안이 있기 때문이다. 사진작가에게 블러핑을 하다가 잘 통하지 않으면, 대안으로 인간적 호소 전략을 쓰고 이것마저 통하지 않으면 마지막 대안으로 금전적 보상 전략을 쓸 수 있다. 말하자면 두 개의 대안을 남겨두고 있는 셈이다.

앞의 협상 전략 중 제일 나쁜 전략은 처음부터 금전적 보상을 제시하는 것이다. 홍 팀장의 아내가 미리 1,000만 원을 제시하면 분명 상대는 더 많은 돈을 요구할 것이다. 조금만 머리가 돌아가도 돈 1,000만 원에 끝날 사안이 아니라는 것쯤은 금방 알아챌 것이다. 결국 둘이서 밀고 당기며 가격 협상을 할 것이고, 결과는 '빅머니'냐 '스몰머니'냐의 차이뿐이다.

● 절대적으로 불리한 협상 상황에서도 절망하지 마라. 빠져나올 전략은 반드시 있다. 배짱 좋게 블러핑을 한번 해봐라. 상대가 경험이 부족하거나 어수룩할수록 잘 먹힐 것이다.

● 그러나 노련한 고수한테 블러핑을 하다간 오히려 큰코다친다. 이때는 오히려 인간적인 '백지 수표 전략'을 써봐라. 솔직히 모든 걸 인정하고 상대의 자비심에 호소하는 것이다. 의외로 너그러운 상대의 대답을 들을 수도 있다. 특히 의리와 인간 관계를 중시하는 상대일수록 더욱 그럴 것이다.

이순신 장군의 '리더십 협상'

나는 이순신 장군 연구회 회원이다. 그런데 장군에 관해 깊게 연구하면 할수록 성웅이 아니다. 우리와 똑같은 보통 사람이다. 갈등하고 고뇌하고 때론 불합리한 행동도 하시고.

장군께서는 술을 아주 좋아하셨다. 부하장수가 보고를 하러 한산도 본영으로 오면 그냥 돌려보내지를 않으셨다. 한잔 마시는 것이었다. 그것도 대취할 때까지. 한번은 '전라 우수사 이억기가 보고하러 와서 같이 마시다가 너무 술이 취해 대청마루에 드러누워 하룻밤을 자고 떠났다.'고 《난중일기》에 씌어 있다.

《난중일기》 완역본을 보면 며칠 걸러 한번씩은 부하장병들과 술잔을 기울이셨다. 어느 분이 《난중일기》를 재미있게 연구하여 박사학위를 받았다. 《난중일기》를 쓰신 7년 동안 장군께서 무슨 일들에 많은 시간을 보내셨는가를 분석한 것이다.

- 제일 많은 30퍼센트 정도를 활 쏘시는 데 보내셨다.
- 두 번째 많은 24퍼센트를 부대 관리와 교육 훈련에 시간을 보내셨다.

놀랍게도 세 번째로 많은 18퍼센트 정도를 술 마시는 데 쓰셨다. 역시 장군께서는 애주가이시다. 장군께서는 왜 이렇게 술을 자주 드셨을까?

역사상 영웅들은 모두 술을 좋아하는 것인가. 알렉산더 대왕에서 시작해 삼국지의 장비, 관운장, 그리고 제2차 세계대전의 영웅 처칠 수상에 이르기까지 모두 술고래들이다. 그런데 장군께서 술 드시는 것은 나름대로의 특유한 리더십 협상의 수단이다.

장군은 부하들에게 아주 냉혹했다. 법과 명령을 어기면 가차없이 징벌을 가했다. 《난중일기》에 따르면 어떤 병사는 동네 개를 잡아먹었다고 곤장 60대를 맞았다. 말이 곤장 60대지 개 한 마리 잡아먹고 거의 죽도록 곤장을 맞은 것이다. 거기다 도망병이나 회계부정을 저지르는 아전은 그냥 참수를 했다. 그 당시는 조선군에 도망병 문제가 심각했단다. 칼을 차고 있다가도 슬며시 근무지에서 줄행랑을 놓아버리는 것이다. 한번은 장군께 이런 보고가 들어왔다. 나장급 두 명이 뇌물을 받고 도망병을 눈 감아 주었다는 것이다. 장군께서 그 나장 둘을 당장 불러 심문했다. 모두 사실로 드러났다. 그 자리에 목을 베어 참수해 버렸다. 야! 일개 병사도 아니고 장교인데 도망병한테 뇌물 받은 것 가지고서 말이다. 이렇게 엄격한 법 집행을 통해 장군께서는 군율을 엄격히 세웠다.

어느 박사 논문에 따르면 임진왜란 동안 약 120회의 처벌기록이 있다고 한다. 그렇다면 장군께서는 이렇게 부하들을 달달 볶아내고 체벌만 하셨을까? 아니다. 엄하게 군 것 이상으로 각종 포상 등을 통해 용기와 사기를 북돋워주었다. 처벌 120회보다 많은 140회의 포상, 격려 기록이 있다. 요즘 리더십 유형으로 말하자면 처벌도 많고 인센티브도 많이 하는 CEO였다. 그런데 포상과 사기진작의 한 수단으로 부하 장병과의 회식을 즐기셨다. 전 수군 5,000여 명 회식 기록이 《난중일기》에 자주 나온다. 말하자면 부하 장병과의 술좌석이 상하간에 의사소통을 원활히 하고 군의 사기를 높이며 리더십을 확보하는 수단으로 사용하신 것이다.

불리하면 비즈니스 게임의 룰을 바꿔라!

'왜 장군께서 그렇게 많은 시간을 활 쏘시는 데 쓰셨을까? 사무라이와 싸우려면 칼 쓰는 법을 훈련해야지?'

여기에는 깊은 뜻이 숨어 있다.

사무라이를 태운 일본 수군은 조선 수군에 배를 갖다 대기를 원했다. 그래야만 사무라이가 조선 함대의 갑판에 올라타고서 진검 승부를 겨룰 수 있었을 테니까. 하지만 조선이 이 게임의 룰을 따랐다간 백전백패일 것은 분명했다. 농부나 어민 출신인 우리 수군의 검술은 일본 수군과 비교도 안 되었다. 그래서 장군은 해전 게임의 룰 자체를 바꾸어 버렸다. 거북선과 화포, 그리고 활을 비오듯 쏴대어 일본 함대가 가까이 오지 못하도록 한 것이다.

'게임의 룰을 바꿔라.'

요즘 경영학 책에 많이 나오는 말이다. 자기 회사가 유리한 쪽으로 게임의 룰 자체를 바꿔야지 자사에 불리한 기존 게임의 룰에 질질 끌려 다녀선 안 된다.

이와는 반대로 조선의 명장 신립 장군은 조총의 등장으로 바꾼 게임의 룰을 모르고 6,000기병을 충주의 탄금대에서 다 산화시켰다.

'왜 신립 장군이 천하의 요지 문경새재에서 적을 막지 않고 확 트인 탄금대에서 배수진을 치다 참패하셨을까?'

그때 험한 문경새재에서 매복전을 하셨다면 충분히 적을 물리칠 수 있었을 텐데. 역사에 좀 관심이 있는 사람이면 한 번쯤 생각해 보는 아쉬움이다.

신립 장군도 문경새재에서의 매복전을 심각하게 고려하셨다. 그런데 매복전을 성공하려면 잘 훈련된 군대여야 한다. 적이 눈앞에 바싹 다가올 때까지 소리내지 말고 숨어 있어야 했다. 하지만 장군 휘하의 장병은 전쟁이 터지자 팔도에서 허겁지겁 긁어모은 군대였다. 더욱이 매복전을 한답시고 병사들을 뿔뿔이 흩어 놓으면 도망가 버릴 건 불보듯 뻔한 일이었다.

'그럴 바엔 차라리 탄금대에서 강을 뒤로 한 배수진을 치자.'

신립 장군의 선택이었다. 조선 기병을 돌진시켜 보병 위주인 왜군을 말발굽으로 짓밟을 계획이었다. 먼저 2,000기병을 돌진시키자 왜군의 조총이 불을 뿜었다. 장군은 속으로 생각했다.

'1,000여 명이 쓰러질 것이다. 아니 1,500명이라도 좋다. 500기병만 적진을 돌파하면 된다.'

어! 그런데 2,000기병이 적진 근처에도 가기 전에 쓰러져 버렸다. 뭔가 이상하다고 생각한 신립 장군은 나머지 2,000명을 돌진시켰다. 결과는 마찬가지였다. 마지막에는 이판사판으로 최후의 돌격을 했다.

조선을 충분히 구해낼 수 있었던 6,000기병이 탄금대에서 모두 하늘로 솟았다. 말이 6,000기병이지 알렉산더 대왕이 페르시아 정복할 때 불과 5,000기병을 가지고 있었다. 어찌 이런 어처구니없는 참패를 당했을까? 신립 장군이 조총의 위력을 몰랐기 때문에? 아니다. 장군은 조총의 위력을 익히 알고 있었다. 함경도에서 조총을 가진 여진족과 싸운 경험이 있었다.

조총을 가진 보병 앞에 선 기병 돌파전의 게임의 룰이 바뀐 걸 몰랐던 것이다. 도요토미 히데요시는 '3열 속사법'이란 새로운 전략을 개발했다. 병사를 세 줄로 세워 첫 줄 병사가 쏘고 뒤로 빠지면 다음 줄 병사가 나오고 제일 뒷줄 병사는 탄약을 장전하는 방법이다. 그렇게 되면 왜군 조총의 화력이 '세 배'로 강해져 달려오는 2,000 조선 기마병을 단숨에 쓰러뜨릴 수 있었다. 만약 신립 장군이 이 '3열 속사법'을 알았으면 탄금대 전투의 결과가 어떻게 했을까?

6,000기병을 일시에 질풍노도와 같이 돌진시켰을 것이다. 그러면 아마 반 정도는 조총 아래 쓰러졌을지 모른다. 하지만 적진을 돌파한 나머지 3,000기병의 말발굽이 왜적 보병을 풍비박산으로 만들었을 것이다. 그러면 물론 우리의 임진왜란 역사도 다시 써야 하지 않았을까.

사전에서 배운 콩글리시 영어는 금물

| 말발을 살려주는 영어 협상 테크닉 |

김달호 상무의 별명이 '하버드 김'인 이유가 있다. 과장 때 잠시 하버드 대학에 연수 갔다 왔는데 무슨 일만 있으면 '내가 하버드에 다닐 때는 말이야'로 시작한다. 국내에서 최고 명문고등학교, 명문대학을 나왔으니 미국의 명문 하버드 정도는 들먹여야 구색에 맞는다고 여기는 모양이다.

자고로 일류 간판을 등에 업고 거들먹거리며 사는 인물들의 속내를 들여다보면 별 볼일 없는 법, 하버드 김 역시 그런 인물들 중 하나였다. 그는 자신이 영어를 잘한다고 생각했다. 그도 그럴 것이 일반인들은 잘 알지 못하는 단어나 표현을 써서 사무실 내에서도 그의 영어 실력을 믿어 의심치 않았다.

하지만 그의 그 '판타스틱' 한 영어 실력에 찬물을 끼얹는 일이 벌어졌다. 동료 피터슨과 함께 하버드 김이 인텔사와 협상할 때 소름 끼치는 일이 벌어진 것이다.

우선 영어를 곧잘 하는 김 팀장도 '하버드 김이 협상 상대인 미국 비즈니스맨한테 무슨 말을 하는지'를 잘 이해할 수 없었다. 인텔사의 직원 역시 어색한 표정을 지으며 하버드 김이 한 말을 피터슨에게 되묻곤 했다.

잠시 쉬는 시간에 화장실에서 피터슨을 만난 김 팀장이 물었다.

"하버드 김의 영어가 어때요?"

"아니, 영어를 왜 저렇게 하지요?"

피터슨이 고개를 절레절레 저었다. 미국인인 자기도 그가 무슨 말을 하는지 헷갈린다는 것이다. 예를 들어 하버드 김이 "오늘 비가 내렸다 말았다 합니다."라는 표현을 "Today, we have an intermittent rain(간헐우)."이라고 했다. 그런데 미국인들은 이를 간단히 "Today, rain comes and goes."라고 말한단다.

다시 협상이 시작되었을 때, 하버드 김은 여전히 좋은 머리에 영어사전만 달달 외워 오늘날 미국인이 쓰지 않는 낡고 어려운 표현을 썼다. 그야말로 '딕셔너리 잉글리시'를 구사한 것이다. 상대가 "What? What?" 하며 잘 알아듣지 못하겠다는 표정을 지을 때마다 오히려 김 팀장의 이마에 식은땀이 맺혔다. 상대의 표정에 당황했는지 하버드 김도 자신의 말을 설명하기 위해 또 다른 단어로 말했고, 그렇게 협상 테이블에는 순식간에 영어 콘테스트가 벌어졌다.

그날의 협상? 우선 영어에서 밀리니 상대의 손아귀에서 놀아날 수밖에 없는 일, 협상이 잘 이루어졌을 리가 없었다.

그날 저녁, 김 팀장은 술잔을 연거푸 꺾어대는 하버드 김의 푸념을 받아줘야만 했다. 멋진 영어(?)를 이해하지 못하는 인텔사의 직원을 안주 삼아서 말이다. 물론 하버드 김의 우리말도 혀 꼬부라진 소리라서 알아들을 수 없는 지독한 넋두리를 말이다.

협상묘수풀이

- ### 영어에 자신이 없으면 차라리 통역을 써라

국제회의에 가면 동아시아의 세 나라, 중국, 일본, 한국 사람 중에 누가 영어를 제일 잘할까? 단연 일등은 중국인이다. 영어와 어순이 같고 사성이 있어서 영어 악센트 감각이 뛰어나다. 문제는 일본인과 한국인의 영어 실력이다.

'3S three s!' 한국 대표단과 일본 대표단을 비꼬는 조롱이다. 무슨 말인지 잘 알아듣지 못하니 얼굴에 묘한 웃음smile을 머금고 질의 응답 시간에 조용silent하다. 그리고 커피 브레이크에 흡연실에 가보면 일본과 한국 대표가 담배smoke만 연신 피워댄다.

오늘날 세계에는 3,000여 개의 언어가 있다. 이중 가장 많이 쓰이는 언어는 흔히 생각하는 영어가 아니다. 영어는 오늘날 세계 인구의 7퍼센트 정도만 사용한다. 중국어를 가장 많이 사용하고, 다음이 영어, 힌두어, 스페인어 순이다. 일본어는 10번째, 불어는 11번째, 다음

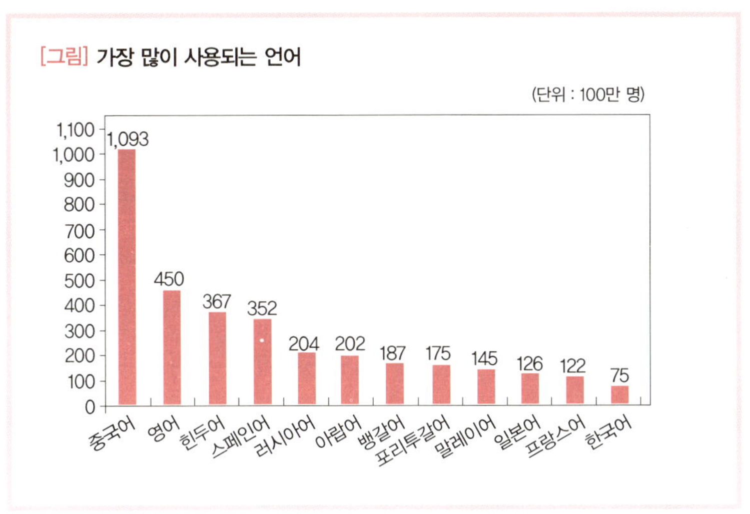

이 한국어이다.

단일 언어를 사용하는 나라는 한국, 일본, 베트남, 몽고 등 네 나라 뿐이다. 인도에만 150개 언어가 있다. 아프리카의 조그만 나라 카메룬에는 200여 개 부족이 사는데, 각 부족마다 고유한 말을 가지고 있다.

재미있는 것은 영어에 눈을 표현하는 것은 스노우 snow 하나인데 눈 덮인 북극 지방의 에스키모들에게는 눈을 표현하는 단어가 무려 400개가 있단다.

자! 솔직히 말해 우리 샐러리맨들은 대부분 영어에 대한 콤플렉스를 가지고 있다. 나이가 든 최고 관리자로 갈수록 심해지고 젊은 층으로 갈수록 덜하기는 하지만, 하여튼 영어로 협상을 하려면 우선 스트레스부터 앞서는 게 현실이다.

그러나 내가 경험한 바로는 영어를 잘하는 것과 협상을 잘하는 것은 완전히 별개의 문제다.

영어에 자신이 없으면 떳떳하게 통역을 붙이면 된다. 통역을 쓰면 시간과 비용이 많이 든다는 문제점이 있지만, 그 대신 장점도 있다. 통역이 말을 하는 동안에 생각을 정리하고 상대를 관찰할 수가 있다. 그래서 일본의 유명한 CEO 중에 일부러 통역을 쓰는 사람이 많다. 가장 나쁜 것은 하버드 김같이 엉성한 영어를 가지고 중요한 협상에 덤벼드는 것이다. 만일 상대 미국인이 이를 역이용해 '못 알아듣겠다' 는 약간 지저분한 술책이라도 쓰면 영락없이 말려들 수밖에 없으므로 이 점을 유의해야 한다.

● **손쉬운 비즈니스 협상 영어를 써라**　　미국이나 영국, 캐나다 같은 영어 사용권 이외의 동양이나 중남미 비즈니스맨들과 협상할 때는 아래 네 가지를 명심해야 한다.

1 _ 어려운 영어 단어를 쓰지 말고 가능하면 3천 단어 이내의 영어 단어를 써라

말하자면 하버드 김같이 오락가락 내리는 비를 'intermittent rain(간헐우)' 이란 말로 표현하려 들지 말라는 말이다. 어느 나라 사람이든지 영어를 공부하기 시작해 2~3년 내에 배우는 3천 단어 정도의 어휘로 한정하는 것이 좋다. 가능하면 잘 사용하지 않는 관용적인 표현이나 문어체적인 표현은 피해야 한다. 예를 들면 지불 만기일을 전문용어인 'maturity date' 보다는 'final payment date' 로 표현해야만 비영어

권의 상대방이 좀 더 정확하게 이해한다.

2 _ do, let, make, get, have 등을 사용한 영어 표현은 진짜 미국인만이 잘 쓸 수 있는 영어이므로 피하라

'I'll get the car and meet you in an hour' 라는 말을 하면, 이 get이란 속에는 buy, borrow, rent, steal 등 여러 가지 뜻이 있다.

어떤 사람이 get을 buy라는 뜻으로 '내가 차를 한 시간 내에 사서 널 만나겠다' 라고 말했다. 그러나 영어에 익숙하지 못한 상대가 이를 rent로 이해하면 '내가 차를 렌트해 한 시간 내에 만나러 오겠다' 라고 잘못 이해할 수 있다. 대신 영어에 구체적인 행동을 나타내는 ride, buy, produce 같은 단어를 사용해야 한다. 말하자면 'take a bus' 보다는 'ride a bus' 라고 표현해야 한다는 것이다.

내가 워싱턴의 유엔 산하기관에서 근무할 때 일이다. 하루는 상사인 개리트와 한담을 하는데 이런 말을 했다.

"오늘 밤 8시에 80번 텔레비전 채널에서 래리 홈즈의 헤비급 타이틀 매치가 있다."

내가 평소 복싱 경기를 좋아하니 나더러 오늘 밤 그 경기를 보라고 하는 줄 알았다. 그런데 다음날 출근을 하니 그가 말했다.

"자네, 왜 어제 우리 집에 안 왔나?"

아뿔싸! 그의 말을 잘못 알아들은 것이다.

벌써 3년 가까이 같이 근무해 의사 소통을 완벽하게 한다고 생각했는데, 왜 이런 실수를 했을까?

나중에 알고 보니 그가 바로 'let', 'get' 이란 표현을 쓰며 자기 집에서 맥주 한잔하며 복싱을 같이 보자고 한 것이다. 만일 그가 'Please, come to my house' 라든지 'invite' 라는 영어 표현을 썼으면 버드와이저 맥주를 사들고 그의 집에 갔을 것이다.

3 _ 상대를 쓸데없이 자극하는 영어 단어는 쓰지 마라

우리말에도 은근히 상대를 약 오르게 하는 표현들이 많다. 영어도 마찬가지다. 미국의 아커프Acuff에 따르면 숙련된 협상자는 자극적인 단어를 한 시간당 두 번쯤 사용하는데, 보통 협상자는 거의 열한 번쯤 사용한다고 한다. 자극적인 표현이란 쓸데없이 상대방의 반발을 불러일으키는 표현을 말한다.

"Most people would……(대부분의 사람들은……)"라는 표현을 쓰면 상대방은 "그럼 내가 당신에게 동의하지 않으면 이상한 사람이란 말이냐?"라고 반발한다. 따라서 'you always', 'be reasonable', 'needless to say' 등의 자극적 표현은 가급적 피하는 것이 좋다.

[표] 자극적 영어 표현

자극적 영어 표현	상대방이 받아들이는 반응
You always…… 당신은 항상……	내가 항상 그렇게 행동한다고? 아마 가끔 그럴지는 몰라도 항상 그렇게 행동하지는 않는다.
Be reasonable…… 좀 합리적으로 생각하세요.	나는 내가 불합리하게 사고하지 않는다고 생각하는데요.
Needless to say 말할 필요도 없이	말할 필요가 없다면 당신은 왜 말하나?
Listen…… 내 말 좀 들어보세요.	내가 당신 말을 듣고 싶을 때 듣지, 억지로 강요당해 듣기는 싫다.

4 _ 점수 따는 열 가지 영어 표현

아커프에 따르면 국제 협상에서 친근감을 주어 상대와의 관계를 긴밀히 하고 결과적으로 의사 소통을 원활히 하는 대표적인 영어 표현 방법으로는 다음 열 가지가 있다. 한번 마음먹고 외워두면 유용하게 쓸 수 있을 것이다.

- I'm very pleased to meet you.
- We might be able to consider X if you could consider Y.
- Let me try to summarize where we stand now in our discussion.
- Could you tell me more about your concerns?
- Let me tell you where I have a concern.
- I feel disappointed that we haven't made more progress.
- I really appreciate the progress that we've made.
- What would it take for us to close this deal?
- I've enjoyed doing business with you.
- I expect you to consider my suggestion positively.

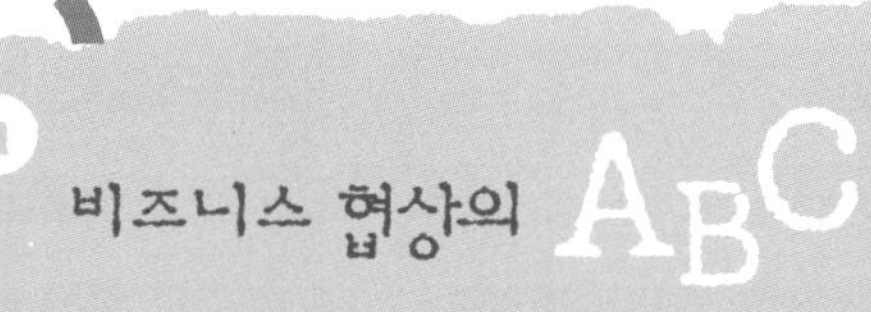

● 지금이라도 늦지 않았으니 영어 공부를 시작한다. 이 글을 읽는 20대나 30대 초반 샐러리맨들은 지금부터라도 노력하면 충분히 영어 짱이 될 수 있다. 영어 공부는 꼭 미국 유학 다녀온다고 잘하는 것이 아니다. 국내에서 영어를 잘하는 사람들을 보면 대다수가 국내파다.

● 영어에 자신이 없으면 차라리 통역을 써라. 통역을 쓴다고 창피해할 필요는 없다. 협상의 고수들은 중요한 협상에서 일부러 통역을 붙인다.

● 어차피 40~50대에 들어선 비즈니스맨이면 어렵게 안 돌아가는 혀 굴리지 말고 떳떳하게 반기문 유엔 사무총장처럼 영어를 하라. 협상 테이블에서 한국인이 꼭 미국 사람처럼 영어를 할 필요는 없다. 한국식 영어라도 또박또박 말해 의사 전달만 정확히 되면 된다.

● 앞에 강조한 '점수 따는 열 가지 영어 표현'을 반드시 외워 활용하기를 바란다.

떠버리 협상은 금물

| 좋은 협상, ‘무엇을 말하느냐’가 아니라, ‘어떻게 말하느냐’가
관건이다 |

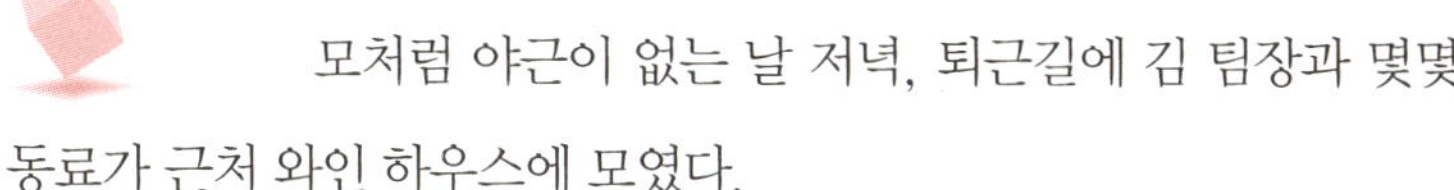

모처럼 야근이 없는 날 저녁, 퇴근길에 김 팀장과 몇몇 동료가 근처 와인 하우스에 모였다.

"야, 나는 정말 협상에는 자신이 있어. 말재주가 끝내주거든. 누구든지 나와 이야기해 본 사람이면 내 말솜씨에 금방 녹아들곤 하지."

얼마나 말을 잘하는지 기관총이란 별명이 붙은 마기관 팀장이 자신감이 넘치는 소리로 말했다.

"나도 협상에는 도가 텄어. 나이 많은 그 능구렁이 같은 중소기업 사장들이 내 앞에 오면 다 설설 긴다니까! 모두 내 손바닥에서 놀아. 정말 우리 회사에 도움이 되는 협상을 많이 했지."

지난 10여 년간 주로 구매 부서에서 일한 홍 팀장의 자신감 넘치는 소리다.

홍 팀장의 말에 하버드 대학에서 협상학 박사 학위를 받고 특채된 강미정 박사가 가만히 있을 리가 없다.

"아마 협상으로 미국에서 박사 학위를 받은 사람은 제가 처음일걸요. 하버드는 아무나 들어가는 대학이 아니에요. 다들 몸으로 배운 협상이지 저처럼 체계적으로 공부한 사람은 드물 거예요."

김 팀장이 이끄는 사내 협상 스터디 그룹의 쟁쟁한 멤버들이 한마디씩 던졌다. 그런데 한쪽 구석에 앉아 아무 소리 않고 맹물만 마시고 있던 허 대리가 입을 열었다.

"나는 협상에 자질이 없나 봐요. 도대체 말을 잘 못해요. 상대가 구구절절 말을 하기 시작하면 머릿속이 온통 하얘져서 할 말이 도무지 생각이 나지 않아요. 그래서 아침마다 한 시간씩 거울을 보며 내 자신과 협상 연습을 한다니까요."

머리를 긁적이며 풀 죽은 허 대리의 말에 모두들 한동안 말이 없었다.

협상묘수풀이

- **들어주는 기술이 더 중요하다**　　아마 우리들 역시 꼼꼼히 따져보면 이 세 사람 중의 하나일 것이다. 화려한 언변을 앞세운 기관총 마 팀장이 정말 훌륭한 협상자일까? 10여 년 구매 부서에서 일해 협상에는 도통했

다는 홍 팀장이 진짜 협상 짱일까? 아니면 정식 교육을 받고 실전보다 이론을 앞세운 강미정 박사가 뛰어난 협상자일까?

"절대 떠버리 협상자는 되지 말아라Never Blabber Mouth."
많은 학자들이 협상자의 자질에 관해 연구하고 내린 결론은 떠버리 협상자는 절대로 안 된다는 것이다. 말 잘하는 것과 협상 잘하는 건 전혀 다르다.

대부분 자칭 말재주가 있다거나 자기가 말을 잘하거나 설득력이 뛰어나다고 착각하는 사람들은 협상 테이블에 앉자마자 지껄여댄다. 입이 근질근질해서 상대가 입을 열 때까지 기다리지 못하는 것이다.

"우리 회사로 말하면 영업 실적이 국내에서 몇 등이고 사장님은 어떻고 내년에는 어떻게 비즈니스를 확장할 것이다."

처음 만나는 협상 상대와 마주앉아 대개 이런 식으로 떠벌리는 것은 자기 회사의 명성, 자신의 노련한 협상력을 은근히 과시하려는 것이다. 말하자면 초장에 상대의 기선을 완전히 잡기 위해 선수를 친다. 그러나 바보 같은 짓이다! 상대가 노련한 협상자라면 속으로 쾌재를 부를 것이다. 부탁도 하지 않았는데 협상에 유리한 정보들을 먼저 줄줄이 뱉어내니 말이다.

우리가 명심해야 할 것은 협상에서는 말하는 기술보다 '듣는 기술'이 훨씬 더 중요하다. 역사상의 뛰어난 협상자들은 모두 남의 말을 잘 들어주는 사람들이었다.

"상대가 먼저 지껄이게 만들어라!"

리처드 셸 교수가 말하는 비즈니스 협상의 첫 걸음이다. 유능한 협상자는 상대가 떠들어대게 만들어 자연스레 정보를 누출하게 한다.

그런데 어떻게 상대가 지껄이게 만들까? 방법은 아주 간단하다. 칭찬하라. '칭찬은 고래도 춤추게 한다'고 하지 않던가?

"처음에는 제일IT사를 잘 몰랐는데 알고 보니 대전에서 아주 급성장하는 유력한 IT업체라는 사실을 알았습니다. 우리 회사로선 거래하게 된 것을 자랑스럽게 생각합니다. 그런데 그 같은 성공의 비결은 무엇인가요?"

이렇게 상대를 추켜세우면 신이 난 상대는 회사에 관한 자랑을 늘어놓을 것이다. 주로 무슨 물건을 만들고 매년 몇 퍼센트씩 매출이 급성장한다는 자랑이다.

그 다음에는 상대에 대한 질문 기술이다. 상대의 이야기 속에서 궁금한 사항이 있으면 자연스레 슬쩍 물어본다.

"매출에 가장 기여하는 주력 제품이 어떤 건가요?"

신이 나서 지껄이는 상대에게 하나쯤 더 질문을 던진다 해도 개의치 않고 대답해 줄 것이다. 그러한 방식으로 자기에게 필요한 정보를 얻어내는 것이다. 그리고 필요한 추가 정보를 챙기고 난 뒤 비로소 말하기 시작한다. 자신의 회사 등에 관한 정보 등을 상대에게 알려주는 것이다.

- ### '성공의 환상' 에 절대로
  ### 빠지지 마라

지난 10여 년간 중소기업 납품업체 사장을 주무르며 잔뼈가 굵었다는 홍 팀장은 스스로 자부할 정도로 뛰어난 협상자일까?

지금 홍 팀장은 소위 말하는 '성공의 환상' 에 빠져 있다. 우리는 모두 비즈니스 협상을 하며 갑의 입장에서 목에 힘을 준 적이 있을 것이다. 또 을의 처지에서 비위를 맞추려고 아내의 생일인데도 눈치 보며 파트너를 접대해 본 쓸쓸한 경험들이 있을 것이다.

그동안 홍 팀장은 어떤 입장에서 협상했을까?

당연히 갑이다. 대기업에 물품을 납품하려 줄을 선 약한 중소기업 사장들을 상대로 압도적으로 유리한 입장에서 거래를 했다. 그런데 회사가 그를 구매부에서 판촉부로 보내 회사의 게임기를 이마트에 납품하라면 무슨 일이 벌어질까? 평생을 접대만 받았기에 그 콧대 높은 이마트의 구매자에게 어떻게 고개를 숙이고 들어갈지 모를 것이다.

요즘 많은 자칭 '협상 짱' 들이 이 같은 '성공의 환상' 에 빠져 있다. 특히 삼성, LG, 신세계, 롯데 등 대기업에 근무하는 샐러리맨일수록 더욱 그렇다. 대기업 간판이 받쳐주는 협상 능력과 자신의 협상 능력을 혼동해서 착각하면 안 된다.

- ### 아무리 협상 박사라도 실전에
  ### 투입되면 헤맨다

미국 하버드 대학에서 협상 박사학위를 받은 강미정 박사는 어떨까? 그녀를 정글의 법칙이 적용되는 비즈니스 협상 세계에 투입하면 나름대로 협상을 잘할 수도 있을 것이다. 그래도 제대로 배운 사람이 낫다고 하지 않던가? 하지만 그도 결정적인 순간에 당황할 수가 있다. 자기가 배우지 않은 불확실한 협상 상황에 직면했을 때이다.

찰스 바저만Charles Bazerman에 따르면, 경험에 바탕을 두지 않은, 그러니까 대학에서 배운 전문 지식의 한계는 불확실성이다. 아래 그림에서 보듯이 대학에서 전문 지식만 배운 협상자는 예기치 않은 '불확실한 상황'에 처하면 당황하는 경우가 많다. 협상 교육은 인간의 협상 행동을 정형화할 수 있다는 가정 아래 이루어진다. 따라서 협상 교육에서 예측하지 않은 불확실한 상황이 발생하면 피교육자는 효율적으로 대처하지 못하는 것이다.

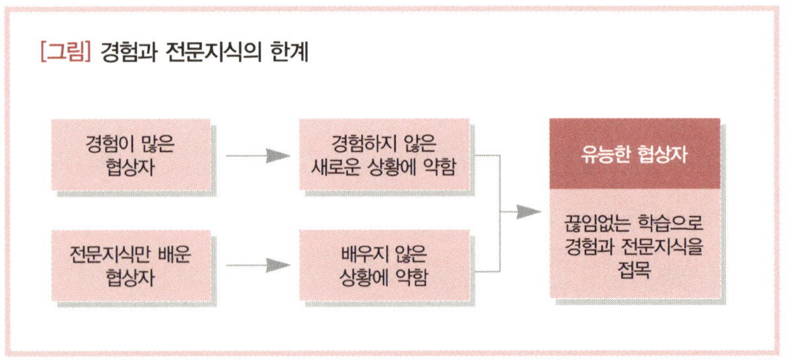

● 학습형 협상가가 되어야 한다

지금까지 살펴보았듯이 말 잘하는 사람, 직장에서 협상 경험이 많은 사람, 미국에서 박사학위 받은 사람 등 모두들 자신이 최고인 것처럼 느껴지지만 실은 모두 한계를 가지고 있다.

그렇다면 훌륭한 비즈니스 협상가가 되기 위해선 어떻게 해야 할까? 직장 생활하며 협상을 끊임없이 공부하고 노력해야 한다.

혹독한 훈련을 받은 군대가 강해지듯이, 끊임없이 협상을 공부하고 연구하는 비즈니스맨은 어느 누구도 따라잡을 수가 없다. 협상 공부는 하나도 하지 않으면서 성공의 환상에 빠져 있는 기관총 마 팀장과 홍 팀장은 전형적인 '비학습형 협상가'이다. 그들은 자기가 한 일을 아무것도 학습하지 못해 귀중한 협상 경험을 자신의 지식으로 전환하지 못했다.

만일 그들이 진짜 협상 짱이 되려면 끊임없는 노력을 통해 경험을 전문 지식으로 전환하는 '학습형 협상가'가 되어야 한다.

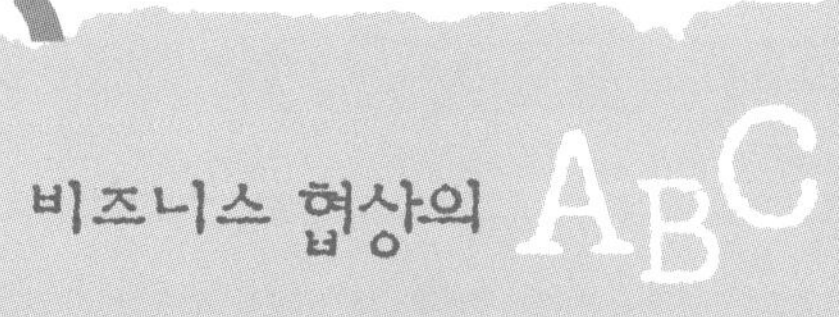

● 말재주가 없어도 얼마든지 멋진 협상가가 될 수 있다. 그렇게 되기 위해서는 비즈니스 협상의 다양한 묘수를 배우고 익혀야 한다. 열심히 협상을 공부하고 노력하면 말재주와 순발력만 뛰어난 사람보다 훌륭한 협상 짱이 될 수 있다.

● 절대 성공의 환상에 빠지지 말아야 한다. 특히 잘나가는 대기업의 샐러리맨들이 그렇다! 지금까지 협상에서 이룬 많은 성과는 당신 자신의 협상 능력보다는 회사의 막강한 협상력 때문일지도 모른다.

● 경험만 많은 비즈니스맨은 과거 경험하지 않은 새로운 협상 상황에서 당황하고, 협상 공부만 한 박사는 배우지 않은 협상 상황에서 헤맨다. 따라서 우리는 평생을 통해 끊임없이 협상을 경험하고 배우고 연구해야 한다.

일단 술잔을 기울이면 협상의 반은 성공이다

| 술 한잔은 상대의 마음을 연다 |

영국 수상 윈스턴 처칠은 백악관 화장실을 들락거리며 마신 칵테일을 토해냈다. 그리곤 자리로 돌아와 루스벨트 대통령이 권하는 칵테일을 다시 받아 마셨다. 물론 맛있어 죽겠다는 표정을 지으며 기꺼이 분위기를 맞추었다.

이것이 그 유명한 프랭클린 루스벨트 대통령과 윈스턴 처칠 수상 사이의 백악관 칵테일 협상 에피소드다. 루스벨트 대통령은 귀빈에게 칵테일 만들어주는 것을 즐겼다. 상대가 맛있다고 하면 본인도 즐거워하며 계속 칵테일을 권했다. 한 잔, 두 잔, 세 잔하며.

제2차 세계대전 초기 미국의 참전을 부탁하기 위해 워싱턴을 방문한 처칠로선 이런 루스벨트의 비위를 맞춰야 했다. 사실 술을 무척 즐기는 처칠은 위스키 같은 독주를 즐겼지 칵테일은 질색이었다. 그런데 어쩌랴. 협상에서 우월한 입장에 있는 루스벨트가 계속 권하는 것을.

"대영제국의 수상 윈스턴 처칠도 협상을 위해 그렇게 퍼마셨는데 비즈니스 협상의 성공을 위해 폭탄주 몇 잔 못 마시겠어?"

저녁에 접대할 일이 있을 때마다 김 팀장이 늘 마음속으로 되새기는 말이다.

오후 다섯 시쯤 되어 왕윤정 중국 사업본부장한테서 전화가 왔다. 중국 북경정보통신회사 사람들과 협상하고 있는 8층 회의실로 지금 좀 와줄 수 있느냐고 물어왔다. 지금부터 솔루션 부분 이야기가 나올 것 같으니, 사내 전문가인 김 팀장이 필요하다고 했다.

김 팀장이 8층에 올라갔을 때는 이미 왕 본부장이 북경 팀 앞에서 설설 기고 있었다. 회사로선 중국 시장 진출이 당면 과제이고, 이를 위해선 북경정보통신회사와 손을 잡아야 하는 상황이었다. 이 약점을 알고 있는 북경 친구들이 김 팀장의 협상 팀을 데리고 놀고 있었다.

왕 본부장은 이번 협상에서 두 회사 간의 전략적 제휴에 대해 뭔가 구체적 성과를 얻어내려 하는데, 중국 측의 관심은 다른 곳에 있는 것 같았다.

회사의 중국 시장 진출 계획은 그럴듯하게 설명하고, 북경정보통신회사와 같이 손잡으면 드림 팀이 될 것이라며 운을 띄웠다. 그런데 북경 사람들은 엉뚱한 것만 물어댔다. 회사가 언제 생겼고 왕 본부장이 몇 년 근무했고 삼성전자, LG전자와 어떤 거래를 하고 있는지.

김 팀장이 보기에 딱딱한 협상 테이블에 앉아 동문서답을 해서는 도저히 죽도 밥도 안 될 것 같았다.

'일단 미국식 협상은 여기서 덮고 중국식으로 나가자.'

김 팀장은 전략을 바꾸고 회사 근처에 있는 한정식 집에 저녁식사 예약을 해두었다. 김 팀장 팀에 왕 본부장과 김 팀장, 그리고 직원 세 명, 마침 중국 팀도 다섯 명이었다. 5 대 5, 숫자는 똑같았다. 같이 온 직원들 셋을 보니 모두 사내에선 술로 명성을 떨치는 사람들이었다. 왕 본부장이 일부러 차출한 모양이었다. 용호상박龍虎相搏이라고 하지 않던가! 한눈에 중국 팀도 고수들이라는 걸 알 수 있었다.

김 팀장은 처음부터 자신들의 팀에 익숙한 폭탄주를 돌렸다. 초장부터 북경 친구들의 기를 죽이겠다는 작전이었다. 술잔이 돌아가자 기분이 한층 고조되기 시작했고, 급기야 언어의 장벽은 물론 'We are the world' 의 가족 같은 분위기로 무르익었다.

밤 열 시쯤 먼저 술자리를 나와 집 앞에서 택시를 내리려는데 휴대폰이 울렸다.

왕 본부장이었다. 날아갈 듯한 목소리로 북경정보통신회사와 손을 잡기로 했다는 소식을 전해 왔다.

협상 테이블에서 '네가 원하는 걸 말해 봐라', '내가 원하는 것은 이것이다' 라는 대화만 지겹도록 나누었다면, 결코 얻을 수 없었던 결과였을 것이다.

협상묘수풀이

● **한국인의 폭탄주 기질은
조상으로부터 내려온다**　　술과 협상 사이에는 어떤
관계가 있을까?

　우선 술과 협상하면 아까 말한 윈스턴 처칠 경의 술에 얽힌 유명한
이야기를 하지 않을 수 없다.

　"폐하, 제가 젊었을 때는 점심 먹기 전에는 위스키 같은 독주를 안
마시려고 했습니다. 그런데 나이가 든 지금은 아침 먹기 전에 독주를
안 마시려고 노력하고 있습니다."

　노년의 윈스턴 처칠 경이 조지 6세에게 실토한 말이다. 사실 처칠
경은 아침에 눈 뜨면 한 잔, 점심과 저녁에 반주로 또 한 잔, 두 잔 그
리곤 엄청나게 잔을 비웠다고 한다. 오죽하면 그의 정적들이 '처칠은
인생의 절반은 술에 취해 있다'고 비난했겠는가.

　하지만 처칠 경은 제2차 세계대전을 승리로 이끈 세계사의 위대한
인물로 역사에 그 이름을 남겼다. 그렇게 술을 마셔대고도, 그것도 대
낮부터 어떻게 국사를 처리하고 무수한 사람들을 만나고 때론 국운이
걸린 협상을 했을까?

　여기서 우리는 술과 협상 사이의 미묘한 관계를 곰곰이 생각해 볼
필요가 있다. 사실 상대와의 인간 관계만 잘 형성하면 협상의 절반은

성공이다. 처칠은 협상 전에 상대와 한두 잔의 술잔을 돌림으로써 때론 긴장된 분위기를 풀고 자연스럽게 인간 관계를 형성했다.

연암 박지원의 《열하일기》에 나오는 내용이다.

이쯤이면 한국인의 폭탄주 기질은 조상으로부터 내려오는 셈이다.

사실 협상이 어렵게 꼬일 때 상대와 소주 한잔하며 이야기를 하면 의외로 쉽게 풀릴 수 있다. 특히 맨정신에는 눈을 부라리는 노사 협상에서도 일단 술잔을 주고 받으면 마음의 문이 열릴 수 있다.

리처드 셸 교수도 협상의 성공을 위해 협상 당사자들이 마음의 문을 여는 것이 중요하고, 이를 위해선 접대가 필요하다고 했다. 한국인은 술 한잔하는 접대에는 특별한 경쟁력이 있다. 특히 중국, 러시아처럼 관계 지향적인 협상 문화를 가진 상대와는 가끔 폭탄주가 공신 노릇을 하기도 한다.

　　　내가 공직에 있을 때 일이다.
한국 정부 대표단의 일원으로 중국에 이중과세방지협약을 하러 간 적
이 있었다.

"오늘 저녁은 몸이 좋지 않아 술을 마시지 않겠습니다."

수요일 저녁 중국 정부 대표단과 만나는 자리에서 한국 대표팀 간
사를 맡은 A국장이 짜증스럽게 내뱉었다. 한국의 민간 대표단을 이끌
고 지난 월요일에 중국에 도착했는데, 3일간 협상은 어떠한 진전도
없이 술자리만 이어졌다.

월요일에 중국 측 초청 환영 만찬!

화요일에는 한국 측 초청 답례 만찬!

양측 대표는 곤드레가 되도록 계속 술만 마셨다. 다행히 중국 술이
좋은 것이라서 다음날 뒤끝은 없었지만, 협상 중에는 양국간 이중과
세방지협약에 관해서는 별다른 이야기 없이 시간만 적당히 때웠다.
중국에 도착한 뒤로 계속 술판만 벌인 셈이었다.

이에 짜증이 난 A국장이 수요일 저녁 만찬에서 술잔 부딪히며 마
시는 것을 사양했던 것이다.

그런데 문제는 그 다음날 아침에 벌어졌다. 중국 대표단이 서먹서
먹한 태도로 나왔던 것이다. 이것을 보고 현지에 오랫동안 거주해 왔
던 주재관이 귀띔을 했다.

"엊저녁에 실수하셨습니다. 월요일과 화요일에 흔쾌히 술을 잘 마
시던 국장께서 수요일에 갑자기 술잔을 비우지 않는 걸 중국 사람들
이 이상하게 생각하고 있습니다."

“정말 속이 안 좋아서 술을 사양했는데요.”

“중국인들은 술 마시는 것을 협상의 첫 단추를 꿰는 것처럼 아주 중요하게 여깁니다.”

그제야 A국장은 자신이 크나큰 실수를 했다는 것을 깨달았다. 그래서 그날 목요일 저녁에는 다시 중국 대표단과 혀가 꼬부라지도록 술을 마셨다. 물론 협상은 금요일부터 급진전했다. 물론 토요일 중국을 떠날 때는 이중과세방지협약에 관해 양국 정부간 양해각서MOU를 손에 들고 있었다.

언뜻 보기에 한국 정부 대표단이 국민의 귀중한 혈세를 낭비한 것처럼 보일 것이다. 월요일부터 목요일까지 상대와 술만 퍼마셨으니 말이다. 처음에 나도 중국 협상 문화를 잘 몰랐기 때문에 그런 죄책감을 가졌다. 그런데 알고 보니 중국인과 협상할 때 가장 중요한 것은 관계 형성이었다.

말하자면 월요일부터 금요일까지 두 나라 협상 팀은 저녁을 같이하며 자연스럽게 관계 형성을 한 것이다. 여기서 말하는 관계 형성이란 ‘상대가 정말 이중과세방지협상을 하러 왔나?’, ‘상대 협상 팀은 믿을 만한가?’ 등을 서로 물밑작업으로 탐색한 것이다. 이런 과정을 통해 관계 형성을 한 후, 금요일과 토요일 이틀간 협상은 일사천리로 진행되었다. 말하자면 서로 믿는 사이가 되었으니 구차하게 세부 사항을 꼬치꼬치 따지며 협상할 필요가 없었던 것이다.

내가 대학원장을 하던 시절, 중국의 남창 대학을 방문했을 때의 일이다. 그 대학 총장이 초청한 오찬장에 들어가니 중국식 둥근 테이블

위에 독한 마오타이주가 세 병이나 떡하니 놓여 있었다. 순간 정말 세게 걸렸다는 예감이 들었다. 대낮에 그 독주를 마셨다가는 국물도 없을 것 같아 아예 처음부터 힘차게 오리발을 내밀었다.

"한국인들은 술은 좋아하지만 절대 낮술은 마시지 않습니다."

그런데도 사람 좋게 생긴 총장이 '딱 한잔만' 받으라고 권했다. 어찌 정으로 주는 한잔 술을 거절하랴. 나는 멋지게 들이켰다. 잠시 후 또다시 술을 권했다. '그래도 삼세 번 아니냐' 는 것이다. 중국도 그런 게 있는 모양이었다. 그래서 나는 세 번을 들이켰다.

이제 끝났나 싶었더니 맞은편에 있던 학장이 술병을 들고 와서 권했다. 이건 진짜 아니다 싶어 정색을 하고 거절했다. 그때 같이 갔던 중국통 P교수가 귀에다 대고 속삭였다.

"원장님, 마시십시오."

중국 문화를 잘 이해하고 있는 P교수의 권유라서 그냥 흘릴 수가 없었다. 그래서 나는 연거푸 일곱 잔 가까이 받아 마셨다. 물론 오후 내내 술기운에 잠겨 있었다. 그런데 다음날 공항으로 가며 P교수가 중국 대학의 총장이 서명한 협력각서를 보여주었다. 두 대학 사이에 쉽지 않았던 협상이 묘하게도 쉽게 풀린 것이다.

"어제 점심 때 중국 측이 주는 술을 매정하게 사양했으면 오늘 이 협력각서를 손에 못 쥐었을지도 모릅니다."

일부러 직원들 술자리 만들어주는 일본 기업

"요즘 일본의 많은 회사에서는 직원들끼리 술 좀 마시라고 여러 가지 지원을 해줍니다."

도요타자동차가 있는 일본 나고야 현을 방문했다가 들은 말이다.

아니, 한국은 폭탄주 문화를 근절하자고 회사가 캠페인을 벌이는 상황인데 일본은 반대 상황이네?

과거에는 일본 샐러리맨들이 퇴근 후에 어울려 술을 많이 마셨다고 한다. 그런데 언제부터인가 개인주의 문화가 정착하면서 직장에서 회식이 거의 사라졌고 그 뒤부터 예상치 못했던 문제가 발생했다. 회사 내에서 부서간 직원들의 내부 협상이 잘 안 되는 것이다.

퇴근만 하면 집으로 직행하니 옆방에 누가 있는지, 무슨 일을 하는지 모르니 업무 협조가 잘 안 된다고 했다. 그래서 거꾸로 회사에서 퇴근 후 술자리를 가지자고 공간도 마련해 주고 회식비도 지원해 준다는 것이다.

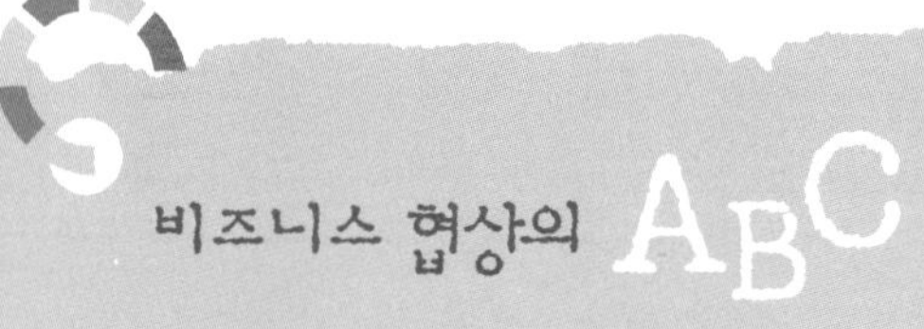

서양인과 협상할 때 술 '트릭'

● 아주 예외적이지만 때론 폭탄주도 훌륭한 협상 전략이 될 수가 있다. 특히 당신이 외국 기업보다 강력한 힘을 지녔을 때 한국의 술 문화를 은근히 강요해 유리한 협상 고지를 점령할 수도 있다. 이는 국제 협상에서 문화적 지배력을 말한다.

● 이때 한국의 주도酒道에 대한 문화적 호기심을 유발해야 한다. 문화적 호기심을 유발하는 좋은 방법은 한국 사회에서 왜 이같이 독특한 음주 문화가 발전했는지 설명한다. 부서장이 좌장Head을 하는 상관과 직원 간의 회식 문화에서 한국적 단합주가 가지는 의미를 설명해 주는 것이다.

● 세 잔 이내의 폭탄주로 끝내야 한다. 이같이 적절한 상황에서의 적당한 수준의 술은 외국 파트너와 좋은 관계를 형성하고 정보 교환을 원활히 하는 촉매제가 될 수 있다.

일본 비즈니스맨과 술 마실 때 주의해야 할 점

● 설사 소니의 회장 앞이라도 절대 고개를 돌리며 술잔을 비워선 안 된다. 우리나라에선 이것이 높은 사람 앞에서의 겸양이다. 하지만 일본인은 '이 친구 나하고 술 마시기 역겨워 고개를 돌리나?' 이렇게 생각한다.

● 상대의 술잔이 절대로 비어 있게 해서는 안 된다. 술잔을 계속 채우는 것이 상대에 대한 배려이다. 자기 술잔이 비면 상대가 배려를 안 해준다고 생각한다. 일본도 우리처럼 자기 잔을 자기가 따라 마시지 않는다.

- 술잔을 돌려선 안 되며, 술잔을 권해도 안 된다. 하지만 가까운 사이나 취흥이 있을 땐 예외적으로 건배를 하기도 한다.
- 술을 따를 땐 술병의 라벨이 위로 오도록 한다. 이것도 상대에 대한 배려이다.

중국인의 독특한 음주 문화

- 중국인들처럼 술이 따르는 식사를 교제의 수단으로 생각하는 민족은 없다. 같이 술을 마신다는 것은 서로 신의와 우의를 돈독히 하며 인간적 관계를 형성한다는 것을 의미한다.
- 일단 중국인과 술자리에 앉으면 중국식으로 허물없이 행동해야 한다. 그들에게는 잔 돌리는 문화가 없다. 또한 우리처럼 2차를 가지 않는다. 그리고 잔을 부딪칠 때는 주빈의 잔 높이보다 낮추어 부딪쳐야 한다.
- 술자리에선 협상이나 상담을 하려 들면 안 된다. 그저 중국인과 호탕하게 술 마시며 좋은 관계를 형성하면 된다.
- 미국이나 일본 같은 더치페이는 없다. 우리처럼 '잘 얻어먹었다'고 말한 뒤 다음에 답례하면 된다.

샐러리맨은 때론 상사와도 협상해야 한다

| 창과 방패를 적절히 골라 휘둘러라 |

CEO 박이 출근하자마자 하 사장에게서 전화가 걸려왔다. 다음 주에 대학 동기가 평택에 골프장을 오픈하는 데 같이 가자는 것이다. 골프라면 사족을 못쓰는 CEO 박이 마다할 리가 없었다. 시간 약속을 정하고 전화를 끊으려는데 하 사장이 한마디 툭 던졌다.

"요즘 제일기업의 평택 땅에 침 흘리고 있다면서?"

제2공장 부지로 평택 땅 매입을 은밀히 추진 중인 걸 어떻게 알았을까? 하 사장은 그야말로 업계의 '가제트'였다. 그의 안테나는 미국 CIA의 레이더와 맞먹고, 그의 발은 조선 팔도 안 닿는 곳이 없었다. 이것이 번번이 하 사장과의 골프 내기에 지는 그가 하 사장이 가는 곳이라면 어디든 따라붙는 이유이기도 했다. 이번 정보도 특A급일 게 분명했다.

"지금 제일기업의 자금 사정이 안 좋아. 그 땅을 빨리 팔지 않으면 부도 위기에 몰릴 거야."

정말 기대 이상의 월척을 낚았다. 발등에 불이 떨어졌다면 600억 원에 내놓은 땅을 400억 원으로 깎을 수도 있을 것이다. 그는 당장 평택 공장 부지 매입을 담당하고 있는 구 팀장을 불러들였다. 언제나처럼 등이 꾸부정하고 걸음걸이에서부터 힘이 없다.

구 팀장은 사장실로 들어오자마자 볼멘 소리를 했다.

"상대가 만만치 않아 600억 원에서 잘해야 50억 정도 깎을 수 있을 것 같습니다. 550억 이하는 힘들겠습니다."

구 팀장이 방패부터 꺼내놓고 몸을 사리자 CEO 박은 버럭 화부터 났다. 이 친구, 몸보신해도 너무 한다.

협상 목표를 높게 잡았다가 달성하지 못하면 질책을 받을까 봐 적당한 금액에서 선을 긋는 게 아닌가. 더욱이 협상 상대에 대한 정보 수집 능력도 형편이 없다.

"이봐, 상대가 지금 부도 위기에 몰려 있대. 그 따위 방패는 내팽개치고 자네 창을 꺼내 힘껏 찌르란 말이야. 충분히 150억 원은 더 깎을 수 있어. 지금 상대는 방패를 들 힘조차 없단 말이야."

협상묘수풀이

● **부하가 방패 대신
  창을 들게 하라**   왜 구 팀장은 소극적으로 협상 목표를
설정했을까?

회사를 대표해 협상하는 샐러리맨은 두 가지 상충된 마음을 지닌
다. 협상 목표를 높게 설정해 '회사에 조금이라도 더 이익을 가져오
겠다' 는 충성심과 조직의 일원으로서 '나도 살아남아야겠다' 는 자기
보호 본능이다.

학자들이 연구한 바에 따르면, 기업의 높은 협상 목표와 협상 성과
사이에는 아주 긴밀한 관계가 있다. 즉 협상 목표를 높게 설정하면 할
수록 좋은 협상 결과를 기대할 수 있다. 상대가 평당 200만 원에 내놓
는 공장 부지를 매입하는 협상을 하는데, 처음부터 반으로 뚝 잘라 깎
아 보겠다고 높게 목표를 정하고 덤벼드는 것과 한 10퍼센트 정도 깎
아 180만 원에 사겠다고 낮은 목표로 협상하는 것에는 큰 차이가 있
다는 것이다. 협상 목표를 높게 설정하면 협상자의 기대 수준이 높아
지고 이를 달성하기 위한 성취 동기도 높아지면서 결과적으로 만족스
러운 협상 결과를 얻을 수 있다.

MBA에서 국제 협상론을 수강하고 있는 강 대리는 '나는 협상에
관심이 많으니까 이번 안 교수 과목에서 꼭 A+를 받겠다' 고 생각한
다. 당연히 강 대리는 높은 학점을 받기 위해 열심히 공부하고, 그러

다 보면 A⁺는 몰라도 A⁰는 받을 것이다.

하지만 정 대리는 '나는 협상엔 별로 관심이 없으니까 학점을 채우기 위해 B⁺정도만 받겠어'라는 자세로 강의를 듣는다. 정 대리는 낮은 목표 설정을 했기에 자연히 별로 공부를 안 하고 어쩌면 B도 못 받고 C 정도의 학점을 받을지도 모른다.

따라서 회사의 CEO 입장에선 직원들이 협상 목표를 높게 설정하도록 할 필요가 있다. 그런데 과연 직원들이 CEO가 원하는 대로 회사에 조금이라도 이익을 더 가져오기 위해 협상 목표를 높게 설정할까?

글쎄, CEO 박이 열 받는 사례처럼 자기 보호 본능으로 방패부터 들려 하지 않을까? CEO의 역할은 직원들이 이렇게 소극적으로 협상 목표를 설정하지 않도록 독려하는 일이다.

● **샐러리맨, 의욕만 앞서 협상 목표를 너무 높게 설정한다면?** 만일 앞의 공장 부지 매입에 우리의 김 팀장이 의욕적으로 나서서 400억 원으로 깎아 보겠다고 CEO 박 앞에서 협상 목표를 높게 설정했다고 해보자. 물론 '정말 의욕 있는 유능한 직원'이라는 칭찬을 받을 것이다. 하지만 막상 상대와 협상 테이블에 앉으면 김 팀장의 뜻대로 될까?

협상이란 상대가 있는 게임이다. 열심히 한다고 해서 자기 뜻대로 되는 일은 아니다. 하여튼 기를 쓰고 밀고 당겨서 450억 원에 합의를 봤다고 치자. CEO 박은 어떤 반응을 보일까?

"아니 당신, 400억 원까지 충분히 깎을 수 있다고 했잖아! 나는 당신 말을 믿고 회장님께 그렇게 보고했는데, 450억 원이 뭐야!"

김 팀장이 잘못해 마치 회사 돈 50억 원을 말아먹은 것처럼 화를 낼지도 모른다.

반대로 550억 원을 목표로 설정하여 협상을 하기 전에 CEO에게 꾸지람을 들은 구 팀장이 450억 원에 합의를 끌어냈다고 하자.

"구 팀장, 잘했어. 당초 목표 550억 원보다 100억 원이나 더 깎았군. 내가 처음에 구 팀장이 좀 소극적이라고 생각했는데, 알고 보니 역시 끈기와 근성이 있는 사나이구먼."

샐러리맨에게 협상의 세계는 뭐가 좋은지 갈피를 잡을 수 없다. 실제로는 같은 성과를 두고도 한 사람은 깨지고 한 사람은 칭찬을 받는 것이다. 다시 말해 애사심으로 높게 협상 목표 설정을 한 김 팀장은 깨지고, 적당히 낮은 목표를 가지고 협상에 임했던 동료 구 팀장은 결과적으로 칭찬을 받는 것이 협상의 세계다.

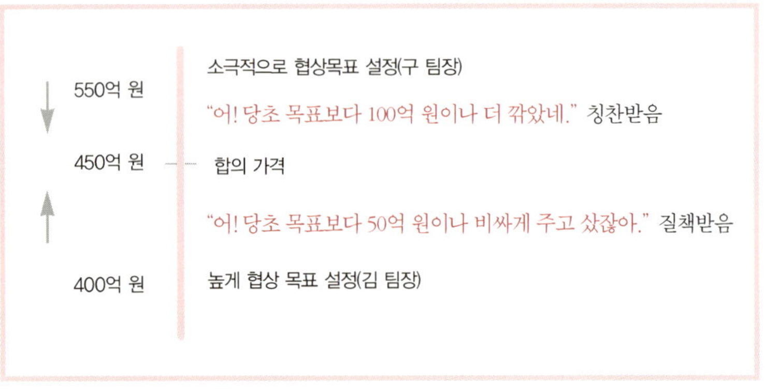

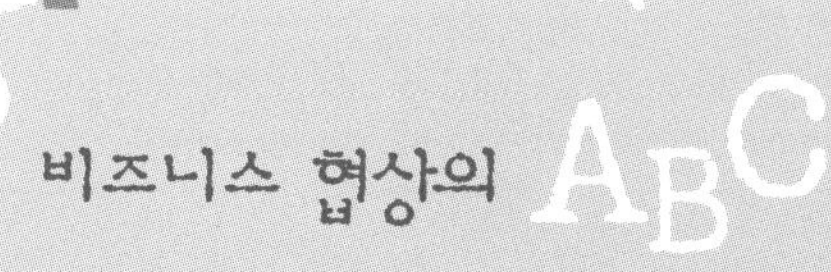

- 만일 샐러리맨이면 의욕만 앞세워 너무 목표를 높게 설정하지 마라. 비즈니스 협상은 우리 뜻대로 100퍼센트 달성하는 게 어렵다. 따라서 적절한 협상 목표를 정해야 한다. 그래야만 조직 내에서 살아남고 출세할 수 있다.

- 만일 CEO라면 정반대의 입장이 된다. 직원들이 높게 협상 목표를 설정하도록 감독해야 한다. 이때 너무 소극적으로 협상 목표를 정하는 직원이 있으면 CEO 박처럼 면전에서 야단을 치지 말고 조금씩 협상 목표를 높게 설정하도록 유도해야 한다.

한미 FTA에서 배우는 클린 트릭 협상 전략

미끼 협상 전략

이번 한미 FTA 협상과 같이 한꺼번에 많은 이슈를 다루는 협상에서 흔히 쓰는 협상 전략이다. 상대가 도저히 들어줄 수 없는 것을 미끼 decoy 카드로 던지고 이를 집요하게 물고 늘어진다. 물론 상대는 절대 양보하지 않으려 할 테니 협상은 교착 상태에 빠지게 된다. 이때 슬며시 이 미끼를 거두며, "우리가 큰 것 양보했으니 너도 양보하라"고 주고 받기식 거래를 한다.

이번 협상에서 미국은 쌀을 미끼 카드로 이용하기 위해 6차 협상까지는 거론조차 하지 않다가 막판에 내놓고 한국을 거세게 몰아붙였다. 협상이 종료하기 정확히 40분 전인 4월 1일 자정에야 이 미끼를 거두며 대신 쇠고기를 얻어내려 했다.

그런데 미국의 이 의도가 주효하지를 못했다. 이 전략이 성공하기 위한 필수 조건은 '상대가 이를 미끼인지 알아차리지 못해야 한다.' 그런데 2007년 초부터 국내 신문에서 거론될 정도로 한국이 쌀이 미국의 미끼 전략인 줄 이미 알고 있었다.

대신 한국 팀은 얼결에 미끼 하나를 던져 상당한 성과를 봤다. 2006년 12월 몬태나 협상 때 무역구제비합산 조치를 요구했더니 웬디 커틀러가 '절대 안 된다'고 펄쩍 뛴 것이다. 바로 이거다 싶어 미끼 카드로 엄청나게 값을 키워 신약 최저가 보장을 거부하고 미국이 요구한 투자자-국가간 소송제도에서 부동산과 조세정책을 제외했다. 그런데 아깝게도 국회자료유출사건이 터져 우리의 미끼 전략이 탄로나 버렸다.

미끼 협상 전략은 일반적으로 다음과 같은 세 가지 단계를 거친다.

- 1단계 : 협상 상대가 도저히 받아들일 수 없는 여러 가지 무리한 미끼 조건들을 한꺼번에 상대에게 제시한다.
- 2단계 : 당연히 상대가 이를 받아들이지 않아 협상이 심각한 난관에 봉착할 것이다.
- 3단계 : 협상 결렬 일보 직전에 다른 미끼조건들을 선심 쓰는 척하며 양보하고 이에 대한 대가로 핵심 의제에 대한 양보를 받아낸다.

상대가 이 같은 미끼 협상 전략을 쓸 때 대응 방안은 뜻밖에도 매우 간단하다. 상대가 협상 테이블에서 쉽게 들어줄 수 없는 조건들을 요란하게 내걸 때 일단 조심해야 한다. 미끼 협상 전략인 것이다. 이때 연막전술 중에 무엇이 미끼이고 핵심 의제인가를 정확히 파악해 맞받아치면 된다.

블러핑 전술

기업이 경영 환경의 '불확실성'을 싫어하듯이 FTA 협상에서 가장 난감한 것은 상대의 '숨은 속내bottom-line'를 모를 때이다. 과거 한미통상 협상에서 워싱턴은 한국의 속내를 훤히 들여다보고 일방적으로 밀어붙일 수 있었다. 친미적 한국정부가 가능하면 미국과 통상 분쟁을 안 일으키려 '협상판 깨기walk-away'를 절대로 하지 못할 줄 알았기 때문이다.

그런데 이번엔 경우가 달랐다. 미국이 한국의 절묘한 블러핑 전술에 말려들어 끝까지 헷갈린 것이다.

"미국이 너무 무리한 요구를 하면 협상을 깨라고 하겠다."(2006년 초 국민경제자문회의에서 대통령 발언)

미국은 한국이 FTA 협상을 시작은 해놓고 '정말 할 의사가 있는지, 아니면 딴 엉뚱한 생각이 있는지'를 도저히 가늠할 수 없었다.

그렇다면 미국의 입장은 어땠을까? 한국과 한번 FTA 협상을 시작해 보고 잘 안 되면 부담 없이 테이블을 박차고 일어날 수 있었을까?

미국이 한국과 FTA 협상을 시작한 데는 말 못할 숨은 고민이 있다. 너무 강해지는 중국이다.

오늘날 동남아에는 약 3,000만 명의 화교가 살고 있다. 현지 인구의 겨우 10퍼센트를 차지하는 이들 화교들이 동남아 경제의 3분의 2를 장악하고 있다. 인도네시아 같은 나라는 약 7퍼센트의 화교가 경제력의 60퍼센트 가까이를 손에 쥐고 있다. 그런데 중국이 2010년까지 ASEAN과 FTA를 하여 경제 통합을 하려 한다.

그러면 무슨 일이 벌어질까?

동남아 국가들을 모두 중국의 손 아래 넣는 거대한 중화 경제권이 탄생하고 동아시아의 헤게모니를 중국이 장악하게 된다. 미국은 절대로 이를 용인할 수 없다.

동아시아에서 군사 균형이 깨져 미국의 안보에 위협이 된다고 보기 때문이다. 따라서 미국으로선 무슨 수를 써서라도 중국의 헤게모니 장악을 막으려 한다. 그런데 동아시아에서 중국을 견제할 국가는 딱 두 나라! 일본과 한국뿐이다.

그런데 한국 경제가 2004년부터 제일 교역 대상국을 미국에서 중국으로 바꾸더니 빠른 속도로 베이징의 그늘 아래 들어가고 있다. 따라서 한국과 FTA를 하여 적어도 한국이 중화 경제권으로 들어가지는 않게 하겠다는 것이 미국의 숨은 의도였다.

이렇게 중국 경제의 급격한 부상을 견제하기 위해서 이번에 꼭 FTA를 성사시키려 한 미국으로선 상대의 속내를 모르니 과거처럼 일방적으로 밀어붙일 수가 없었다.

머피의 데드라인 게임

협상 테이블에서 시간 제약time pressure에 쫓길수록 협상력은 약해진다. 반대로 상대가 시간 제약에 쫓기고 있다는 것을 알면 지연전술을 써서 협상력을 높일 수 있다. 이 같은 데드라인 게임을 잘 설명해 주는 것이 '머피의 법칙'이다.

마감시간deadline이 가까울수록 협상자의 양보율concession rate이 갑자기 커진다. 즉 협상자는 시간의 경과에 따라 점진적으로 조금씩 양보해 나가지 않는다. 협상 초기에는 전혀 양보하려 들지 않다가 마감 시간이 가까워져야 큰 폭으로 양보하기 시작하는데, 이는 다음과 같은 이유 때문이다.

- 마감시간 전까지는 상대가 '먼저 양보' 하리라고 기대해 자기 입장을 강하게 고수하려는 경향이 있다.
- 마감시간 전에 먼저 양보하면 상대에게 자신이 '약하게 보일 것' 이라고 두려워한다.
- 마감시간에 양보를 해야 본사나 본국 정부에 대해 변명하기가 편하다. 협상이란 항상 성공하는 것이 아니다. 때론 형편없이 깨지고 빈손으로 돌아올 수도 있다. 이때 협상 초기 단계에 모든 걸 양보해 버렸다면 크게 질책을 받을 것이다.

미국과 FTA 협상 시한을 2007년 3월 말로 미리 정한 것을 놓고 처음부터 말이 많았다. 그런데 열 달 동안 여덟 번이나 만나 밀고 당겨도 별 진전이 없던 쇠고기, 쌀 등 어려운 쟁점들이 모두 데드라인 48시간 전에 극적으로 타결되었다. 이는 시한을 미리 정하지 않았더라면 지금까지도 협상을 질질 끌고 있을지도 모른다는 것을 말한다.

따라서 합작, 전략적 제휴, M&A 등과 같이 잘못하면 마냥 늘어지기 쉬운 비즈니스에서는 시한을 정하는 것이 좋다. '머피의 법칙' 이 말해 주듯이 ' 상대가 먼저 양보하겠지' 하는 막연한 기대감 등 때문에 완강히 나오다가도 데드라인이 가까워지면 '주고 받기식' 으로 타결시켜 버리기 때문이다.

통이 큰 협상가는 가끔 머피의 법칙을 무시한다. 바로 중국의 주은 래이다. 그는 협상 테이블에 앉아서 초기 단계에 상대가 깜짝 놀랄 정도의 큰 양보를 해 버린다. 그렇다면 계속 두 번째, 세 번째 양보를 해 마냥 밀리지 않을까? 그런데 주은래는 '딱 한 번'의 양보 원칙을 고수했다. 초장의 큰 양보가 처음이자 마지막인 것이다.

우리도 가끔 이런 양보 전략을 써 볼 필요가 있다. 이 전략의 이점은 두 가지이다.

- 초기에 먼저 선뜻 양보를 함으로써 상대에게 자신들이 이번 협상에 상당한 성의를 가지고 있다는 것을 보인다.
- 그러나 한 번 이상은 절대 양보를 안 한다는 원칙을 고수함으로써 상대가 첫 번째 양보를 진지하게 받아들여 협상이 순조롭게 빨리 종결되도록 유도하는 효과가 있다.

잘 뽑은 김종훈 수석대표

과거 한미통상장관회담을 되돌아보면 USTR장관이 한국 통상장관에 대해 개인적 불신감을 가지면 애를 먹었고, 호감을 가지면 의의로 쉽게 끝났다. 그런데 USTR관리가 한국이나 일본과 협상할 때 진저리를 내는 것이 소위 '재패니스 스마일Japanese smile' 이다. 입가에 묘한 미소를 머금고 비실비실 웃으며 눈앞에선 많은 것을 약속해 놓고 귀국해서는 엉뚱한 짓을 하는 것이다. 1980년대 미일통상 협상에서 일본 관리들이 시장 개방을 약속하곤 뒤로 미국 상품이 못 들어오게 '보이지 않는 무역장벽' 을 친 데서 연유한다. 그런데 이번 김종훈 수석대표는 헤픈 웃음기라곤 찾아볼 수 없는 산뜻한 선비형 매력을 지녔다. 별명이 '포커페이스'이다. 하여튼 심성 좋고 야무져 보이는 웬디 카틀러 대표가 김 대표를 보는 눈길이 매섭지는 않았다.

한국인과 일본인은 얼굴에 웃음을 머금는 것이 일종의 호의라고 생각하지만 비즈니스하며 감정을 잘 드러내지 않은 서양인들은 '겉 다르고 속 다른 것의 징표'라고 오해한다.

출장 가서 윗사람을 잘 모셔라

| 그림자 의전보다 지팡이 의전을 하라 |

막 책상을 정리하고 퇴근하려는 김 팀장의 휴대폰에 문자 메시지가 떴다.

팀장님, 오늘 한잔 어떠세요?

허 대리였다. 허 대리는 와인만 유난스럽게 찾는 버릇이 있어서 모두들 '보르도 허'라고 불렀다. 그에게서 이런 메시지가 오는 것은 대개 회사에서 윗사람에게 깨졌거나 뭔가 꼬이는 일이 있다는 표시였다. 하기야 실수투성이 그에게는 이런 일이 다반사였지만.

그는 나름대로 열심히 일을 하는데도 주변 돌아가는 상황을 읽는데 굼떠 가끔 낭패를 보았다.

요즘 한참 유행하는 와인으로 숙성한 삼겹살 집에서 만난 허 대리는 얼굴이 반쪽이 되어 있었다.

"저 이번에 사장님과 출장 갔었어요. 그것도 일본부터 미국, 칠레, 콜롬비아까지요."

까다롭기로 유명한 사장님과 남미까지 출장을 갔다면, 얼굴이 반쪽이라도 남은 것이 그나마 다행일지도 몰랐다.

"첫 번째 출장지인 캐나다의 토론토까지는 정말 아무 문제 없었다고요."

그리고 그 다음부터 볼멘소리로 자신이 실수한 이야기를 들려주었다. 사장님을 모시고 실수 연발을 했으니, 그의 심정이 어떨지는 이해가 되고도 남았다. 직장 생활 10여 년 넘게 잘하다가 해외에 나가 윗사람을 잘못 모시는 바람에 찍힌 선배들이 어디 한둘이던가.

문제는 워싱턴에서 일을 잘 마치고 레이건 공항에서 체크인 할 때부터 꼬이기 시작했다. 사장이 워싱턴 지부장과 로비에서 이야기하고 있는데, 수행비서가 하얗게 변한 얼굴로 달려왔다. 사장이 아메리카 에어라인 체크인 카운터에 가셔야겠다는 것이다.

사장이 짐 부치는 데를 왜 가?

체크인 카운터에 앉은 항공사 직원이 막무가내라고 말했다. 아무리 직원에게 설명을 했지만, 마감시간이 다가오니 더 큰 낭패를 당하기 전에 사장님을 모시고 가는 수밖에 없다고 수행비서가 말했다.

결국 허 대리는 사장에게 다가가 말했다.

"사장님, 잠깐 체크인 카운터로 가주십시오."

한참 지부장과 워싱턴 상담 결과를 이야기하며 기분이 좋았던 사장은 별 생각 없이 아메리카 에어라인 카운터로 걸어갔다. 다가가자

마자 우람한 체격의 항공사 직원이 퉁명스럽게 내뱉었다.

"Are you C. K. Park?"

그 다음엔 미국에서 짐 부칠 때 항상 물어보는 질문들이었다.

"당신이 짐을 직접 챙겼느냐?"

"모르는 사람이 짐을 맡아 넣지 않았느냐?"

마지막으로 "당신 때문에 체크인이 늦어졌으니 다음부턴 일찍일찍 나타나라"는 말로 점잖게 충고까지 했다.

그 다음 사장의 얼굴은 안 봐도 뻔했다. 얼굴이 붉으락푸르락.

해외 여행 경험이 없는 수행비서가 사장의 가방에다 사장 이름을 그대로 써놓은 것이다. 아메리카 에어라인 항공사 직원이야 당연히 규칙에 따라 본인 확인을 하려 한 것이고, 승강이를 하다가 사장이 그 꼴을 당한 것이었다.

"진땀 좀 뺐겠군."

삼겹살을 뒤집던 김 팀장은 웃음밖에 나오지 않았다.

"일이 꼬이려면 별 희한한 일이 다 생기더군요."

허 대리가 말을 이었다.

레이건 공항에서 한번 해프닝을 벌이고 마이애미 공항에서 칠레 산티아고 행 비행기를 갈아탔다. 일이 한번 꼬이면 계속 꼬인다더니 또 다른 실수를 했다. 서울에서 직원이 비즈니스 클래스 표를 산 것이다. 일등석이 있는 항공기인데 사장에게 비즈니스 클래스 표를 건넬 때는 정말 면목이 없었다고 말했다.

마침 미모의 남미 여성이 앉아 있어 좀 다행이었지만 사장은 내내 허 대리에게 불편한 심기를 내비쳤다고 했다.

허 대리가 이런 실수를 했을 법도 한 것이 세계 항공기별로 일등석, 비즈니스 클래스를 표시하는 영어 이니셜이 다르다.

그리고 비행기에는 세 가지 종류가 있다. 풀 클래스full class는 일등석과 비즈니스석이 있는 비행기이고, 비노 클래스bino class는 비즈니스석과 일반석, 마지막으로 싱글 클래스single class는 일반석만 있는 것이다. 그러므로 티켓팅을 할 때 꼭 일등석인지를 확인해야 한다는 것을 허 대리는 몰랐던 것이다.

칠레에서 일을 마친 일행은 둘로 갈라졌다. 사장은 페루에 들러 이틀 늦게 가고 허 대리가 먼저 멕시코에 가 텔레 멕시코사와 협상 준비를 하기로 했다.

사장이 없는 멕시코에서의 이틀을 느긋하게 지낸 허 대리는 다음 날 오후에 오 멕시코 지점장과 함께 공항으로 사장 영접을 나갔다. 현지 지리에 익숙한 오 지점장과 같이 가니 사장이 도착하기 한 시간 전에 공항에 도착했다. 8번 게이트 5시 50분 도착이었다. 게이트 앞에서 얼쩡거리니 사람 좋아 보이는 공항 직원이 VIP라운지에서 편히 기다리라고 말했다. 비행기 도착 10분 전에 알려주겠다는 말을 덧붙이면서. 평소 오 지점장과 안면이 있는 친구라고 했다. 라틴계 사람들은 이런 면에서 좋았다. 느긋하게 텔레비전의 재미있는 쇼를 보는데 뭔가 이상했다. 시계를 보니 5시 50분, 비행기 도착 시간이었다.

'이 친구 왜 안 알려주지? 비행기가 연착되는 건가?'

느긋하게 8번 게이트로 가니 비행기는 이미 도착해 있었다. 예정보다 10분 일찍 도착해 승객들이 모두 내렸다는 것이다. 허 대리는 오

지점장과 정신 없이 짐을 찾는 곳으로 달려갔다. 미국에서 두 번이나 실수했는데, 여기서 사장을 놓치면 진짜 찍힐 것이라는 생각에서 허둥거렸다. 짐 찾는 곳에 가니 사장이 직접 무거운 여행 가방을 끌고 있었다. 수행비서가 양 어깨에 걸친 뒤 큰 가방 두 개를 끌면서 그 뒤를 따랐다. 그 다음은 물어보지 않아도 뻔한 상황이었다.

협상묘수풀이

- **윗사람의 흐름을 부드럽게 하는 '플로우 의전'을 하라** 20년 넘게 대통령과 장관을 모시고 무수한 협상을 하면서 협상 자체를 잘못해 낭패를 당한 기억은 별로 없다. 서울에서부터 원체 준비를 철저히 하고 여러 사람이 달라붙었기 때문이다. 그런데 애석하게도 협상장에서 딴 점수를 공항에서의 의전 실수로 까먹은 적은 많다.

그간 많이 좋아지긴 했지만, 아직도 우리 사회의 최고 경영자나 간부진들은 의전을 중요시한다. 그러니 아무리 업무를 잘 챙겨도 윗사람을 한번 잘못 모셔 찍힌 샐러리맨들은 주변에서 흔히 볼 수 있다.

우리는 회장실에 차출되거나 사장 수행비서를 하는 동료들을 속으로 우습게 보는 경우가 많다.

'사내자식이 겨우 윗사람 가방이나 들고 다니고 호텔 벨보이처럼 승용차 문이나 여닫다니.'

사실 이런 비웃음에는 ‘나는 전문적인 일을 맡아 능력을 키우고 있는데, 비서직을 맡은 동료는 헛일한다’ 는 은근한 자부심에서 비롯된 것도 있다.

하지만 당신이 한 20년쯤 직장 생활해 50대에 접어들면 생각이 달라질 것이다. 왜 그때 그런 일을 안 했을까? 왜냐하면 비서로 시작한 친구들이 상무, 전무, 사장까지 올라간 경우가 많기 때문이다. 왜 그럴까? 그 이유는 간단하다. 직장 생활이란 사회 생활이고, 결국 동료와 아랫사람뿐만 아니라 윗사람과 호흡을 잘 맞추는 사람들이 눈에 띄고 솟아오르게 되어 있다.

비서직을 오래한 샐러리맨은 윗사람의 심중을 족집게같이 짚어낸다. ‘지금 상대가 무슨 생각을 하고 있고, 무엇을 원하는지’ 를 정확히 알아내는 것이다. 이는 윗사람의 비위를 맞춘다거나 비굴하게 아첨하는 것과는 차원이 다르다.

하여튼 누구든 나름대로 전문성을 키워나가면 회사에서 크는 데 별 지장이 없을 것이다. 그런데 문제는 보르도 허처럼 불시에 윗사람과 단둘이서 협상을 하기 위해 출장을 갈 경우이다. 내 경험처럼 업무 자체보다 윗사람을 모시는 의전을 잘못해 점수 다 까먹는 경우가 생기는 것이다.

이때 윗사람을 모시는 의전의 제일 원칙은 ‘포인트’ 가 아닌 흐름의 ‘플로우’ 의전을 해야 한다.

만일 다음 주에 사장을 모시고 일본 도쿄의 뉴오타니 호텔에서 일본 소니사와 합작 사업을 협상하고, 다음날 뉴욕으로 날아가 힐튼 호텔에서 IBM 회장을 만나야 한다고 가정을 해보자. 그러면 나는 온갖 머리를 짜내며 '뉴오타니 호텔에서의 협상'과 'IBM 회장 면담'이라는 두 가지 '포인트'에 대한 준비를 정말 열심히 할 것이다. 회의장 좌석 배치를 어떻게 하고, 무슨 자료를 준비해야 되며 저녁 메뉴를 무엇으로 할 것인지 등.

다 좋다. 나의 철저한 준비 덕분에 사장님은 뉴오타니 호텔과 힐튼 호텔에서의 협상에 흡족해할 것이다. 그런데 해프닝은 '포인트'와 '포인트'를 움직이는 공항, 비행기 속에서 벌어진다. 앞의 허 대리처럼 예상치 못한 실수를 하는 것이다. 따라서 그 같은 실수를 범하지 않으려면 '플로우' 의전을 해야 한다.

방법은 간단하다. 출장 계획이 정해지는 순간부터 '당신의 머리를 사장님의 머리에 세팅하는 것이다. 즉 당신이 사장이라고 생각하고 사장실 문을 나서서 무엇을 타고 공항에 가는지, 공항에 도착하면 어디서 기다리다가 비행기를 타는지(물론 비행기도 같이 타서 좌석에도 앉는다), 그리고 비행기 속에서는 무엇을 할지 도쿄 나리타 공항에 내려선 어떻게 시내의 호텔로 가는지……'

이렇게 철저히 당신 자신이 사장의 머릿속에 들어앉아야만 의전에서의 실수를 최소한으로 줄일 수 있다.

이렇게 철저히 준비해도 실수하는 것이 윗사람을 모시는 의전이다. 그러니 윗사람과 해외 출장을 갔다가 한두 가지 실수했다고 상심할 필요는 없다. 너무 의전에 신경 쓰다간 정말 핵심인 협상을 소홀히 할 수가 있기 때문이다.

 여기서 꼭 부탁하고 싶은 말이 있다. 만일 누구든 사장이 되고 전무가 되면 의전 때문에 너무 아랫사람을 들볶지 말아야 한다.

권위주의가 강한 동양 문화권에선 협상 팀원들이 정작 협상에 쏟는 시간보다 윗사람 모시는 것을 준비하는 데 낭비하는 노력이 더 많을 수 있기 때문이다.

여러 나라 통상장관들이 모이는 회의를 가보면, 정말 미국이나 영국의 장관들은 수행원이 한두 명 정도일 때가 많다. 심한 경우 혼자 다니는 미국 상무장관도 보았다. 우리나라 장관은 평균 네다섯 명 정도이다. 물론 이중에 한두 명은 협상과는 전혀 관계없이 의전 때문에 묻어간 인원인 경우가 많다.

협상에서 윗사람이 쓸데없는 의전을 덜 챙기고 효율적이면 아랫사람이 절반의 노력으로 두 배의 생산성을 가져올 수 있다.

내가 워싱턴의 유엔 기구에 근무할 때이다. 세계은행의 간부와 업무상으로 통화를 할 때마다 이상한 소리를 들었다. '탁, 탁' 하는 소리가 늘 들리는 것이다. 처음엔 이들이 습관적으로 볼펜으로 책상 모서리를 톡톡 치면서 전화하는 줄 알았다. 그런데 알고 보니 전화하며 그 내용을 그 자리에서 컴퓨터에 치고 있었다.

이 얼마나 놀라운 효율성인가!

우리나라 은행 간부 같았으면 아랫사람에게 요약 정리를 하라고 하고, 오자 고치고, 또 고치고 하면서 유난을 떨었을 것이다.

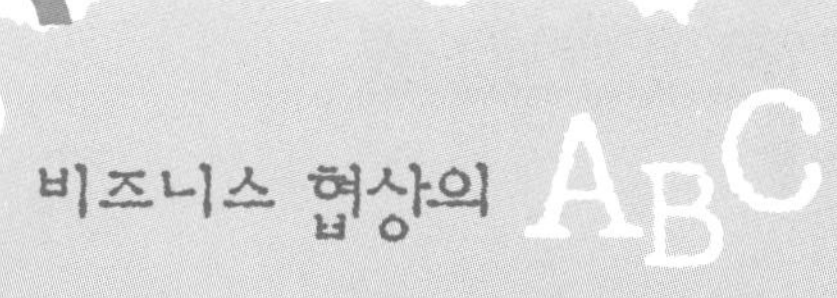

● '포인트' 의전이 아닌 흐름의 '플로우' 의전을 하라. 해외에 출장을 가서 당신의 윗사람은 포인트(호텔 협상장, 만찬장 등)에서 서울처럼 극진히 모시지 않아도 이해한다. 그런데 제일 싫어하는 것은 출장의 흐름이 끊어지는 것이다. 즉 공항에서 쓸데없이 기다리게 만든다거나, 길을 잘못 든다거나 하는 것 등이다. 그러므로 포인트에만 너무 신경 쓰다가 공항 등에서 실수하지 말고 전반적으로 윗사람의 흐름을 부드럽게 하는 '플로우' 의전을 해야 한다.

● 해외에 상사와 출장을 갈 때는 반드시 사장 가방에 비서나 직원의 이름을 쓰도록 하라. 그래야만 보르도 허 대리처럼 낭패를 당하지 않는다. 참고로 세계 항공사 중에서 미국의 아메리카 에어라인의 휴대품이나 가방에 대한 규제가 제일 까다롭다. 가능하면 대한항공이나 아시아나를 타고 이들이 운항하지 않는 곳을 갈 땐 이들 항공사와 제휴한 외국 항공사를 이용한다.

● 윗분을 모시고 해외에 나갈 때 절대로 현지인 이야기를 믿지 마라. 특히 중남미 사람들의 시간 관념과 약속을 지키는 것은 끝내준다. 믿을 것은 자신뿐이다. 그러므로 약속 장소와 시간은 두 번 세 번 확인하고 또 확인해야 한다.

술보다 신뢰로 승부하라

| 미국 바이어와 협상할 때는 술이 별 효과가 없다 |

협상 전문가인 김 팀장은 심하게 뒤통수를 맞은 기분이었다.

"수수료 5퍼센트 깎아주는 이야기는 꺼내지도 마세요."

윌리엄 부장이 단호하게 내뱉었다. 갑자기 어젯밤 마신 와인과 폭탄주가 한꺼번에 올라오는 듯했다.

어제, 텍사스 IT사의 윌리엄 부장과 김 팀장은 한치의 양보도 없는 협상을 펼쳤다.

5퍼센트 수수료를 누가 양보하느냐 하는 문제에 있어서 둘 사이에 긴장감이 팽팽히 감도는 중에 CEO 박이 김 팀장의 옆구리를 쿡 찔렀다.

“일단 협상은 내일로 미루고, 저녁에 크게 한잔 사라고.”

우선 1차는 신라호텔 최고급 프랑스 레스토랑에서 와인을 마시며 점잖게 칼질하고, 2차는 가라오케에서 한껏 마셔댔다. 윌리엄 부장과 폭탄주로 서너 잔 했고 ‘웨스트 버지니아’도 같이 불렀고 물론 “We are friends?” 하며 러브 샷도 했다. 이렇게 찐뜩하게 구워 삶아놓았으니 오늘 협상에서 뭔가 약발이 통할 줄 알았다.

그런데 지금 윌리엄은 김 팀장의 눈을 뚫어지게 쳐다보며 수수료 이야기는 꺼내지도 말라고 독하게 굴고 있었다.

오히려 어제의 접대만 믿고 오늘 아침 느슨하게 협상 테이블에 나온 김 팀장은 자신이 한심할 따름이었다. 소위 말하는 ‘접대’가 먹히지 않을 상대는 아예 술 마시자는 제안부터 거절하게 마련인데, 이 친구는 흔쾌히 오케이하고 나서, 마실 것은 다 마시고 이렇게 오리발을 내밀면 어쩌자는 것인지, 참으로 난감할 따름이었다.

미국인이 다 이런가? 아니면 이 친구만 유독 술과 협상을 분리하는 건가?

협상묘수풀이

앞의 폭탄주 예찬론은 주로 중국, 동남아 등 동양 문화권과 협상할 때의 일이다. 미국인, 유럽 사람들과 협상할 때는 퍼마신다 해도 다음날 협상에서 얻는 게 별로 없다. 관계를 중시하는 동양 문화권과 달리 서양인은 '정보'와 '객관적 사실'에 바탕을 둔 협상을 하기 때문이다.

내가 미국 무역대표부와 한미통상협상을 했을 때 일이다.

보통 백악관 옆에 있는 미국 무역대표부 회의실에서 월요일 아침 열 시에 열리는 회의는 한치의 빈틈도 없이 일사불란하게 진행되었다.

월요일 오후에는 한미간 첨예한 통상 이슈인 철강상관관세를 협상하고, 화요일에는 비자 면제, 수요일에는 지적 재산권, 목요일에는 통신시장 개방 등의 의제가 숨 돌릴 틈도 없이 이어졌다. 거나하게 한잔 하는 만찬은 꿈도 꿀 수 없었다. 점심은 거의 샌드위치로 때웠고 협상이 밤늦게까지 진행될 때는 따로 저녁을 간단히 먹고 난 다음 다시 만났다.

그렇다면 미국인과 협상하는 데에는 관계 형성이 전혀 필요 없다는 말인가? 그렇지는 않다. 미국인과도 관계 형성이 필요하다. 단지 관계가 협상에 미치는 영향이 다르고 관계를 형성하는 방법이 다를 뿐이다.

한미간에 통상 분쟁이 격화되던 1990년대 중반에 미국 무역대표부의 아시아·태평양 담당 고위 관리가 서울을 방문했다. 한국 정부 협상 팀은 바짝 긴장하여 최고급 한정식집으로 모셨다. 물론 이 만찬에는 주한 미대사관의 경제참사관, 상무관들도 참석했다. 고급 프랑스 와인이 몇 순배 돌고 만찬이 끝날 무렵, 한국 정부 대표가 제안을 했다.

"2차에 가서 간단히 한잔 더하는 것이 어떻겠습니까?"

쉽게 말하면 이번에는 내숭 떨지 말고 한국식으로 거하게 마시라는 제안이었다. 이를 눈치챈 미대사관 직원은 선약이 있다며 발뺌을 했다. 알아서 빠질 테니 워싱턴에서 온 높은 분을 요령껏 구워삶아 보라는 것이었다. 미대사관 직원은 나름대로 의리를 과시한 셈이었다.

그 뒤 2차로 자리를 옮겨 한국 정부 대표단과 미국 고위 관리 사이에는 폭탄주가 수없이 돌았다. 한국 대표단으로서는 정말 성공적인 접대를 한 셈이었다. 그런데 웬걸, 다음날 협상 테이블에 앉으니 미국 무역대표부 고위 관리의 태도는 전혀 달라진 것이 없었다. 어젯밤에 같이 술을 마신 효과가 협상 과정에 거의 나타나지 않았던 것이다. 한 가지 분명한 효과라면 한국 관리들의 속이 쓰리다는 것이었다.

이처럼 객관적 사실과 정보를 중시하는 미국이나 유럽 상대에게는 동양식 술 접대가 별로 의미가 없다. 그러므로 서양 협상 문화에 알맞은 관계 형성 전략을 써야 한다.

미국 오하이오 대학의 로이 레위키 교수는 서양인과 협상할 때 관계를 형성하는 가장 중요한 것으로 신뢰와 공통점, 그리고 호의적 감정을 지적한다. 서양에선 신뢰 수준이 높으면 좋은 관계가 형성되고 협상 테이블에서 서로 협조한다는 것이다.

서양인과 협상할 때 주의해야 할 다섯 가지 전략

1 _ 서양 협상 대표의 예상보다 빠른 의사 결정에 대비하라

서양의 협상 대표는 본사와 협의하지 않고 현장에서 직권으로 의사 결정을 하는 수가 많다. 동양에 비해 외국에 나가 있는 협상 대표에게 권한이 더 많이 위임되어 있다. 시시콜콜한 것까지 본사의 승인을 받아야 하는 동양의 협상 대표와 다르다.

따라서 서양 협상 대표의 이같이 빠른 의사 결정에 미리 대비하지 않으면 낭패를 보는 수가 있다. 이번 첫 번째 협상에서는 정보 교환 정도겠지 하고 느긋하게 뉴욕으로 출장을 갔다가 상대가 다짜고짜 본 협상으로 들어가 가격 제시를 하라고 하면 당황하는 것이다.

2 _ 혼자 나온 서양 협상 대표를 우습게 보지 말라

많은 수행원을 거느리고 거드름을 피워야 권위 있다고 생각하는 동양의 협상 대표는 서양의 협상 대표가 서류 가방 하나 달랑 들고 혼자 협상 장소에 나타난다고 우습게 보는 경향이 있다.

'우리 회사에선 다섯 명이나 나왔는데, 상대는 단 한 명! 상대를 쉽게 밀어붙일 수 있겠군.'

천만에! 이건 오산이다.

서양의 협상 문화에서 수행원들을 거느리지 않고 단독으로 협상을 진행시킨다는 것은 '너희들 다섯 명 정도는 나 혼자 충분히 상대할 자신이 있다'는 것을 의미한다.

3 _ 서양 협상 대표의 냉정한 행동에 실망하지 말라

서양의 협상 문화권에서는 냉정하게 행동하는 것이 유능한 협상자로서 평가받는다. 특히 미국 협상자는 별로 감정 표현을 하지 않는다. 따라서 진행 중인 협상 사안에 관해 상대가 별 다른 열정을 표시하지 않는 것을 상대의 무관심으로 오해해선 안 된다.

4 _ 협상 팀의 전문성을 강조하라

흔히 서양 협상 팀과 협상을 할 때 사장과 전무이사 등 회사의 중역들이 총동원되면 권위 있는 협상 팀이라고 은근히 자랑하는 경향이 있다. 그러나 전문성을 중시하는 서양의 협상 대표는 상대 협상 팀의 권위와 높은 지위에 별로 관심이 없다. 오히려 서양의 협상 팀에게는 자신의 협상 팀이 충분한 정보와 전문 지식을 가진 상당한 전문가들로 구성되어 있음을 과시할 필요가 있다.

5 _ 젊은 여성 협상 대표라고 우습게 보지 말라

한국처럼 여성 인력의 사회적 진출이 저조한 나라도 없다. 미국 무역대표부에는 칼라 힐스, 바쉐프스키 같은 여성 장관들이 있으며, 무슬림 국가인 말레이시아에도 라피다 같은 장수 통상장관이 있다. 남성을 중시하는 한국 협상 팀은 서양의 젊은 여성 대표를 우습게 보다가 큰코다치는 수가 많다.

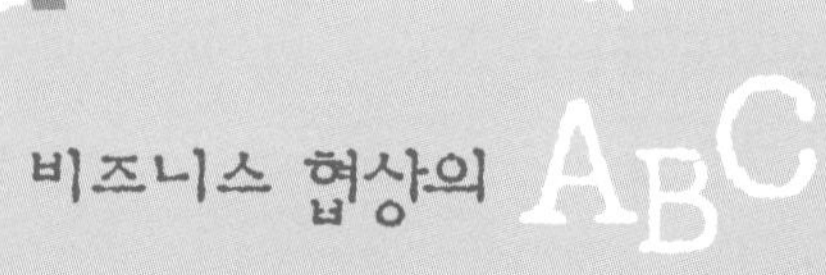

● 미국이나 유럽의 바이어와 협상할 때는 술자리를 만드는 것이 큰 의미가 없다. 왜냐하면 이들 서양인들은 비즈니스 협상과 술자리에서 가까워진 인간 관계를 냉정하게 구분하기 때문이다.

● 서양인의 신뢰를 얻으려면 높은 직위나 화려한 경력보다는 자신의 전문 지식이나 능력을 과시해야 한다. 또한 협상자들이 취미, 사고방식 등에서 공통점이 많으면 관계를 쉽게 형성할 수 있다. 미국인이나 유럽인과 같이 국립 박물관을 가거나 도자기 굽는 곳을 가볼 필요가 있는 것도 이 때문이다.

● 서양의 비즈니스맨이 당신에 대해 호의적인 감정을 가지면 관계를 쉽게 형성할 수 있다. 가능하면 옷을 단정히 입고 에티켓을 잘 지킬 필요가 있다.

● 서양인과 협상할 때 다음과 같은 점을 주의하라.
미국 비즈니스맨은 우리와 아주 다른 협상 문화를 가지고 있다. 유럽에선 이태리, 스페인같이 남쪽으로 내려갈수록 우리와 비슷하고, 반대로 독일, 스웨덴으로 올라갈수록 미국 협상 문화에 가깝다.

몸짓의 '원초적 본능'을 잡아내라

| 테이블 건너편 바디랭귀지를 읽어라 |

'어쩌면 저런 현란한 말솜씨와 지성, 그리고 미모까지 한꺼번에 다 가지고 있을까! 저 정도니 우리 회장님 마음에 단번에 쏙 들었지.'

김 팀장은 아까부터 마음속에서 솟아 나오는 희열을 주체 못해 연신 싱글벙글이었다. 지금 맹 부사장과 함께 회장의 특명에 의해 새로운 홍보 담당 매니저 후보를 인터뷰하고 있었다.

맞은편에 앉아 김 팀장의 마음을 휘어잡는 상대는 모니카 정. 미국의 명문 예일대학에서 박사학위를 받았단다. 기업 홍보에 관해 아는 것이 많을 뿐만 아니라 엄청난 달변이었다. 또한 상대를 설득하는 테크닉도 일품이었다. 마주 앉은 지 몇 분 만에 김 팀장의 마음을 완전히 사로잡았다. 옷도 짙은 감색의 뉴요커 스타일로 매우 세련된 차림이었고, 정말 우리 회사 홍보 담당으로 어디에 내놔도 빠지지 않았다.

그런데 옆에 앉은 맹 사부는 처음부터 별로 말이 없었다. 대신 모니카 정을 머리끝부터 발끝까지 유심히 관찰할 뿐이었다. 하여튼 김 팀장은 성급한 마음에 입사에 필요한 서류 이야기부터 꺼냈다.

"예일대 박사학위 증명서하고 참고로 논문 한 부를 보내주세요. 특채에 필요합니다."

"예……, 박사학위 증명서요? 꼭 원본이어야 하나요……?"

이미 모니카 정에게 빠진 김 팀장은 사본도 좋다고 했다.

그런데 여기서부터 그녀가 눈길을 끄는 행동을 했다. 테이블 아래로 보이는 발을 떨기 시작한 것이다.

'어, 지금까지는 두 손을 무릎에 얹고 단정히 앉아 있었는데?

이때를 기다렸다는 듯이 맹 사부가 한마디 슬쩍 던졌다. 마치 지나가는 말처럼.

"제가 시카고 대학에 공부할 때 유명한 피터 카네기 교수가 예일대로 옮겼는데, 그 교수 강의 들으셨어요? 아주 인기 있는 명강의였을 텐데."

"……."

잠시 묘한 침묵이 흐른 후 그녀가 입을 열었다.

"그렇죠. 강의실이 비좁을 정도로 인기가 높았어요."

그런데 이번에는 테이블 위의 물컵을 연신 들었다 놓았다 했다. 하기야 입사 면접을 보려면 목이 타기도 하겠다.

인터뷰를 끝낸 김 팀장이 엘리베이터를 타면서 물었다.

"부사장님, 괜찮은 것 같은데 회장님께 보고할까요?"

"회장님께 말씀드리기 전에 예일대에 연락해 그녀의 박사학위를 확인해 보세요."

예일대 박사학위 확인? 그건 식은죽 먹기였다. 보스턴까지 연락할 필요조차 없었다. 예일대 한국인 학생 총동창회장인 고려대의 홍 교수가 친구였기 때문이다.

김 팀장은 당장 수화기를 들었다.

"아, 그 모니카 정! 자네도 걸려들었군. 예일대 박사 아니야. 잠시 예일대 3개월짜리 단기 과정을 수료한 적은 있대. 그런데 그 놈의 수료증이 박사학위증으로 둔갑했나 봐."

정말 우리 맹 사부 끝내준다. 어떻게 족집게같이 가짜라는 것을 눈치챘을까?

협상묘수풀이

- ### 상대의 몸짓을 잘 살펴라

김 팀장이 모니카 정의 현란한 말솜씨에 빠져 있을 때 맹 사부는 그녀의 표정과 태도를 유심히 관찰했다.

예일대 박사학위 증명서 이야기가 나올 때부터 모니카 정의 몸 동작은 눈에 띄게 달라졌던 것이다. 뭔가 걸리는 것이 있으니까 저렇게 갑자기 발을 떨고 물컵에 손길이 자주 가겠지. 맹 사부는 그 작은 변화를 허투루 넘기지 않았다.

비즈니스 협상에선 상대의 몸짓을 살피는 것이 절대적으로 중요하다. 뜻밖에도 말 잘하는 것이 차지하는 비중이 아주 낮다.

비즈니스 협상도 일종의 커뮤니케이션인데, 여기서 말이 차지하는 비중이 얼마쯤 될까? 대부분 절대적이라고 대답할 것이다.

하지만 많은 연구에 따르면, 국제 협상 테이블에서 말이나 문자 등 언어로 전달되는 메시지는 25퍼센트에 불과하다고 한다. 나머지 75 퍼센트의 의사 소통과 메시지 전달은 몸짓, 얼굴 표정 등 비언어적인 행위에 의해 이루어진다는 것이다.

그러므로 유능한 협상자가 되기 위해서는 상대방의 말뿐만 아니라 눈동자의 움직임, 손짓, 발짓까지도 정확히 포착하여 상대방의 의중을 파악하는 것이 중요하다.

● **폴 에크먼의
몸짓이론**　　심리학자인 폴 에크먼Paul Eckmann의 몸짓이론에 따르면, 협상 테이블에서 협상자가 허풍을 떨거나 당황할 때 또는 상대를 속일 때는 거짓 웃음, 다리 떨기, 얼굴 빨개짐 같은 다양한 비언어적인 행위를 한다. 말하자면 입으로 하는 말과 바디랭귀지 사이에 불일치가 생기는 것이다.

따라서 만일 협상 테이블에 앉아 설사 당황하거나 초조하더라도 이를 밖으로 드러내 상대에게 약점을 잡힐 필요가 없다. 즉 무의식적으로 표출하는 바디랭귀지를 잘 통제해야 한다. 인간은 다리나 발 같은 몸의 아랫부분보다 얼굴 표정 같은 몸의 윗부분을 더 잘 통제한다고 한다. 그러므로 몸의 아래쪽을 잘 통제하도록 노력해야 한다.

거꾸로 상대의 의중을 파악하기 위해서는 상대의 아래쪽 신체 부위를 유심히 관찰할 필요가 있다. 국제 협상에서 자기도 모르게 가장 잘 노출시키는 몸짓이 발 떨기다. 협상 도중 갑자기 상대방이 발을 떤다는 것은 안절부절못하고 있다는 증거다. 따라서 상대의 이 같은 바디랭귀지를 정확히 포착하면 그만큼 협상에서 유리한 고지를 점할 수 있다.

그렇다면 국제 협상을 할 때 어느 나라 사람들이 몸짓, 발짓을 가장 많이 할까? 일반적으로 라틴 계통이 제스처가 크고 다음이 미국인이나 유럽인, 마지막으로 동양인이다. 협상을 할 때 3분 사이에 10초 이상 침묵한 횟수를 살펴보았더니 일본인이 평균 여섯 번인데 반해 미국인들은 세 번 정도였다. 브라질인의 경우 거의 침묵하지 않고 계속 떠들어댔다. 브라질 협상자가 가장 적극적으로 상대의 얼굴을 쳐다보고 직접 눈을 쳐다보며 애기를 했다.

반면에 일본인이 가장 소극적인 비언어적 행위를 했다. 또한 30분당 상대를 만지는 빈도를 조사해 보니 일본이나 미국 협상자들은 악수를 제외하고는 상대를 전혀 만지지 않았다. 이에 반해 브라질 협상자는 상대의 몸을 자주 만졌다.

●　　담배필터에 라이터 불을
　　붙인 북측 협상 대표　　협상에서 상대의 몸놀림을 관찰하는 것이 얼마나 중요한지를 하나 더 살펴보자.

1995년 중국 베이징에서 열린 제3차 남북 쌀 협상에서 북측 대표 전금철은 처음부터 남측 대표단을 말 그대로 데리고 놀았다. 1970년 대 초부터 남북 회담에 참여한 자칭 '대화꾼'의 노련한 협상자인 데 다가 북측에 피랍된 우리 어선과 선원 송환 문제로 남측 대표단이 초 반부터 열세에 몰려 있었기 때문이다.

서울에서는 '제1차와 제2차 회담에서 북한에 쌀을 주고도 제3차 회담 직전에 우리 어선이 피랍당했으니 당장 베이징 회담을 통하여 선원과 어선을 돌려받으라'고 하는 여론이 거셌다.

"쌀 협상을 하기 전에 우선 우리 어선과 선원을 돌려주시오."

"먼저 이 자리에서 쌀을 얼마만큼 더 주겠다는 약속을 하면 귀환하 도록 노력해 보겠소."

대충 이런 식으로 말이 오갔으니, 말이 협상이지 월요일부터 목요 일까지 남측은 계속 어선과 선원을 돌려 달라고 애걸하는 처지였다. 반면에 북측은 '선원을 미끼로 이번에 얼마나 많은 쌀을 더 받아낼 까' 하는 아주 느긋한 입장이었다.

그런데 돌연 금요일 아침에 남측이 폭탄선언을 했다. '북측이 어선 과 선원을 돌려줄 의사가 없다면 쌀 추가 지원도 없다'며 제3차 쌀 협 상 종결 의사를 표시했다. 이번 베이징 회담에서 우리 어선과 선원을 볼모로 쌀을 더 지원받아야 하는 북측 대표로서는 당혹스러운 상황이 아닐 수 없었다.

이때 북측 대표의 반응이 어땠을까?

얼굴이 빨개지고 말투가 달라졌을까? 전혀 그렇지 않았다. 전금철 같이 노련한 협상자는 아무리 어려운 상황에서도 침착한 말투나 얼굴 표정을 유지하는 법이다. 정작 문제는 다른 데서 터졌다. 지독한 골초인 그가 담배를 거꾸로 물고 필터에 라이터 불을 붙였던 것이다. 그것도 한 번도 아니고 세 번씩이나 말이다. 옆에서 이를 보다못한 북측 단원이 어깨를 툭 친 뒤에야 황급히 담배를 바로 물었다.

물론 남측 협상단은 이 같은 바디랭귀지를 보고 북측 협상단이 무척 당황한 것을 알아차렸고, 나머지 협상을 유리하게 이끌 수 있었다.

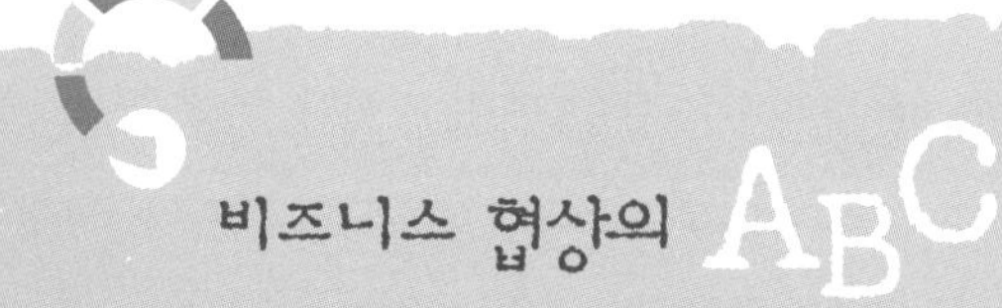

● 협상에서 커뮤니케이션의 3분의 2 이상은 바디랭귀지로 이루어진다는 것을 잊지 마라. 상대의 표정과 눈빛, 몸 동작을 유심히 관찰하라. 심한 경우 말하는 것보다 협상 테이블에서 상대의 바디랭귀지를 잘 관찰하는 것이 더 중요하다.

● 특히 상대의 발놀림을 주의해서 살펴라. 감정의 변화(초조, 당황)를 자기도 모르게 가장 잘 노출시키는 곳이 발이며, 발을 떠는 것으로 드러난다.

이긴 것 같은데 사실은 진 협상

| 상대의 저항가격을 찍어라 |

"폐업 정리, 10만 원짜리 고급 배낭 2만 원에 왕창 세일!"

퇴근길 충무로에서 김 팀장은 노점 옆에서 라면을 먹고 있는 주인에게 한마디 툭 던졌다.

"아저씨, 만 원에 주세요."

폐업 정리란 게 다 그렇고 그런 것, 우기다 보면 통하는 법 아닌가. 1만 7,000원 정도에만 사도 나쁘지 않을 것 같았다.

"그러쇼."

너무나 쉽게 응했다. 분명 가격은 반으로 깎았다. 그런데 상대가 너무나 쉽게 받아줘 뭔가 기분이 찜찜했다.

지난번 중동 출장에서도 비슷한 일이 있었다. 두바이에 있는 관광

객 상대의 노점, 바자르에서 마음에 드는 은세공 반지를 발견했다. 중동은 은세공품이 좋다기에 아내에게 선물하려고 흥정을 하기 시작했다. 바자르에서는 값을 확 깎아야 한다는 말을 들었기 때문에 100달러짜리를 60달러에 달라고 했더니 냉큼 고개를 끄덕였다.

출장에서 돌아온 김 팀장은 동료들에게 자랑했다가 오히려 웃음거리가 되고 말았다. 바자르에선 물건값을 3분의 1 정도로 깎아야 하는 걸 아직도 모르는 사람이 있냐는 것이다. 자타가 공인하는 협상 고수인 김 팀장이 엉뚱한 데서 놀림거리가 되었다.

"잠깐 커피 한잔할까요?"

배낭을 살펴보고 있는 김 팀장에게 인사팀장이 말을 걸어왔다.

'무슨 일일까? 요새같이 구조조정이다 경영혁신이다 하면서 뒤숭숭할 때 인사팀장의 얼굴은 안 보는 게 좋은데.'

인사부로 가는 발걸음이 내내 무겁기만 했다. 아니나 다를까. 불안한 예감은 틀리지 않았다.

"가을부터 3개월간 IT 교육을 가보시지 않겠습니까?"

명목이야 회사 직원의 정보화 교육 계획의 일환이었다. 하지만 왜 하필 자신일까? 혹시 감원 대상이 된 것이 아닌가? 다른 회사도 직원들을 슬며시 외부 교육으로 내몰았다가 교육이 끝나면 보직은 안 주고 결국은 회사를 떠나게 만든다는데.

하지만 IT 교육의 내용은 마음에 들었다. 어차피 회사에서 디지털 솔루션 업무를 하려면 정보화 교육을 받아야 된다고 생각해 왔다. 그런데 눈코 뜰 새 없이 바쁜 사무실 사정을 빤히 알면서 본부장에게 감히 몇 달 동안 교육을 가겠다는 말을 하지 못하고 있던 차였다. 인사

팀장의 IT 교육 제의는 굴러들어온 떡인가 아니면 물먹는 케이스인가? 이거 웃어야 할지, 울어야 할지……. 그래서 내일까지 생각을 정리해서 대답을 해주기로 했다.

협상묘수풀이

● **협상에서 '승자의 당혹' 을 조심하라**　　김 팀장은 찰스 바저만이 말하는 '승자의 당혹winner's curse' 에 빠졌다. 협상에서 이긴 것 같은데 사실은 진 것이다. 두바이에서건 노점상에서건 김 팀장은 가격 협상에서 상대의 저항가격을 잘못 짚은 것이다. 항상 가격 협상에서는 상대의 저항가격을 생각해야 한다. 파는 사람이면 '얼마 이상은 받아야겠다' 는 것이고, 사는 사람이면 '얼마 이상에는 안 사겠다' 는 것이다. 그렇다면 충무로에서 배낭 세일을 하던 상인의 저항가격은 김 팀장이 부른 1만 원보다 낮은 7,000원이나 6,000원일 것이다.

이 같은 승자의 당혹에 빠지는 가장 큰 이유는 정보의 부족이다. 중동 바자르에선 3분의 1정도로 깎아야 한다는 사전 정보만 있었어도 김 팀장이 그런 승자의 당혹에 빠지지는 않았을 것이다.

다음으로 현지 사정이 어두운 나라에서 처음 협상할 때 바로 이 승자의 당혹을 조심해야 한다. 말하자면 평소 거래 관계가 없는 저 먼 남미의 파라과이나 페루 또는 아프리카의 카메룬 기업과 협상하는 경우이다.

이럴 때는 반드시 현지 에이전트를 쓰는 것이 좋다. 이들은 대개 법률사무소의 간판을 내걸고 있지만 우리나라와 같이 전직 장관이나 고위 관료들을 많이 채용하고 있다. 이들을 통해 상대 기업에 접근하면 최소한 터무니없는 일을 당하진 않을 것이다.

이때 조심해야 할 점이 하나 있다. 자기 나라에 온 외국 기업인을 상대로 비즈니스를 하는 이들은 가끔 묘한 행동을 한다. 그러니까 현지 법률 규제가 까다롭다거나 현지 공무원들을 다루기가 쉽지 않다고 과장을 하는 것이다. 물론 이는 비싼 돈을 주고 자기들을 활용하지 않으면 현지에서 사업이나 협상하기 쉽지 않을 거라는 은근한 위협이다.

● **상대를 불신하는 제로섬 편견을 버려라**　　이태리에 가면 피자 맛이 한국과 다르다. 훨씬 담백하고 화로에 피자를 구우면 많이 부풀어올라 커진다.

비즈니스 세계에서는 두 가지 종류의 협상이 있다. '피자 갈라먹기 *pizza cutting*' 와 '피자 굽기 *pizza cooking*' 이다.

후자는 마치 피자를 구워 서로 큰 조각을 나누어 먹듯이 서로 협력하여 큰 협상 성과를 얻는 윈윈 게임이다. 전략적 제휴나 합작 투자 협상이 이에 속한다.

전자는 이와 반대로 상대를 후려쳐야만 자신에게 돌아오는 몫이 커지는 일종의 제로섬 게임이다. 가격 협상이 가장 좋은 예다. 그런데 문제는 협력을 잘하면 윈윈 협상을 할 수 있는데도 대부분의 협상자는 상대를 후려쳐야만 한다는 제로섬 편견에 빠져든다는 것이다.

지금 김 팀장과 인사팀장이 바로 전형적인 제로섬 편견에 빠져 있다. 서로 속마음을 털어놓지 못해서 그런 것이다. 속으로 김 팀장은 평소부터 IT 교육을 받고 싶었는데, 혹시 자기가 교육 대상자로 뽑힌 것이 감원 대상이 된 게 아닌가 하고 불안해한다.

"IT 교육은 아주 중요한 교육이니 유능한 사람부터 차출하세요."

며칠 전 인사팀장이 사장한테 결재를 받을 때 지시받은 것이다. 사실은 가장 유능한 직원으로 지목받아 첫 교육 후보자로 선정되었는데, 제로섬 편견에 빠진 김 팀장은 지레짐작으로 불안해하고 있다.

당신도 여기서 예외가 될 수 없다. 이를 증명하기 위해 바저만 테스트를 해보자.

* 펜을 떼지 않고 아래 아홉 개의 점을 연결하여 네 개의 직선을 만들어 보시오(단, 선이 중복되면 안 됨).

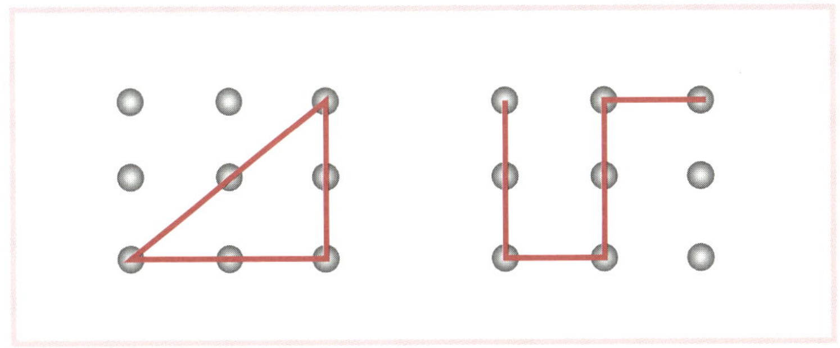

앞페이지의 그림과 같이 문제를 풀고자 했다면 당신도 편견에 사로잡혀 있는 것이다. 정답은 의외로 간단하다. 펜이 선 밖으로 나가면 쉽게 네 개의 직선을 만들 수 있다.

MBA 강의에서 이 테스트를 해보면 정답을 맞히는 학생은 소수에 불과하다. 아홉 개의 점을 연결할 때 '펜이 사각형 밖으로 나가면 안 된다' 는 편견에 빠져 있기 때문이다.

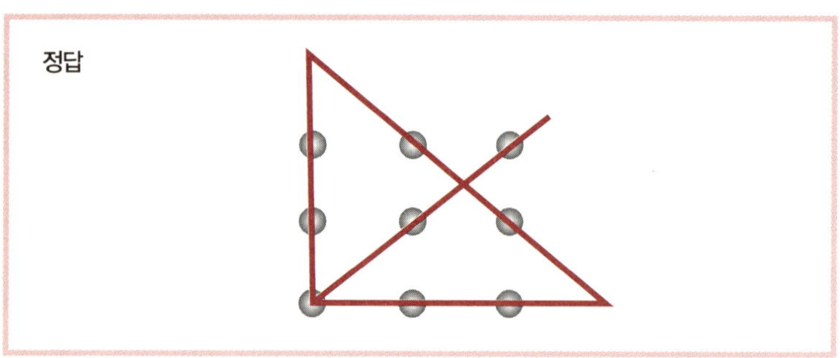

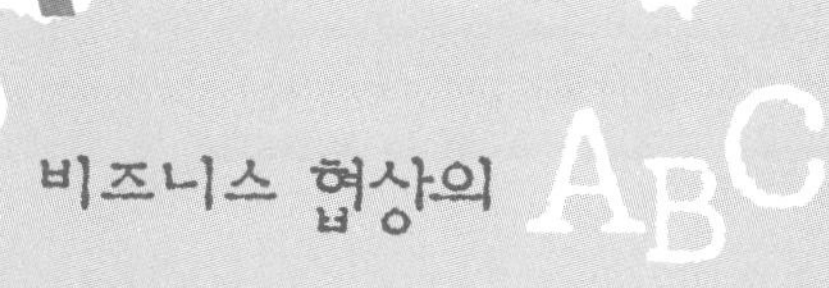

- 가격 협상을 할 때 항상 상대방의 저항가격을 생각하라. 저항가격을 잘못 짚으면 안 된다. 경우에 따라선 당신이 생각한 것보다 상대방의 저항가격이 훨씬 낮을 수가 있다.

- 상대방의 저항가격을 잘 모르고 승자의 당혹이 걱정되면 생각한 것보다 훨씬 세게 가격을 제안하라. 즉 물건을 살 때는 훨씬 낮게, 팔 때는 훨씬 높게 부르는 것이다.

- 상거래 관행이 잘 잡히지 않은 중남미나 동남아, 러시아 등의 기업과 협상할 때 반드시 현지 에이전트를 쓰도록 하라. 괜히 커미션을 아끼려다 승자의 당혹에 빠져 더 큰 손해를 볼 수도 있다.

- 상대를 후려쳐야 내 몫이 커진다는 제로섬 편견에 빠지지 마라. 서로 윈윈할 수 있는 상황인데도 제로섬 편견에 빠져 협상을 그르치는 수가 있다.

이순신 장군도 '목숨을 걸고' 협상했다

임진왜란 7년을 통해 이순신 장군은 왕인 선조와도 목숨을 걸고 보이지 않는 협상을 수 없이 했다. 우선 선조는 흔히 생각하듯 마냥 어리석기만 한 왕은 아니었다. 임진왜란이 일어나기 전 선조의 결단이 없었다면 이순신 장군은 전라좌수사가 되지 못했을 것이고, 그러면 임진왜란의 결과는 뻔했을 것이다. 선조 24년(1591) 2월 한양의 궁궐.

"상감마마, 통찰하옵소서. 이번 이순신에 대한 인사는 도리에 어긋납니다. 어명을 거두어 주옵소서."

사간원을 위시해 조정의 대신들이 들고 일어났다. 선조가 종6품 정읍현감 자리에 있는 이순신을 정3품 전라좌수사로 벼락출세시키려는 것이었다. 당연히 조정 대신들이 반대했지만 선조는 놀라운 리더십으로 반대를 물리치고, 이순신 장군을 좌수사에 임명해 버렸다. 이때가 바로 임진왜란이 일어나기 1년 전이었다. 선조의 결단 덕분에 황금 같은 1년간 장군께서 거북선을 만들고 전쟁 준비를 할 수 있었다.

선조와 이순신의 2라운드는 장군을 의금부로 잡아들여 심문할 때이다. 기록에 따르면 선조는 내심 장군을 죽이려고 했다.

"군주는 전쟁에서 승리한 장군을 제거해야 한다."

마키아벨리의 《군주론》에 나오는 명언이다. 승리한 장군은 칼과 백성의 인기를 얻는다. 이런 장군이 칼끝을 군주에게 겨누면 왕권은 추풍낙엽이다. 당시 민심은 선조가 마키아벨리의 말을 되새길 만도 했다. 이순신 장군 이야기만 나오면 백성들이 흠모하며 '우리 장군님, 우리 장군님!' 했으니 말이다. 그런데 선조 이야기만 나오면 '백성을 버리고 의주로 달아난 왕!' 하며 시큰둥했다.

임진왜란 초기에 선조와 이순신 장군은 말 그대로 윈윈 게임을 했다. 그런데 전쟁이 터진 후 2년 후 전선이 교착상태에 빠지면서 틈이 갈라지기 시작했다. 기록에 따르면 이순신 장군의 23전 23승은 모두 임진왜란 초기와 말에 거두었다. 거꾸로 말하면 7년 전쟁의 중간인 4~5년간은 거의 전투다운 전투가 없었다. 더욱이 이순신 장군의 요충지인 한산도에 진을 치고 거의 움직이지 않았다. 여기서 선조가 과감한 어명을 내린다.

"한산도에서 나와 부산진을 공격하라."

연전연승하는 이순신 장군 함대이니 적의 본거지인 부산포를 선제공격해 왜선을 궤멸시켜버린다면 굴욕의 7년 전쟁은 조선의 승리로 끝날 것이라는 계산에서였다. 그런데 이순신 장군이 조선 수군을 전혀 움직이려 하지 않았다. 여기서부터 장군의 왕과의 피 말리는 협상이 시작되었다.

왜 이순신 장군은 왕명을 거스르면서까지 부산포를 공격하지 않았을까? 비겁하거나 적이 겁나서? 전혀 아니다. 당시 조선 수군이 '무적함대'가 아닌 것을 아셨기 때문이다. 비록 조선 수군이 연전연승했지만, 이순신 장군이 다도해의 복잡한 지형지물을 교묘히 이용했기 때문에 가능했다. 부산 앞바다와 같은 탁 트인 바다에서의 해전에서는 가볍고 기동성이 있는 왜군이 훨씬 유리했다.

아무리 어명이지만 조선 수군을 부산포로 출동시키면 자멸할 것이 뻔했다. 여기서 장군은 어명을 무조건 따르지 않고 왕의 마음을 돌리고자 비장한 노력을 했다. 잘못하면 어명 불복죄를 뒤집어쓸 수도 있는 목숨을 건 모험이었다. 그런데 그간 연전연승이라는 '성공의 환상'에 빠진 선조가 귀를 기울이려 하지 않았다.

역시 결과는 당시 중죄를 다루는 의금부에 투옥되어 성공의 환상에 빠진 왕과 나라를 구하려는 장군의 목숨 건 협상이 파국을 맞았다. 여기서 뻣뻣한 신하 이순신에 실망한 선조가 눈을 원균에게 돌린다. 다시 왕과 신하의 묘한 협상이 시작되었다.

"수군의 지휘권을 줄 테이니 속 시원히 부산포로 돌진해 볼 테냐?"

"어명이 그러하신데 어찌 이 한 몸 돌봐 머뭇거리겠습니까. 용감히 나가겠습니다."

항상 이순신 장군에 밀려 만년 2등의 패장 원균에게는 전화위복, 절호의 기회였다. 그런데 어럽쇼? 원균도 한산도에 들어박혀 꼼짝하려 들지 않는다. 해전을 아는 그였기에 뻔히 궤멸될 부산포 출동을 꺼린 것이다. 결국은 대원수 권율에게 엉덩이에 곤장을 맞고 출전해 결과는 그 치욕의 칠전량 해전이다. 이순신 장군이 피와 땀으로 이룬 수백 척의 조선 함대가 모조리 칠전량 바다 속에 가라앉았다. 단 12척만 남기고 말이다.

나의 눈이 아니라 너의 눈으로 바라보라

| 문화적 공감은 선택이 아닌 필수다 |

사장실에 들어서니 분위기가 썰렁했다. 누구 전화를 받는지 사장은 연신 굽실거리고, 옆에는 홍보실장이 심각한 얼굴로 앉아 있었다.

"예, 예, 장관님. 이건 기업 경영 차원을 떠나 나라 망신이죠. 다시는 이런 일이 없도록 단단히 조처를 취하겠습니다."

전화기를 놓는 사장의 얼굴에 식은땀이 흘렀다.

"김 팀장, 급히 베트남 좀 갔다 와야겠어. 그 조용하던 타이윈 공장에 김 사장이 가고 난 후 난리야."

김 사장이라면 얼마 전 베트남 지사장으로 발령받아 나간 하버드 김을 칭하는 것이었다.

"며칠 전에는 전 노동자들이 들고일어나 공장을 폐쇄했대. 베트남 유력 신문들이 이를 대서특필하고, 현지 대사가 이 사건을 서울에 보고했나 봐. 아직 대외비인데 다음달에 대통령께서 동남아 순방을 가신대. 아까 외교통상부장관 전화야. 오죽하면 이런 일로 장관이 전화까지 했겠어."

"사장님, 국내 신문이 냄새를 맡고 기사를 쓰려고 합니다. 지금까지는 제가 겨우 막았는데 한번 더 터져 기사가 나가면 우리 회사의 이미지는 먹칠입니다, 먹칠."

옆에 있던 홍보실장의 말에 CEO 박의 얼굴은 더욱 사색이 되었다.

"아무래도 김 팀장이 우리 회사에서는 협상 짱이잖아. 어서 가서 살펴보고 나한테 보고해. 그런데 김 지사장 별명이 '하버드 김'이라면서? 말끝마다 '우리 하버드, 우리 하버드' 한다면서? 그 친구 혹시 미국 뉴욕 지사가 아닌 인도차이나에 보냈다고 토라진 건 아니야?"

담배를 끊은 CEO 박이 김 팀장에게 담배까지 얻어 피우는 것을 보면 문제가 심각하긴 심각한 모양이었다.

하노이 공항으로 마중 나온 하버드 김은 뭔가 불만과 짜증이 얼굴에 가득 차 있었다. 저녁에 하노이에서 제일 좋다는 시내 호숫가에 있는 대우호텔 한식당에서 갈비와 소주를 했다. 내심 오랜만에 온 김에 김 팀장은 평소 좋아하는 쌀국수를 먹고 싶었는데. 해외에 나가면 로컬 레스토랑에서 식사하는 것이 글로벌 비즈니스맨을 꿈꾸는 김 팀장의 철학이었다. 식사 중에도 하버드 김은 연신 불만을 토로했다.

"여기 베트남은 딱 우리나라 60년대야. 그래도 하노이는 낫지. 이런 호텔이라도 있으니 말이야. 그런데 타이윈에는 아무것도 없어. 흙먼지와 다닥다닥 붙은 장난감 같은 집들밖에 없다고.”

하버드 김의 푸념은 안 받아주는 게 상책이었다. 받아주면 오늘 저녁 내내 그 하소연을 들어야 할 테니까.

“어떻게 했길래 서울까지 알려질 정도로 현지 노동자들을 다뤘습니까?”

“말도 마. 당신이 여기서 한 달 만 근무해 보면 속이 뒤집힐 거야. 이 친구들 엄청나게 느리고 게을러요. 서울 같으면 하루 만에 할 일을 2~3일씩 하고 앉아 있어요. 또 못사는 주제에 자존심은 굉장해. 아니, 한 달에 100, 200달러 버는 주제에 무슨 놈의 자존심이야.”

더 이상 듣지 않아도 타이윈 공장에서 왜 노사분규가 일어났는지 알 것 같았다. 역시 하버드 김답게 몸은 인도차이나에 와 있었지만 마음은 서울이나 뉴욕에 있었다.

다음날, 타이윈 공장에 가서 직접 눈으로 보니 현지 경영이 엉망이었다. 책임자인 하버드 김부터 현지인들을 깔보고 함부로 대하니, 한국인 직원들도 모두 비슷하게 행동하는 게 눈에 띄었다.

경상도 출신인 현지 노무 감독에게 슬쩍 물었다.

“가끔 한국인 간부와 현지 노동자들이 같이 식사를 합니까?”

“아직까지 그런 일은 한 번도 없어요. 한국인은 간부 식당에서, 현지 노동자들은 근로자 식당에서 따로 해요.”

하버드 김은 말도 안 된다는 듯 그의 말을 가로챘다.

“이곳 음식을 안 먹어서 그런 소리 하는 거야. 베트남 음식에 꼭 들어가는 그 냄새나는 풀 있잖아, ‘향차이’ 라던가. 이곳 사람들은 그걸 먹어야 모기가 안 문다고 하는데, 나는 딱 질색이야. 그래서 우리 간부들은 따로 식당을 만들어 한국 음식을 먹어."

생산 현장을 돌아보던 김 팀장은 자신의 눈을 의심했다. 경상도 출신 노무 감독이 근로자들의 등을 툭툭 치고 다니는 것이었다. 물론 서울 공장에서처럼 '빨리빨리 움직이라'고 채근하는 거였다. 더욱이 하버드 김은 머리를 텁수룩하게 기른 어린 베트남 근로자의 머리카락을 만졌다. 머리 좀 단정히 깎으라고 말하는 것 같았다.

'아! 저 사람들, 서울 공장에서 우리 근로자에게 하던 행동을 여기와서 그대로 하네. 저거 큰일나는 짓인데.'

타이윈 공장을 떠나는 김 팀장에게 하버드 김이 신신당부했다.

"서울에 가면 내가 여기서 얼마나 고생하고 있는지 사장님께 말 좀 잘해 줘. 저렇게 게으른 친구들 데리고 이 정도라도 하는 건 잘하는 거야."

"제가 보기엔 김 사장님부터 베트남을 사랑해야지 모든 문제가 해결될 것 같습니다. 왜 베트남 사람이 게으릅니까? 손재주는 아시아에서 한국 다음 아닙니까?"

하버드 김이 멈칫거렸다. 서울에서 사장 특사로 온 김 팀장이 자기편을 안 들어주자 당황한 것이다. 김 팀장은 내친 김에 한마디 더하고 공장을 나섰다.

"지사장님, 혹시 디엔비엔프 전투 아세요? 그리고 20세기 3대 명장인 지압 장군하고요? 연세가 구십이 넘으셨는데 아직도 건강하시다니, 한번 만나보시죠. 그러면 베트남 사람들의 자존심을 이해하실 것입니다."

부득부득 저녁을 같이하자는 것을 뿌리치고 하노이로 향했다. 타이원 공장과 하버드 김 곁을 떠나니 속이 다 후련했다.

협상묘수풀이

- **타이원 공장에서의 문화적 충돌** 앞의 이야기를 보면 당신도 금방 하버드 김이 뭔가 잘못하고 있다는 것을 느낄 것이다. 국제 협상 측면에서 쉽게 이야기하면 하버드 김은 엄청난 '문화적 충돌'을 유발하고 있었다. 학자들이 연구한 바에 따르면, 동남아나 중국에 진출한 한국 기업들이 현지인들과 마찰이나 분쟁을 일으키는 것은 한국과 동남아시아 사이의 '문화적 차이' 때문이기도 하지만, 그보다 더 중요한 이유는 문화적 무지 때문이라고 한다.

말하자면 서울에서 파견된 한국인들이 현지인들도 우리와 똑같은 문화를 가졌다고 생각하고 행동하는 것이다. 타이원 공장에서 하버드 김이나 노무 감독이 한 행동이 문화적 무지의 전형적인 예이다. 한국에서 '빨리빨리' 움직이라고 근로자들의 어깨를 툭툭 치는 건 전혀 문제가 되지 않는다.

그런데 동남아인들은 "한국인들에게 맞았다"고 표현한다. 영어로 표현하면 한국인은 '툭 친 것touch'을 베트남인들이나 인도인들은 '맞았다beaten'고 말하는 것이다. 특히 동남아시아에서 머리카락을 만지는 것은 절대 금물이다. 단순히 기분 나빠할 정도가 아니라 엄청난 모욕을 느낀다.

베트남 문화에 무지한 하버드 김과 한국인 간부들이 현지인을 깔보며 문화적 충돌을 유발하니 노사분규가 안 생기는 게 오히려 이상한 일이다.

따라서 우리는 조심해야 한다. 우리 한국인처럼 남을 만지고 거꾸로 남이 자기를 만지는 데 너그러운 민족은 없다.

제자 중에 노글리라는 독일 여학생이 있다. 노글리가 서울에서 살면서 가장 당황한 것은 지하철이나 길거리에서 도대체 '자신만의 공간'이 없다는 것이다. 사람들이 걸핏하면 어깨를 툭 치고 엉덩이를 민다며 불만을 털어놓았다. 독일에서는 붐비는 지하철 안에서도 각자 상대방의 개인 공간을 인정해 주려고 노력한다는 것이다.

● **어느 나라에 가건 현지 문화를 존중하라**　　하버드 김은 계속 베트남인들, 그들의 자존심, 현지 음식, 그리고 생긴 모습을 가지고 상대를 깔보았다.

"현지 문화를 무조건 존중하라!"

오늘날과 같은 지구촌 시대에 당신이 경쟁력 있는 글로벌 비즈니스맨이 되려면 반드시 명심해야 하는 말이다. 절대로 협상 상대가 경제적으로 한국보다 뒤졌다고, 키가 작고 왜소하다고 깔보지 말아야 한다.

중국인들이 경제적으로 우리보다 못산다고 중국 문화가 우리 문화보다 뒤지는가? 베트남도 마찬가지다. 그들은 지난 세기 세계 초강대국들과 싸워 이겼다는 나름대로의 자부심을 가지고 있다. 처음은 식민지 세력인 프랑스, 다음이 미국, 그리고 중국과의 전쟁에서 그들은 이겼다.

태국인이건 인도네시아이건 동남아 사람들은 대개 순하다. 한국인이 좀 거칠거나 깔보는 행동을 해도 피식 웃으며 넘긴다. 바로 여기서 조심해야 한다. 계속 그들을 우습게 보고 깔보다간 등에 칼을 맞는다. 아무리 유순한 그들에게도 지켜야 할 '최소한의 자존심'은 있다.

그런데 외국인이 이 자존심까지 짓밟으면 정말 폭발적인 폭력으로 대응한다. 한국인은 싸울 때 멱살을 잡고 '너 죽여버린다'고 악을 버럭버럭 쓰지만 정작 주먹이 올라가진 않는다. 그러나 동남아인들은 웃다가도 자존심을 건드리면 주먹이 아닌 총이나 칼로 극단적인 행동을 할 수도 있다.

김 팀장이 하버드 김에게 '디엔비엔프 전투와 지압 장군에 관해 아느냐'고 물은 것은 바로 이 때문이다. 미국의 맥아더 장군, 독일의 롬멜과 함께 20세기 3대 명장에 꼽히는 지압 장군은 맨발의 정글 군대를 데리고 디엔비엔프 전투에서 프랑스 최정예 부대를 굴복시켜 장군을 포함해 무려 5,000여 명을 포로로 잡았다. 우리의 김좌진 장군이 독립군을 이끌고 청산리 전투에서 일본군 사단을 궤멸시켰듯이.

다음으로 베트남은 역사적으로나 문화적으로 한국인과 비슷한 점이 많다. 역사상으로 중국의 지배 아래 한자 문화권에 들어갔다가 빠져나온 나라는 아시아에서 딱 두 나라, 한국과 베트남뿐이다. 프랑스

신부가 지금의 알파벳 문자를 만들어주기 전까지 베트남도 한자를 쓰며 우리나라처럼 과거시험 제도가 있었다.

● **동양인은 멀찍이, 중남미인은 바싹 다가서서 이야기한다**　　몇 년 전, 멕시코에서 국제 협상을 강의하다 겪은 일이다.

어느 날, 강의가 끝난 후 사진 맨 뒷줄 가운데 있는 크리스티나란 여학생이 질문을 하려고 교단 위에 서 있는 나에게 다가왔다. 그런데 그녀가 코앞까지 너무 바싹 다가오는 것이 아닌가? 당연히 불편함을 느낀 나는 뒷걸음을 쳤다. 그런데 그녀는 뒷걸음을 치는 나를 교단 위까지 따라오며 이야기하는 데 열중했다. 그제야 나는 그녀의 눈동자를 쳐다보았다. 그녀는 내가 불편해하고 있다는 것을 전혀 의식하지 못하고 있었다.

며칠 후, 모니카란 학생이 질문을 하는데 비슷한 상황이 벌어졌다. 그때까지 나는 막연히 이상하다고 생각했을 뿐 그것이 정확히 뭔지는 몰랐다. 그것을 알게 된 것은 귀국하고 나서였다. 우연히 책을 읽다가 각 문화권별로 대화 상대와 편안함을 느끼는 거리가 다르다는 사실을 알았다.

미국인이나 유럽인은 1미터 정도 떨어져 이야기할 때 편안함을 느끼고, 한국과 중국 같은 동양인은 1미터 반 정도인 데 반해, 멕시코인 같은 중남미에선 0.5미터 정도가 편안함을 느낀다고 한다.

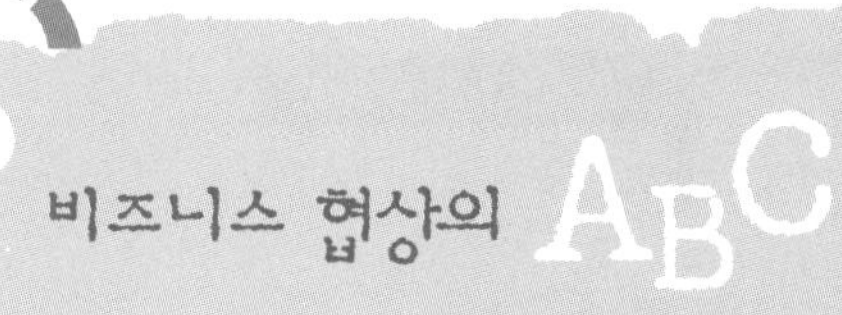

- 국제 협상에서 상대의 비즈니스 문화가 우리와 같다고 착각하지 마라. 해외에 나가 '한국식'으로 멋대로 행동해선 안 된다. 특히 얼굴이 비슷하게 생기고 동양 문화권인 중국, 일본, 동남아에서 협상을 할 때 이 점을 조심하라.

- 국제 비즈니스에선 협상 자체를 잘하는 것도 중요하지만 쓸데없는 문화적 충돌을 유발하지 않도록 노력해야 한다. 평소부터 다른 문화에 대한 지식과 이해를 꾸준히 넓혀가야 한다.

- 이유 여하를 막론하고 상대방 문화를 존중해 줘야 한다. 내 경험에 따르면, 미국 백악관, USTR, 일본의 경제산업성 등에 근무하는 엘리트 공무원이나 노련한 협상자일수록 우리나라에 오면 '한국식'으로 행동한다. 어쭙잖은 서양인일수록 티를 내며 '김치 냄새', '탁한 공기' 등을 탓한다.

지구촌을 팔베개 삼는 글로벌 시대의 성공 비즈니스맨

| 현지 문화를 즐겨라 |

 내일 출국까지 하루의 여유가 있네. 무얼 하지? 아, 키엔 교수!

타이윈에서 하노이에 온 김 팀장은 국제대학원 동기인 키엔 교수가 떠올랐다. 지난 며칠간 하버드 김이 타이윈 공장에서 좌충우돌 헤매는 것을 보느라 피곤하던 차에 키엔 교수를 만나 술이나 한잔 호탕하게 마시며 기분 전환이나 해야겠다.

김 팀장과 키엔 교수는 서울에서 국제대학원을 같이 다녔다. 물론 영어로 강의를 들었는데, 그때 32개국에서 온 80여 명의 외국 학생들과 같이 공부했다. 동창들이 미국과 중국은 물론이거니와 베트남, 인도네시아에서 시작해 아프리카의 카메룬, 케냐, 중동의 레바논, 프랑

174

스, 독일, 폴란드, 헝가리, 우크라이나, 그리고 멕시코에서 아르헨티나까지 널리 퍼져 있었다. 전 세계에 퍼져 있는 이 동창의 맥이 바로 글로벌 시대에 김 팀장의 소중한 자산이었다. 그래서 회사에서 김 팀장을 '지구촌 네트워크' 라고 불렀다.

미리 연락도 하지 않은 채 키엔 교수방에 들어가니, 키엔이 뛸 듯이 기뻐했다. 서울에서 적은 장학금으로 공부하느라 행색이 허름했던 친구가 이젠 제법 교수 티가 났다.

저녁이 되어 키엔 교수는 나를 자기 집으로 데리고 갔다. 키엔 교수의 집에는 어느새 진수성찬이 차려져 있었고 대여섯 명의 손님들까지 부른 상태였다. 같은 대학의 티엔 학장, 대외협력 담당인 깡 처장, 드왕 교수 등 서울에서 김 팀장이 접대했던 낯익은 얼굴들이었다.

이윽고 김 팀장이 좋아하는 베트남 전통주가 나왔다. 쌀로 빚었다는데 우리나라 약주 색깔에 맛은 소주와 비슷하고, 다음날 뒤끝이 거의 없는 게 특징이었다.

중국의 '깐뻬이' 가 여기서는 '장발짱' 이었다. 베트남인들은 참 낙천적이고 항상 웃고 모든 걸 즐거워한다. "장발짱, 장발짱" 하며 연신 잔을 비웠다. 말 그대로 부어라, 마셔라였다.

키엔 교수의 부인이 온갖 정성을 다해 만든 테이블 위의 음식을 우리는 남기지 않고 모두 비웠다. 그리고 2차를 하자고 했다. 베트남인이 말하는 2차는 우리와 달리 테이블을 바꾸는 것이었다. 바로 옆에 놓인 다른 테이블에 안주가 준비되어 있었고, 모두들 술잔을 들고 그리로 옮겼다. 대학 시절을 이야기하고 세상 이야기를 하며 어떻게 저녁을 보냈는지 모른다.

다음날, 차를 타는 나에게 키엔 교수와 티엔 학장이 뭔가를 슬며시 주었다. 보아하니 무슨 술병이었다. 하노이 공항에 도착해 열어보니, 와, 발렌타인 17년산과 최고급 카뮤꼬냑 XO급이었다. 베트남 국립대학 교수 월급이 200달러가 안 되는 것으로 아는데, 이런 큰 선물을 주다니! 감사와 부담감이 동시에 밀려왔다.

협상묘수풀이

당신은 지금 글로벌 시대 또는 지구촌 시대에 살고 있다. 이는 당신이 어느 회사에서 일하건 언젠가는 반드시 국제 비즈니스나 해외 주재원 생활을 해야 한다는 것을 뜻한다. 주위의 성공한 CEO와 비즈니스맨들을 보면 예외 없이 국제 비즈니스 감각과 해외 경험이 있는 사람들이다.

- **당신이 해외 지사 생활을 잘하려면**　　당신이 하버드 김처럼 헤매지 않고 김 팀장처럼 '지구촌 네트워크'로 뜨기 위해서는 모건 교수가 말하는 현지 문화 적응의 4단계 전략을 배워두는 게 좋다.

1단계 전략 _ 현지국 문화를 미리 공부한다

인도네시아나 프랑스 지사로 발령을 받았으면 부임하기 전부터 해당 국가의 문화에 관해 공부하고 이해하려고 노력해야 한다. 이때 좋은 방법은 주위에서 그 나라에서 근무했던 사람을 찾아 문화 '멘토mentor'로 삼는 것이다. 만일 하버드 김이 베트남 역사, 디엔비엔프 전투 등을 미리 공부했다면 베트남을 우습게 깔보는 우는 범하지 않았을 것이다.

2단계 전략 _ 현지어를 배운다

간단하지만 같은 언어를 사용한다는 것은 현지인과 동료의식을 느껴 갈등 요인을 사전에 제거하는 가장 좋은 방법이다. 부임자가 영어나 중국어 사용권이면 당연히 현지어를 배우겠지만, 동남아나 중동일 경우도 있다. 이때에도 간단한 인사말에서 기초 생활 현지어 정도는 배우는 노력이 필요하다.

3단계 전략 _ 어디를 가든 현지 문화를 즐긴다

이를 위해서는 무엇보다 현지 문화에 관해 호기심을 가져야 한다. 문화적 호기심이 있어야 현지 문화를 쉽게 이해할 수 있다. 그리고 문화적 차이에 따른 불편함을 참아야 한다. 이것이 싫으면 자신의 습관과 기호, 식성을 아예 현지 문화에 맞추는 방법도 있다. 예를 들어 한국 음식을 구하기 힘든 지역에 파견되었을 경우 자신의 식성을 현지음식에 맞게 바꾸어 버리는 것이다.

마지막으로 현지국에서 본국에서와 같은 생활을 기대해서는 안 된다. 동남아에 파견되어 한국에서와 같은 생활을 하리라고 기대해선 안 된다. 많은 사람들이 오해하는 것이 있다. 유럽이나 미국 같은 지사에 파견되면 좋고 동남아나 중국 같은 곳에선 고생할 것이라는 편견이다. 그렇지 않다. 내가 아는 지인 중에 KOTRA에 30년 동안 근무하며 미국, 핀란드, 미얀마 무역관장으로 근무하신 분이 있다. 그는 미얀마 근무 시절 이야기만 나오면 침이 튈 정도로 흥분하며 말한다. 자기 해외 근무지 중에 가장 매력적이었으며, 보람 있었던 곳이라는 것이다.

4단계 전략 _ 현지인을 친구로 사귄다

동남아에 파견된 한국인들이 범하는 가장 큰 오류는 한국인들끼리 몰려다닌다는 것이다. 주말이면 같은 주재원끼리 골프를 치러 다니고 한국 식당을 찾고, 그러니 막상 협상에 도움을 줄 현지인을 친구로 만들 기회가 없다.

하버드 김과 한국인 간부들이 현지인들과 식사 한번 같이하지 않은 것과 같다. 이런 방식으로 어떻게 글로벌 경영을 할 수 있겠는가? 우리나라에서 성공한 미국인 경영자들은 한국인 직원들과 폭탄주도 같이 마시고 김치찌개도 즐긴다. GM대우의 닉 라일리 사장은 직원들과 어울려 돼지머리 놓고 시산제까지 지냈다.

마지막으로 여담 한마디!

키엔 교수 일행이 준 양주들은 모두 가짜였다.

조니워커 블루, 시바스 리갈 24년, 카뮤꼬냑 XO, 발렌타인 17년산.

김 팀장이 우연히 하노이 호텔 앞 골목에 있는 구멍가게에 갔다가 보게 된 진열장에 놓여 있는 술병들 이름이다.

"여기서 하도 가짜 양주에 익숙해져 이젠 진짜를 먹으면 다음날 머리가 어지러워요."

하노이 지사에 근무하는 어느 상사원의 우스갯소리다.

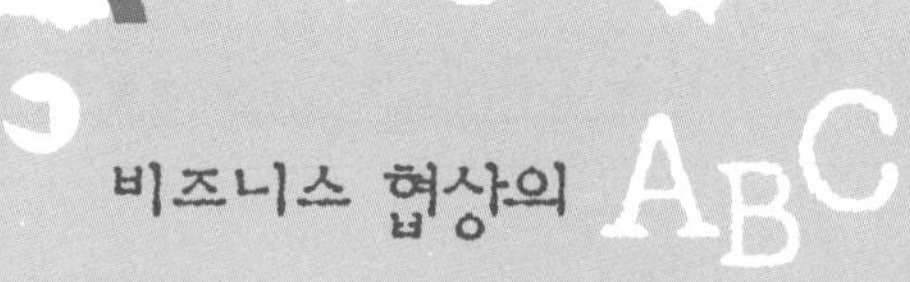

● 회사가 당신을 세계 어느 나라에 보내더라도 현지 생활을 즐겨라. 오히려 남이 가기를 꺼리는 나라에 보낼수록 회사의 파견 조건이 후하다.

● 상대 문화에 호기심을 가지고 친구를 많이 만들어라. 김 팀장처럼 술자리에 어울리더라도 현지인 친구를 많이 사귀어야 한다. 특히 중국같이 '꽝시'가 중요한 나라와의 협상엔 술자리가 필수적이다.

● 원칙적으로 술자리에선 절대 매너가 좋고 실수하지 말아야 한다. 하지만 베트남, 일부 중국인(특히 북부 중국)과 몽고인들은 손님이 대취하여 즐기다 약간 실수하는 것을 호의적으로 받아들인다. '우리가 이렇게 접대를 잘해 손님이 저런 실수를 하는구나'라고 생각하는 것이다. 그러나 같은 중국이라도 상해의 비즈니스맨, 미국인, 유럽인과의 협상에선 깨끗한 주도를 지켜야 한다.

당당한 눈빛,
상대를 설득하는 최고의 무기

| 말 맞추기 전에 먼저 눈맞춤을 하라 |

"저 한국 여성은 왜 내 눈길을 피하죠?"

김 팀장과 함께 영문 에디터에 지원한 세 명의 여성을 면접하고 난 후 피터슨이 말했다. 피터슨은 작년에 회사가 특채한 미국인 솔루션 전문가였다. 영문 에디터 모집에 100명도 넘는 지원자 중에서 서류 심사 끝에 세 명으로 추렸다. 우연인지 세 명 다 모두 20대 여성이었다.

첫 번째 면접자는 들어올 때부터 쑥스러워했다. 아주 얌전하게 생기고 국내에서 대학을 나왔다고 했다. 면접 내내 눈길을 아래로 깔고 수줍어했다. 김 팀장의 눈에 겸양미를 갖춘 전형적인 한국 여성상이었다.

두 번째 들어온 면접자는 재미 교포였다. 샌프란시스코에서 자라서 그런지 영어가 완벽했다. 우리말이 좀 서툴지만 당당하게 면접 위원들의 눈을 똑바로 쳐다보며 매사에 자신만만했다.

세 번째 면접자는 앞의 두 사람의 딱 중간이었다. 국내에서 교육을 받으며 잠시 해외에 어학연수를 나가 영어를 배웠다고 했다. 국내파도 해외파도 아닌 셈이었다. 생긴 외모도 그렇고 행동에서도 확 와 닿는 느낌이 없었다.

면접을 모두 마치고 서로 이야기를 나누었다. 우열을 가리기 힘들 정도로 세 사람 다 비슷해 한 사람을 딱 짚어내기가 힘이 들었다. 그래서 네거티브 방식으로 뽑기로 했다.

피터슨과 김 팀장이 가장 나쁜 후보자를 한 명씩 골라내는 것이었다. 자연히 마지막 남은 사람이 채용되는 방식이었다. 우선 김 팀장은 두 번째 면접자를 골랐다. 말할 때 김 팀장의 눈을 뚫어지게 쳐다보는 것이 영 마음에 들지 않았다. 너무 개성이 강해 동료들과 사사건건 부딪힐 것 같았다. 그런데 피터슨은 첫 번째 면접자를 가장 나쁜 후보자로 찍었다.

"김민선, 그녀의 심성이 바르지 않은 것 같아요. 뭔가 숨기고 있는 것 같은 느낌이 들어요."

아니, 사람 한번 보고 어떻게 인간성을 아나? 그것도 미국 사람이 한국 여성을.

여기에 대한 피터슨의 대답은 간단했다.

"그녀는 면접관인 나와 자연스런 눈맞춤을 하지 않았습니다."

재미있는 일이었다. 김 팀장은 눈빛이 강한 두 번째 면접자를 제외

시켰는데, 피터슨은 눈길을 피하는 첫 번째 면접자를 제외시키다니. 면접의 당락이 눈맞춤 하나에서 결정된 것이다. 결국은 이도 저도 아닌 어중간한 세 번째 면접자가 합격했다.

협상묘수풀이

- **한국 비즈니스맨은 왜 눈길을 피하며 협상하죠?** 텍사스의 어느 카페에서 두 명의 카우보이가 포커 게임을 하고 있다. 물론 멋진 권총을 옆에 비스듬히 차고. 이때 상대가 갑자기 눈길을 피하면 카우보이의 손이 어디로 갈까? 재빨리 권총으로 간다. 카우보이 문화에서는 갑자기 눈길을 피한다는 것을 포커 게임에서 무엇인가를 속이려 하는 것으로 받아들이기 때문에, 이는 총격전으로 이어질 가능성이 높다. 이같이 서양인은 눈맞춤을 피하면 상대방을 속이거나 협상할 의사가 없는 것으로 받아들인다.

반면에 동양에서는 상대방 눈을 빤히 쳐다봐서 좋을 것이 하나도 없다. 과거 일본에서는 심한 경우 평민이 사무라이나 영주와 눈만 마주쳐도 목이 날아갔다. 우리나라 양반 문화 또한 이것과 별반 다르지 않았다.

"서울에서 살면서 어려운 점이 무엇이냐?"

우리나라에 사는 외국인들에게 이런 질문을 하면 다양한 대답이

나온다. 음식 문화, 공해, 불친절 등……. 그중에서 '한국 사람들이 자신들의 눈길을 피한다' 는 불평이 의외로 많다. 말하자면 자연스레 상대와 눈맞춤을 안 하고 서양인과 눈길을 마주치려 하지 않는다는 것이다.

외국에서는 엘리베이터에서 모르는 사람을 만나도 "하이?" 하고 인사하며 눈을 맞춘다.

미국에서 오래 살다 온 어느 한국 여성이 자신이 살고 있는 아파트의 엘리베이터에서 동네 아저씨에게 "안녕하세요."라고 하며 인사를 건넸다. 외국에서 오래 살면서 몸에 밴 습관대로 "하이?" 정도의 인사를 했던 것이다.

그런데 동네 부인들이 들고일어났다. '왜 젊은 여자가 남의 남편한테 꼬리를 치느냐' 는 것이었다. 그런 일을 당한 뒤로 그 여성은 엘리베이터를 타면 이웃과 눈을 마주치지 않으려고 아예 등을 돌렸다.

히딩크 감독도 비슷한 이야기를 했다. 2002년 한일 월드컵 때 박지성을 전격 발탁한 뒤 만났다. 그런데 박지성이 땅을 쳐다보며 이야기를 하더라는 것이다. 아마 아버지뻘 되는 어른이고 감독이니 어려워서 그랬을 것이다.

그러나 히딩크 감독이 박지성에게 한 첫 주문은 "앞으로 나와 이야기할 때 내 눈을 보며 말하라."는 것이었다. 물론 박지성은 히딩크 감독의 눈을 똑바로 쳐다보고 난 뒤로 자신감이 생겼고, 그 덕분에 축구 선수로서 뛰어난 역량을 발휘하고 있다.

● **윗사람의 눈을 쳐다 보며 보고하라**   한국 사람들은 상대방과 눈을 맞추는 것을 불편해한다. 특히 윗사람을 똑바로 쳐다보면 예의에 어긋난다고 생각한다. 이건 아주 잘못된 것이다. 2006년 한미 FTA 협상이 한창일 때 청와대에서 대통령이 주재하는 회의에 참석한 적이 있었다. 물론 통상 협상 전문가로서 미국과의 FTA전략에 관해 이야기하기 위해서였다.

한 30여 명의 참석자들이 테이블에 쭉 둘러앉아 한 명씩 돌아가며 이야기를 했다. 나는 중간쯤에 앉았다. 대통령 앞이라 모두들 바싹 긴장하는 것 같았다. 우리 사회에서 나름대로 한몫을 하는 사람들인데, 한결같이 할 말을 종이에 써서 준비해 왔다. 그것도 완전 서술식으로 써왔으니, 테이블에다 놓고 그대로 읽어내려 갔다.

여기서 회의를 주재한 대통령의 입장에서 한번 생각해 보라.

앞에 앉은 사람을 쳐다보며 질문했는데 상대는 테이블 위에 눈길을 주며 이야기하면 대통령은 눈길을 어디에 두어야 할까?

상대가 자기를 안 쳐다보니 대통령은 창문 밖도 쳐다보다, 테이블 위의 자료도 들추다 하면서 눈길을 한 군데 두지 못했다.

드디어 내 차례가 되었다. 나는 고개를 쭉 내밀어 대통령의 얼굴부터 쳐다보며 입을 열었다. 물론 준비해 온 쪽지 같은 것은 없었다. 대통령도 나를 쳐다보았다. 다른 사람들은 모두 눈길을 피하는데 유독 나만 자기를 쳐다보니 본능적으로 같이 쳐다보는 것 같았다.

대통령의 눈을 보며 첫 번째 이야기를 했다. 대통령은 살며시 웃으며 눈을 크게 떴다. 내 이야기에 동의한다는 신호였다. 다음 두 번째 이야기를 하니까 눈초리가 풀렸다. 동의를 하지 않거나 관심이 없다는 신호였다. 이때는 빨리 화제를 바꿔야 한다. 하여튼 세 시간 회의에 30명이 모두 한두 마디씩 했으니, 거의 100여 가지를 이야기한 셈이었다.

이를 대통령이 어떻게 모두 기억하겠는가. 그런데 회의를 끝내며 몇 가지 논평을 하는데 내가 한 말을 두 가지나 언급했다. 물론 말의 내용이 좋아서 그랬는지는 모르지만, 한 가지 확실한 것은 상대의 눈을 보며 이야기한 것과 보지 않고 이야기한 것은 천지 차이가 있다는 것이다.

● 미국인이나 유럽인과 협상할 때는 꼭 자연스런 눈맞춤을 하라. 눈길을 피하면 그들은 상대가 거짓말하거나 협상할 의사가 없다고 오해한다.

● 직장에서 사장 앞에서 간부회의를 할 때도 윗사람과 시선을 맞추며 요령껏 보고하라. 아무리 좋은 내용을 좋은 말로 한다 해도 상대의 얼굴을 보지 않고 일방적으로 해대는 것은 미련한 짓이다. 심한 경우 흥미 없는 윗사람은 당신의 보고를 들으며 졸고 있을지도 모른다.

● 윗사람과 눈동자가 빛나거나 얼굴에 가벼운 미소가 흐르면 당신의 보고에 공감한다거나 관심이 있다는 신호이다. 이때는 좀 더 보고를 자세히 해도 된다.

● 윗사람의 눈동자가 풀린다거나 딴짓(창문을 쳐다보는 등)을 하면 보고를 간단히 끝내라. 관심 없는 보고를 혼자 흥분해서 길게 해보았자 점수 딸 것 하나 없다. 오히려 윗사람을 짜증만 나게 한다.

이순신 장군의 '네트워크 협상'

장군께서는 그 유명한 통영공방에서 만든 고급 부채를 한양의 권문세가 부인들에게 보냈다. 당시 여인들은 고급 옻칠을 하거나 예쁜 수를 놓은 부채를 아주 좋아했다고 한다. 또한 권세가 대감들에게는 이름을 새긴 칼을 수시로 선물했다. 지금도 진해 해군 사관학교에 있는 박물관에 가면 그 칼들이 진열되어 있다. 당시 최고의 실력자 류성룡 대감에게도 '유자 30개'를 보내셨다. 장군께서는 이 모든 것을《난중일기》에 그대로 다 기록하셨다.

"야, 알고 보니 이순신 장군도 별수 없네. 권력과 선을 대기 위해 선물공세를 하셨네!"

만일 당신이 이렇게 생각한다면 '만년 부장'으로 끝날 사람이다. 나라의 운명을 책임진 장군 정도 되면 용감하게 전쟁만 잘한다고 능사가 아니다. 적에 대한 정보 수집, 부하들의 사기진작 등 실로 다양한 능력을 지녀야 한다. 하지만 이들 못지않게 중요한 것이 또 하나 있다. 전쟁에 관련한 중요한 정책 결정을 내리는 조정대신들과의 좋은 관계를 유지하고 협상하는 능력이다.

아무리 용감하게 전선에 무작정 돌격하고 남해안에서 전쟁만 잘해서 뭘 하나? 실전을 잘 모르는 왕을 모신 조정대신들이 엉뚱한 결정을 내리면 이건 큰 낭패다. 예를 들면 임진왜란 초기의 수군철폐론같이 말이다. 나라를 구하고자 싸우는 장군의 위대한 뜻을 이해하고 도와주며, 더욱이 반대 세력이 음해하고자 할 때 방패막이를 하는 '친이순신 네트워크'가 조정에 있어야 하는 것이다. 이를 위해 장군께서는 선물에는 꼭 서신을 함께 보내 전황에 대한 설명을 해주었다. 덕분에 장군이 위기에 몰릴 때마다 류성룡, 이항복 같은 당대의 명신들이 그를 지원하고 보호해 주었다. 이들의 숨은 지원이 없었다면 조선의 영웅 이순신 장군도 없었을 것이다.

외국의 왕실과 네트워크를 잘 형성해 식민지와 전쟁을 피한 나라가 있다. 동아시아에서 유일하게 식민지 지배를 받지 않은 태국이다.

이 조그맣고 힘도 없는 나라가 어떻게 식민지화를 피했을까? 태국 왕실이 평소부터 꾸준히 외국의 왕실들과 네트워크 협상을 했기 때문이다. 왕족들을 옥스포드나 케임브리지 같은 대영제국의 심장부에 유학을 보내 장래 대영제국을 이끌어나갈 엘리트들을 친구로 만들게 했다. 적국, 우호국을 가리지 않고 일본 천황가, 영국 빅토리아 왕가, 네덜란드 왕실 등과 끈끈한 인연을 맺었다. 아무리 국적이 다르고 문화가 달라도 왕들은 왕들끼리 통한다. 이 같은 모든 노력이 밑바탕이 되어 대영제국과 제국주의 프랑스 사이에서 절묘하게 식민지 신세를 면했다.

태평양 전쟁 때도 마찬가지다. 1941년 12월 8일, 진주만 기습으로 태평양 전쟁을 일으킨 일본은 승승장구하며 인도차이나의 베트남, 캄

보디아, 라오스를 점령하고 태국 국경에 대병력을 집결했다. 이때 히로히토 천황가와 평소 네트워크를 형성한 태국은 결국 일본과 협상하여 싸우지 않기로 하고 인도로 가는 길만 열어주었다. 쓸데없는 이념이나 명분에 얽매이지 않고 실리에 바탕을 둔 이 같은 협상 때문에 국민들이 참혹한 전쟁의 소용돌이에 휘말리지 않을 수 있었다.

지저분한 '더티 트릭'을 조심하라

| 전략적 침묵을 이용하라 |

"수하르트 이사와의 약속이 11시로 바뀌었어요."

지리가 생소해 약속 시간 9시에 맞추느라 허겁지겁 달려왔는데, 이사의 여비서라는 여자가 얼굴색 하나 변하지 않은 채 말을 전했다. 사전 통보도 없이 일방적으로 두 시간이나 늦춰 놓다니, 정말 황당하지 않을 수 없었다. 하지만 물건을 팔아먹으러 온 사람이 도리가 있나, 그저 입 다물고 기다리는 수밖에 없었다.

겨우 두 시간을 때우고 다시 찾아가니 이번엔 처음에 만나기로 한 수하르트 이사가 아닌 이스마일 부장으로 면담 대상자가 바뀌어 있었다. 그는 매너 좋게 대화를 이끌었지만 두 시간 기다리게 한 것에 대해선 일언반구도 없었다.

하여튼 김 팀장은 이번에 새로 개발한 통신장비에 대한 카탈로그를 내놓고 열심히 설명했다. 황당한 것은 이스마일 부장이 새로 개발한 통신장비에 대한 김 팀장의 설명은 듣는 둥 마는 둥 하며 엉뚱한 소리만 늘어놓는 게 아닌가.

"김 팀장은 이 회사에서 몇 년간 근무하셨습니까?"

"회사 연 매출이 얼마인가요? 한국의 30대 재벌에 들어가나요?"

묻는 말에 열심히 대답하면, 이 친구 말은 하지 않고 그저 김 팀장의 얼굴만 빤히 쳐다보았다. 이같이 이상한 침묵을 몇 번이나 경험했다. 무슨 말을 하면 이 친구가 입을 열지 않아 1~2분 간의 묘한 침묵이 흐르기도 했다. 김 팀장으로선 당황하지 않을 수 없었다.

혹시 내가 콩글리시로 해서인가? 아니면 대답이 적절하지 않아서인가? 김 팀장이 불안한 나머지 설명에 설명을 거듭하다 보니 평소보다 많은 말을 하게 되었다. 하여튼 이스마일 부장의 묘한 침묵 때문에 김 팀장은 평소보다 많이 지껄여댔다. 입에 침이 마르게 쏟아지는 질문에 설명하고 겨우 본론에 들어가려는데, 그의 입에서 나온 말은 더욱 기가 막혔다.

"미안합니다, 제가 사장님과 점심 약속이 있어서요. 김 팀장님은 제 직원들과 점심이나 같이하시죠."

서울에서 인도네시아까지 달려와 가격 이야기도 못 꺼냈으니 협상다운 협상도 못 해본 셈이었다.

결국 그가 점심식사를 마치고 돌아올 때까지 시간을 때우는 방법은 그의 말대로 그들의 직원과 식사를 하는 것뿐이었다. 어차피 그들도 고객이니 점심값을 내야 하는 사람은 김 팀장인 것만은 분명했다.

그들이 안내하는 식당에 들어간 김 팀장은 눈을 휘둥그렇게 떴다. 인도네시아에도 이런 식당이 있나 싶을 정도로 초호화 레스토랑인 데다 가격을 보니 서울의 일류호텔을 능가했다. 입에도 맞지 않는 음식을 거액을 주고 먹어야 하는 김 팀장으로서는 기왕지사 이렇게 됐으니, 직원들하고 친분이나 맺어두자 싶어 이런저런 이야기를 하기 시작했다. 그러던 중 인도네시아에 갑부로 떠오른 화교 이야기를 했다.

"사실 1960년대만 해도 한국에도 인도네시아같이 화교가 많았는데 거의 자의반 타의반 다 떠나갔어요. 그래도 아직도 화교가 많은 인도네시아가 부럽네요."

이 이야기를 들은 그들의 얼굴이 갑자기 굳어졌다. 잠시 부담스런 침묵이 흘렀다.

'내가 무슨 말 실수를 했나? 그런 것 같지는 않은데.'

화교 이야기를 꺼낸 뒤부터 뭔가 분위기가 찜찜하게 돌아갔다.

결국 점심 시간이 한참 지나서야 돌아온 이스마일 부장과 이렇다 할 성과도 없는 협상을 끝내고 난 김 팀장은 저녁에 대학원 동기인 인도네시아 산업성의 위완토 과장을 만나 하소연을 했다.

"여기서 그 정도 통신장비 팔아먹으려면 적어도 비행기 타고 서너 번 드나들어야 할 거예요. 한국 사람은 비즈니스 협상에서 너무 급히 덤벼든다니까."

다음날 자카르타 한국 대사관의 상무관이 마련한 저녁 술자리에 참석했다. 상대는 정보통신부의 장비 구매를 담당하는 압둘 국장이었다. 통신장비를 팔아먹으려면 이 친구의 기술인증이 필요했다. 이번에도 서울에서 가져온 값비싼 선물에서 시작해서 점심과 비교되지 않을 정도의 초호화판 저녁, 그리고 거나한 술자리까지 같이했다.

‘공들인 만큼 나온다.’

관계가 중요한 동양 문화권에서의 비즈니스 협상에 관해 노련한 김 팀장의 철학이었다. 회사가 1년 전부터 이 친구한테 공을 들여 서울에 출장 올 때마다 극진히 모시는 걸로 김 팀장은 알고 있었다. 기분이 한껏 상승된 압둘 국장한테 김 팀장은 내일 오전에 사무실을 찾아가겠다고 했다. 담당국장이 이렇게 나오니, 회사의 오랜 숙제인 ‘기술인증’을 받을 수 있으리라는 희망을 안고.

“사실 당신 회사 통신장비의 기술 인증은 우리 장비국이 아닌 기술표준국 소관이에요. 필요하면 담당국장을 소개시켜 줄게요.”

다음날 압둘 국장 방을 방문해 김 팀장이 들은 이야기였다.

‘아니, 이 친구? 기술인증이 자기 국 소관이 아니면, 진작 이야기하지, 그동안 온갖 접대란 접대는 다 받고 이제 와서 오리발을 내밀어?’

다음날 김 팀장은 빈손으로 비행기에 올라탔다. 인도네시아에선 건진 게 아무것도 없었다.

협상묘수풀이

- **동남아와 중남미의 시계바늘은 멋대로 움직인다**　　미국인이나 독일인은 어지간하면 미팅 날짜나 시간을 바꾸지 않는다. 그런데 동남아나 중남미 사람들

과 협상하다 보면 약속 시간을 밥먹듯이 바꾼다. 심한 경우 아무런 사전 통보도 없이 약속을 펑크내기도 한다. 이는 시간 관념이 서로 다르기 때문이다.

서양인에게 시간 약속은 꼭 지켜야 할 일종의 계약이다. 그러나 김 팀장이 만난 인도네시아인들에게 미팅 스케줄은 그 약속을 할 '당시의 상황'에 바탕을 둔 것이다.

그러므로 '새로운 상황'이 생기면 얼마든지 바꿀 수 있다. 설사 아홉 시에 한국에서 오는 김 팀장을 만나기로 되어 있어도 수하르트 이사가 새로운 상황, 예를 들면 더 중요한 일이 생기면 부담 없이 다른 사람이 대신 만나게 할 수 있다.

IBM의 리처드 부장이 오늘 점심 약속을 친구와 했다고 하자. 그런데 상사인 윌리엄 사장이 '점심 같이 하겠느냐?'고 물으면 십중팔구 '선약이 있다'고 대답한다. 그런데 약삭빠른 '하버드 김'이 같은 상황인데 CEO 박이 점심하자고 하면 군말하지 않고 친구와 약속을 취소하고 사장과 점심을 할 것이다.

다음으로 생각해야 할 점은 이스마일이 "자기 부하 직원과 점심을 같이하지 않겠냐"고 물은 것이다. 이스마일의 이러한 제의는 자기 직원들 한끼 먹이기 위해서일까? 아마 아닐 것이다. 동양 협상 문화의 관점에선 김 팀장이 이스마일 직원들과 점심을 같이하며 좋은 관계를 형성하도록 기회를 주려는 호의일 것이다.

  어느 나라에서 협상을 하건 지켜야 할 금기가 있다. 싱가포르나 중국에서 정치 이야기를 하면 안 된다. 그리고 동남아에서 가능한 한 종교 이야기를 하지 않는 것이 좋다. 가톨릭, 불교, 무슬림 등 다양한 종교가 뒤섞여 있기 때문이다.

그런데 인도네시아에서의 금기는 화교 이야기다. 중국계 화교가 이 나라 인구의 10퍼센트도 되지 않는데 거의 경제력의 3분의 2를 장악하고 있다. 10여 년 전에는 자카르타와 지방 도시에서 심각한 폭동까지 일어났다. 이런 미묘한 상황을 모르고 점심 식사 도중에 화교 이야기를 꺼냈으니, 분위기가 딱딱해질 수밖에.

몇 년 전 인도네시아에 가서 시내의 백화점에 들른 적이 있었다. 물건을 사고 100달러짜리 달러를 내니, 이리저리 비춰본 뒤 어처구니없이 낮은 환율로 바꾸어주었다. 내가 항의를 하자 대답이 가관이었다.

"당신이 이 100달러짜리 지폐를 세 번 접지 않았느냐."

지갑 속에 꼬깃꼬깃 접어 100달러 지폐를 몇 장 가지고 갔다. 그런데 설명을 들으니 안 접은 지폐, 한 번 접은 것, 두 번 접은 것에 따라 환율이 달랐다.

항상 불안해하는 화교 부자들이 달러를 금고에 현금으로 쌓아놓는단다. 여차하면 현금을 들고 튀기 위해서인데 여러 번 접은 달러를 금고에 오래 쌓아두면 지폐가 손상돼서 훼손 정도에 따라 환율이 달라진다는 것이다.

- **의도적인 '전략적 침묵'을 조심하라**   김 팀장은 이스마일 부장의 의도적인 '전략적 침묵'에 당했다. 상대에게 질문을 했는데 아무런 대답도 안 하고 멍하니 쳐다보면 대개의 협상자는 당황한다. 연구에 따르면, 침묵과 협상자의 행위간에는 다음과 같은 상관 관계가 있다.

- 예상하지 못한 침묵은 인간을 당황하게 만든다. 특히 숙련되지 못한 협상자가 불리한 협상 상황에 몰려 있을 때 더욱 그러하다.
- 협상자에게 이 같은 심리적 동요가 있으면 본의 아니게 말이 많아진다.
- 말이 많아지면 많아질수록 자신의 정보를 많이 노출하고 결과적으로 많은 양보를 하게 된다.

이 같은 전략적 침묵은 중국과 인도네시아 사람들이 미국이나 유럽의 비즈니스맨에게 즐겨 사용하는 협상 전략이다. 토론 문화 속에서 살아온 서양인은 대화가 이어지지 않는 묘한 침묵에 당황하는 경향이 강하다.

- **오리발 내미는 허위 권한 전략**   당신이 B사와 협상을 하는데 정말 궁지에 몰렸다고 하자. 상대는 협상의 막판에 당신한테 합의문에 서명을 하라고 집요하게 몰아붙인다. 이때 써먹는 좀 지저분한 협상 술책

중의 하나가 '허위 권한' 전략이다.

"저는 이 같은 합의문에 서명할 권한을 본사로부터 위임받지 않았습니다. 돌아가서 자문 변호사의 법률 검토를 받고 나서 다시 협상합시다."

힘차게 오리발을 내밀며 발뺌을 한다. 물론 실제로는 서명할 권한이 있다. 이것이 '권한이 있는데 없는 것' 처럼 발을 빼는 허위 권한 전략이다. 반대로 김 팀장이 당한 압둘 국장처럼 '권한이 없는데 있는 것' 처럼 행동하는 허위 권한 전략이다. 대개 상대가 접대 등 반사적 이익을 기대해 그러는 수가 많다. 그러므로 러시아, 동남아, 중남미 등 청렴도가 높지 않은 나라와 협상할 때 이를 조심해야 한다.

● **협상에서 뇌물과
선물의 차이는?**　　　김 팀장이 압둘 국장에게 비싼 선물을 주었다고 하는데, 이건 혹시 뇌물이 아닐까? 여기서 문제가 되는 점은 뇌물과 선물 간의 차이다.

미국, 일본 등과 협상을 할 때 선물을 교환하는 것이 국제 관례로 되어 있다. 작게는 넥타이에서 시작해 한국의 전통 공예품까지 종류가 다양하다.

선진국의 경우 공무원이 국제 협상에서 받을 수 있는 선물에 대한 엄격한 윤리 규정을 가지고 있다. 예를 들어 미국 연방 정부는 100달러를 가이드 라인으로 정하여 100달러 이상의 선물을 받을 때는 본인이 소유하지 못하고 정부에 예치해야 한다.

싱가포르 공무원의 경우 외국과의 협상에서 받은 선물은 모두 정부에 신고한다. 만일 자신이 가지고 싶으면 그에 해당하는 돈을 정부에 지불해야 한다.

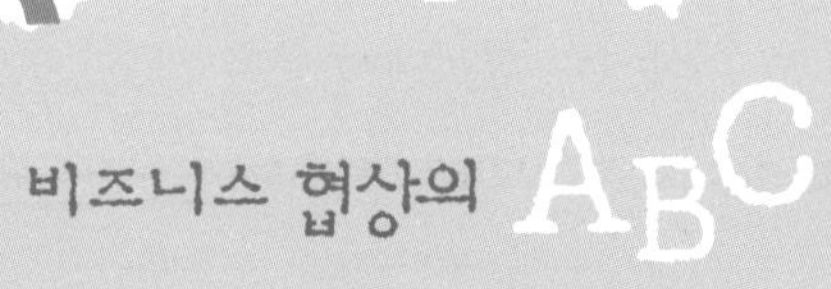

● 미국인이나 유럽 사람들과 협상할 때는 가능한 한 처음 스케줄을 바꾸지 말고 시간 약속을 정확히 지켜라. 반대로 동남아나 중남미 기업과 협상할 때는 항상 시간 관념이 희박하다는 것을 염두에 두고 의외의 상황에 대비하라. 심한 경우 윗사람을 모시고 약속 장소에 갔을 때 안 나타나는 수도 있다. 내가 경험한 바에 따르면, 시간 관념이 가장 허술한 사람들은 중남미 사람들이다.

● 중국, 동남아 등 동양 기업과 큰 협상을 할 때는 한국식으로 '빨리빨리' 하며 서둘러선 안 된다. 천천히 여러 번 만나 관계 형성부터 시작해야 한다. 그러나 서구 기업과 하는 비즈니스 협상은 다르다. 만나자마자 본론에 들어가야 한다.

● 각 문화권이나 나라마다 말하지 말아야 할 '금기'가 있다. 대개는 종교, 인종, 국내 정치 문제이다. 사전에 이러한 문화적 특성을 공부하고 협상에 임해야 한다.

● 협상 테이블에서 상대가 '예상치 못한 행동'을 해도 절대 당황하지 마라. 김 팀장이 당한 전략적 침묵이 그 예이다.

● 한국인끼리 협상할 때에도 선물을 주고받는 게 좋다. 자연스럽게 마음의 문을 열 수 있다. 그러나 뇌물의 수준이 되게는 하지 마라. 특히 외국 공무원에게 선물할 때는 그 나라 선물 관련 규정을 알아보는 것이 좋다. 미국이나 유럽의 비즈니스맨에게는 우리나라 자개 보석함이 최고의 선물이다. 서양 중년부인들이 이것을 아주 좋아하기 때문이다. 일본 비즈니스맨에게 환상의 선물은 단연코 자연송이다. 가을에 동해안 양양에서 나는 자연송이를 한 박스쯤 주면 눈빛이

달라질 것이다. 한국에서는 와인을 권하고 싶다. 가끔 나는 몇 만 원짜리 와인을 선물로 주는데, 대개 '아주 고맙다'는 전화를 받는다. 와인을 선물로 할 때 가장 큰 장점은 상대가 가격을 잘 모른다는 것이다.

● 선물을 받는 매너도 중요하다. 우선 미국인이나 유럽인에게서 선물을 받으면 그 자리에서 뜯어보고 즐거워해야 한다. 예를 들면 '내가 평소에 갖고 싶어하던 것인데 어떻게 알고 선물했냐'는 식으로 말이다. 그러나 동양인 앞에서 뜯어보면 아마 상대가 쑥스러워할 것이다. '선물 상자 속에 얼마나 비싼 것이 들었는지 내 앞에서 확인하네'라는 식으로 오해하기 쉽다. 가장 좋은 방법은 '내가 지금 선물을 뜯어봐도 되겠냐'고 상대에게 물어보는 것이다.

● 동남아와 중남미 등에서 협상할 때는 상대의 '허위 권한' 술책에 걸려들지 마라. 협상 전에 반드시 '상대가 어느 정도의 의사 결정권을 가지고 있는지'를 확인해야 한다.

지뢰부터 제거하라

| 일본인, 중국인과의 협상에서 때론 인간적 호소가 통한다 |

자카르타에서 빈손으로 오게 된 김 팀장은 나리타 공항에 내리며 NTT와의 협상에 기대를 걸고 있었다. NTT의 테라다 부장과의 협상이었다. 두 회사가 손을 잡고 러시아에 진출하는 전략적 제휴 협상이었다. 사장은 이 건에 바짝 관심을 가지고 빨리 해결하려 했지만, NTT 쪽에서 큰 관심을 보이지 않았다.

"무슨 수를 써서라도 다음달에 NTT 담당자가 서울에 오도록 해야 해. 일단 서울로 불러들여. 내가 직접 만나면 협상을 진전시킬 수 있을 거야."

서울을 떠날 때 사장한테 받은 특명이었다. 인도네시아 협상에서 별 소득 없이 귀국했는데, 도쿄에서 이것만은 관철시켜야 했다. 그런데 협상 상대인 테라다 부장과는 몇 년 전부터 알고 지내는 사이였다. 그는 전형적인 일본 비즈니스맨으로서 다음달 서울에 와 달라는 김 팀장의 청을 들어줄지 지금으로선 장담할 수 없는 상황이었다. 평소 테라다 부장의 기질상 별 진전이 없는 협상으로 서울에 가려 하지 않을지도 몰랐다.

다음날 10시, NTT 회의실에서 테라다 부장 팀과 협상을 시작했다. 건너편에 협상 팀장인 테라다, 부팀장인 하야시 차장, 그리고 기술·영업 담당 직원 세 명 등 모두 다섯이었다. 이쪽에서도 어제 서울에서 날아온 팀원 네 명이 합류해 인원이 같았다.

예상했던 대로 협상에 별 진전이 없었다. 그런데 '안 되는 판에 초를 친다'는 격으로 하야시 차장이 사사건건 말썽을 부렸다. 테라다 부장과 다른 세 명은 이번 협상 건에 관해 뭔가 진전을 보이려 했다. 그런데 하야시가 꼬치꼬치 따지고 물고 늘어져 협상이 엉망으로 되고 있었다. 팀장인 테라다 부장도 러시아 전문가인 하야시 차장을 무시하지 못하는 모양이었다.

'야, 저 하야시만 없으면 뭔가 건질 수 있을 텐데.'

김 팀장은 애를 태우다 서울을 떠나올 때 CEO 박이 한 특명이 불현듯 생각났다. 테라다 부장을 서울로 불러들이라는 것이다. 무슨 수를 써서라도 이 특명만은 건져야 한다. 그런데 무슨 수로?

김 팀장은 정공법을 쓰기로 했다. 비즈니스 협상에서 어려울 때일수록 솔직하게 털어놓고 부탁해서 의외의 성과를 가져올 수 있다. 커피 타임에 테라다 부장을 잠시 옆방으로 불렀다.

"테라다 상, 우리 몇 년 전부터 알고 지내는 사이 아닙니까? 내 체면을 세워주는 셈치고 내 부탁 하나만 들어주세요.”

“제가 김 상의 체면을 세워 드릴 게 무엇이 있습니까?”

“다음달에 테라다 부장이 서울에 와서 협상합시다.”

“좋아요.”

너무나 간단한 그 한마디의 말. 그제야 김 팀장의 입에서 안도의 한숨이 터져 나왔다. 일본에서 하나는 건진 셈이었다.

협상묘수풀이

● **일본 협상 팀을
분열시켜라**　　　일본인들은 어쩌면 한국인보다 집단주의라 소속감이 더 강하다. 이 같은 특성이 비즈니스 협상에서도 그대로 나타난다. 김 팀장 일행과 마주 앉은 테라다 팀장, 하야시 부팀장 등 다섯 명은 모두 ‘협상이 잘되어도 같이 보상받고’, ‘못 되어도 같이 책임진다’는 공동체 의식이 강하다. 이를 역이용해 사사건건 말썽을 부리는 하야시 부팀장을 교묘히 일본 협상 팀 속에서 ‘왕따’ 시키는 것이다.

첫 번째는 약간 지저분한 술책을 써서 일본 협상 팀이 하야시를 불신하도록 만드는 것이다. 예를 들어 만찬에 초대한 후 나머지 단원은 호텔에 돌려보내고 하야시만 특별히 2차 가라오케로 데리고 간다든지 만찬 후 단원들이 보는 앞에서 하야시에게 돈 봉투 비슷한 서류 봉투를 슬며시 건네는 것이다. 이때 물론 상대에게는 중요한 서류라고 말하지만 떨어져 있는 단원들 눈에는 뭔가 의심쩍은 봉투를 받는 것처럼 보인다.

'협상 테이블에서 하야시만 칭찬하고 또 칭찬한다.'

공동체 의식을 가진 일본 협상 팀은 '모두가 같이 칭찬받아야 한다'고 생각한다. 그런데 하야시 혼자만 계속 치켜세우면 그들은 뭔가 불편해하며 하야시를 질시할 것이다. 일본 사회에선 절대로 튀면 안 된다.

"당신의 동료보다 반 발자국만 앞서 가든지 뒤져 가세요."

일본 명문 대학에서 박사학위를 받은 한국인이 도쿄의 유명한 연구소에 취직하면서 일본인 상사로부터 들은 당부이다.

외국인이 한 발자국 앞서 가면 설쳐댄다고 '이즈메'를 당하고, 한 발자국 처지면 능력이 없다고 손가락질을 받는다는 것이다. 그러므로 반 발자국만 움직이라는 것이다.

● **체면을 한번만 세워 달라, 일본인이나 중국인은 응한다**　　동양인들의 협상 시계는 넓다. 즉 테라다 부장은 김 팀장의 '장기적 관계'를 중시했다. 그러므로 이번에 김 팀장의 체면을 세워주면 언젠가는 자기가 어려울 때 상대가 체면을 세워준다고 생각한다. 그런데 김 팀장이 뉴욕에서 협상하며 AT&T의 버그스텐 부장에게 '체면을 세워 달라*Save my face*'고 하면 어떻게 나올까?

아마 더 무자비하게 공격할 것이다. 동양인과 달리 미국 비즈니스맨은 그때그때 협상에서의 성과를 중시한다. 그런 미국인 앞에서 섣불리 ‘체면’ 어쩌고저쩌고 하면 그들은 그곳에 창 끝을 겨눌 것이다. ‘옳다구나. 상대의 약점이 바로 저기에 있구나. 저기를 집중 공격하면 뭔가 나올 게 있겠다.’ 라고 생각하면서 말이다.

● **동양인과 서양인은 당신의 명함에 다르게 반응한다**　　동양인과 서양인의 차이점은 당신의 명함을 쳐다보는 데서도 나타난다. 당신이 첫 대면에 삼성전자의 글로벌 물류Global supply chain management 담당의 제네럴 매니저란 명함을 중국인 파트너에게 주었다고 하자. 상대의 눈길이 어디로 먼저 갈까?

“You’re working in Samsung Electronics! Number one company in the world.”

함빡 미소 띤 얼굴로 호들갑을 떨고 한마디 덧붙일 것이다.

“Oh, your position is so high. You are maybe powerful person in Samsung.”

똑같은 명함을 미국인에게 주었다. 물론 미국 비즈니스맨도 ‘삼성전자’ 라는 회사 마크에 눈길을 주겠지만 첫 질문은 이렇게 할 것이다.

“How long have you been in global supply chain management system? What’s your expertise?”

‘당신이 얼마나 그 분야에서 전문가냐’ 에 관심을 가진다.

이 같은 차이는 미국인과 동양인 사이에 비즈니스 협상에 대한 '컨셉' 자체가 다르기 때문이다. 인도네시아에서 이스마일 부장이 김 팀장에게 물은 것처럼 비즈니스 협상을 시작하기 전 그들의 최대 관심사는 의외로 단순하다.

'김 팀장의 회사가 믿고 거래할 만한가.'

'김 팀장이 회사 내에서 어느 정도 영향력을 가지고 있나.'

일단 믿을 만한 회사, 믿을 만한 상대라고 판단해야만 협상 테이블에 진지하게 앉아 협상을 하려 할 것이다.

잠시 아래의 명함 두 개를 살펴보자.

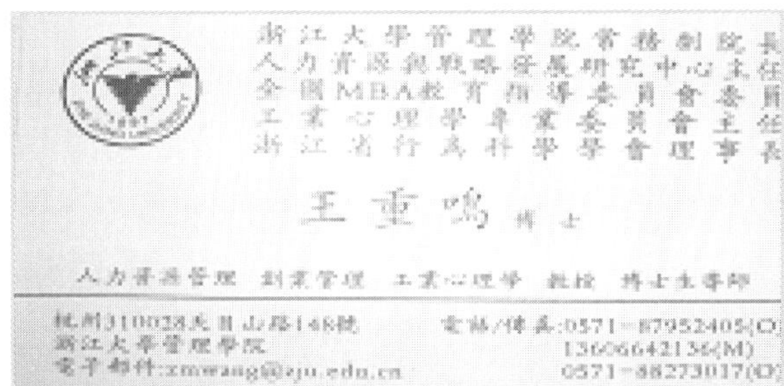

중국 교수 명함

미국 학자 명함

위쪽 명함은 중국 항주 절강대학교 경영대학 왕중명 교수의 명함이다. 한마디로 명함에 엄청난 직함들이 붙어 있다. 이름 위에 다섯 개의 직함을 붙이는 것도 모자라 이름 아래 세 개의 전공을 적고 '박사생 지도'라고까지 써놓았다. 자그마치 40명의 박사를 지도한다고 한다.

"왜 이렇게 명함이 요란스럽지요?"

몇 년 전, 항주에서 열린 세미나에서 만났을 때 물었다.

그의 대답은 매우 간단했다.

"중국에서는 이렇게 대외 활동을 많이 하고 있다는 것을 명함에 명시해야만 상대방이 나를 높게 평가하지요. 자연히 모든 협상에서 유리하고요."

한편 미국 학자의 명함은 너무 대조적이다. 선임 연구원senior fellow 란 하나의 직함에 이름, 주소 등이 전부이다. 만약 세계적 학자인 그가 왕 교수처럼 외부 타이틀을 명함에 적으면 열 개가 넘을 것이다.

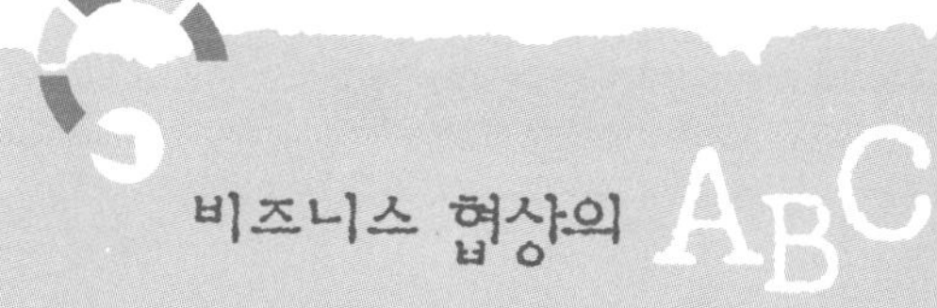

- 상대 협상 팀 중 유별난 '딜브레이커deal-breaker'가 있으면 그를 왕따시켜 버려라. 특히 일본 협상 팀은 어느 특정인만 칭찬받는 것을 참지 못한다. 이를 이용할 필요가 있다.

- 중국인이나 일본인에게 "솔직히 한번 내 체면을 세워 달라"고 말하면 대개 통한다. 이럴 경우 언젠가 상대가 당신과 비슷한 부탁을 할 것이란 걸 잊지 마라. 하지만 서양인에겐 이런 부탁이 절대 금물이다.

- 중국이나 동남아 비즈니스맨들과 협상할 때는 명함의 타이틀을 멋있게 만들 필요가 있다. 그래서 일부 해외 주재원은 직급을 한두 개 올려 명함을 박는다.

윗사람이 비즈니스 협상에서 너무 설쳐대면 안 된다

| M&A의 큰 그림은 CEO가, 실무적 협상은 전문 팀이 |

지난주 〈비즈니스위크〉의 '일본 IT 비즈니스 특집'을 읽던 CEO 박의 머리를 스쳐 지나가는 것이 있었다. 그는 하토리 인수 협상을 맡고 있는 하버드 박을 불렀다.

"하토리 인수 건, 어떻게 되어 갑니까?"

인도네시아 푸트라사 인수와 마찬가지로 일본 하토리사도 꼭 인수하고 싶은 CEO 박은 요즘 매일 하버드 박을 불러 진행 상황을 보고받았다.

사실 허 부사장과 재무 팀에서 하토리 인수의 발목을 잡으려 하고 있었다. 특히 허 부사장은 숫자를 만지는 재무 통이어서 그런지 매사에 너무 보수적이며 너무 소심했다. 혹시 하버드 박이 이런 분위기에 흔들릴까봐 사장인 자신이 직접 나서서 하토리 협상 팀을 격려하고 있었다.

하버드 박이 보강된 협상 팀 리스트를 가지고 왔다. 기존의 팀에다가 마케팅, 회계, 환경 분야 전문가 세 명, 그리고 법무 팀의 찰리 홍 변호사를 합류시키겠다고 했다.

"하토리사 나고야 공장에서 수은이 함유된 제품을 생산하다 지역 환경 단체와 분쟁이 생긴 일이 있습니다. 또한 해외에서 돈을 산만하게 끌어 쓴 것 같아 회계장부도 좀 꼼꼼히 들춰봐야겠습니다."

"협상 팀을 보강하는데 혹시 타 부서에서 더 차출이 필요하면 얼마든지 이야기하세요."

"사장님께서 허락해 주신다면 김 팀장을 넣고 싶습니다."

김 팀장은 하토리를 인수하면 현지 사장으로 내보내려고 생각하고 있었다. 인수에 성공하면 하토리를 경영할 김 팀장을 협상 팀에 집어넣는 게 과연 옳은 일일까?

잘 판단이 서지 않았다. 하지만 직원 앞에서 호기를 부렸으니, 두말할 수도 없었다.

"그렇게 하세요. 김 팀장은 하토리를 맡을 사람이니 이번 협상을 성사시키기 위해 아주 열심히 뛸 것입니다."

CEO 박은 그렇게 말하면서도 왠지 기분이 개운치가 않았다.

- **중요한 협상에 CEO가
팔 걷어붙이는 게 좋을까**   요즘같이 세계 기업들끼리 짝짓기를 하는 지구촌 경제 시대에 CEO는 M&A 협상으로부터 자유로울 수가 없다. 단 한 번의 협상이 기업의 운명을 바꿀 수 있기 때문이다. 독일의 다임러벤츠사는 미국의 크라이슬러와 일본의 미쓰비시 자동차를 합병했다가 고전을 면치 못하고 있다. 이와 달리 거센 반발 속에서 강행된 휴렛팩커드와 컴팩의 합병은 성공했다.

그런데 대다수의 CEO들은 M&A 협상을 마치 '대박이 터질 때 한 건 하는 것' 처럼 생각하는 경향이 있다. 갑자기 구미가 당기는 기업이 시장에 나오면 서둘러 M&A 협상 팀을 구성한다거나 국제적 협상은 외국의 전문적 투자 은행에 맡겨버리는 것이다.

이는 잘못된 생각이다. M&A 협상은 기업의 핵심 역량과 관계된다. 그러므로 성공적인 협상을 하기 위해선 평소부터 치밀한 계획을 수립하고 경영진, 투자은행, 변호사들 간에 유기적 협조 관계를 유지하며 협상을 해야 한다.

몇 년 전 프랑스의 까르푸가 철수할 때 국내의 내로라하는 대형 유통업체들이 달라붙어 협상했다. 그런데 의외로 이랜드의 손에 굴러떨어졌다. 알고 보니 이랜드는 평소부터 사업 다각화 계획을 세우고 까르푸를 노리고 있었다. 사내에 구성된 전문 협상 팀이 미리부터 인수 협상을 치밀히 준비하고 덤벼들었으니 소문 듣고 뒤늦게 덤벼든 국내 경영 기업이 나가떨어질 수밖에 없었다.

● **CEO가 설쳐대면**
  악역 팀이 꼬리를 내린다   이렇게 중요한 협상을 CEO 박의 하토리 인수처럼 최고 경영자가 직접 챙기는 것을 톱다운 top-down 협상 전략이라고 한다.

사실 LG의 제니스 인수는 LG CEO가 미국 출장을 간 것이 계기가 되었다. 1995년 GE에 출장을 간 LG CEO가 미국에 간 김에 시카고에 들러 평소 가까운 사이였던 제니스의 모시너 사장을 만났다. 두 사람이 이런저런 이야기를 나누던 끝에 제니스 매각 건이 튀어나왔다. 물론 이렇게 시작된 협상을 LG CEO가 팔을 걷어붙이고 직접 챙겼음은 물론이다.

그러나 어쩐 일인지 LG는 제니스를 인수해서 별로 재미를 보지 못했다. 들리는 바에 따르면, 협상 과정에서 실무자들이 꼼꼼히 따져야할 점을 챙기지 못하고 그냥 넘어갔다는 것이다. 일반적으로 이 같은 톱다운 방식은 CEO가 강한 리더십을 발휘함으로써 협상 팀에 힘을 실어줄 뿐만 아니라 협상 과정에서 부딪히는 난관을 돌파할 수 있다.

그런데 CEO가 설쳐대면 마냥 좋은 일만 있을까?

M&A 협상은 종합 예술이다. 기계 설비 하나 달랑 사는 협상과는 차원이 다르다. 숨겨진 부채를 산더미같이 안고 있는 기계 설비를 잘못 샀다간 회사가 거덜날 우려가 있다. 국내 모 업체는 중금속 오염이

심각한 캐나다의 공장을 잘못 인수했다가 천문학적 환경 처리 비용을 떠안았다. 배보다 배꼽이 더 큰 셈이었다.

M&A 협상은 단순히 상대 기업의 기계 설비를 사는 것이 아니라 경영 노하우, 마케팅, 인적 자원, 채무, 지적 재산권, 기술 등도 함께 다뤄야 하는 종합 예술이다. 따라서 협상 대표나 협상 전문가뿐만 아니라 앞의 의제를 다룰 수 있는 다양한 전문가가 협상 팀에 참여해야 한다. 관련 사업 부서장, 마케팅 전문가, 법률가, 재무 전문가, 환경 문제 전문가, 제조 분야 전문가 및 엔지니어, 인사 관리 전문가…….

외국 기업을 인수한다면 상대 기업의 문화를 잘 이해하는 해당 해외 자회사의 관리자도 참여해야 한다. 예를 들어 삼성전자가 프랑스 기업과 전략적 제휴 협상을 한다면, 파리 지사나 현지 법인에 오래 근무하여 프랑스 문화를 잘 아는 관리자가 참여하는 것이다.

물론 이 '다기능 협상 팀multi-functional team'은 '좋은 녀석good boy'과 '나쁜 녀석bad boy'으로 나뉘어 이중 플레이를 해야 한다. 대개 협상 팀장이나 기술, 마케팅, 경영 전략을 다루는 좋은 녀석 팀은 좋은 면만 떠들어댄다. 두 기업이 합치면 좋아지는 시너지 효과를 이야기하고 서로 좋은 윈윈 협상을 할 수 있을 것이라고.

하지만 변호사, 회계사, 환경 전문가들은 날카로운 매의 눈초리를 가지고 상대 회사의 숨겨진 약점, 비밀, 문제점, 그리고 부채 등을 찾아내야 한다. 좋은 녀석 팀이 협상 테이블 저쪽에서 그럴싸한 덕담을 늘어놓더라도 나쁜 녀석 팀은 안면 몰수하고 회계장부를 뒤지며 꼬치꼬치 물고 늘어져야 한다. 이를테면 장부에는 나와 있지 않은 숨겨진 우발 채무는 없는가? 혹시 알려지지 않은 심각한 환경 오염이 있어 잘못하면 오염 처리 비용을 몽땅 뒤집어쓰는 건 아닌가?

그런데 CEO가 너무 설쳐대면 두 회사가 손을 잡기만 하면 환상적인 만남이 될 것이라는 장밋빛 청사진이 회사를 지배한다. 이렇게 되면 실무 협상 팀이 악역을 제대로 하지 못한다. 사장이 저렇게 설치는데 어느 누가 분위기에 초치는 이야기를 하려 하겠는가. 악역이 입을 다물면 우발 채무, 환경 문제 등을 철저히 따지지 못하고 M&A 협상이 마무리된다.

심한 경우 아무리 CEO 박이 설쳐대며 벌여놓은 판이라도 실무자인 하버드 박이 협상을 해보다가 도저히 안 되겠다는 판단이 서면 손을 털고 나와야 한다. 안타깝게도 이 같은 '워크 어웨이walk away' 전략은 톱다운 방식에서는 거의 불가능하다.

- **M&A의 큰 그림은 CEO가, 실무적 협상은 전문 팀이!** 다음이 하버드 박에게 모든 걸 맡기는 보텀업bottom-up 협상 전략이다. 이 경우 대상 기업의 선정에서부터 협상에 이르기까지 실무적인 분석과 접근이 이루어진다. 기업이 보텀업 협상 전략을 채택할 경우, CEO는 '어느 기업을 협상 상대로 선정할 것인지', '어떻게 협상을 할 것인지' 등에 관해 자신의 견해를 미리 밝히지 않고 실무자의 의견을 존중한다.

이 같은 협상 전략은 합리적이고 전문적인 접근을 한다는 이점이 있다. 물론 앞의 톱다운 협상 전략과 달리 악역 팀이 충분히 제 역할을 한다. 그러나 역시 실무자들은 경영의 큰 그림을 보지 못하는 한계가 있다. 더욱이 협상 과정에서 심한 갈등과 마찰이 있을 경우 협상 자체가 교착 상태에 빠지기 쉽다.

톱다운 전략이나 보텀업 전략이나 문제가 있기는 마찬가지다. 그러므로 현실적으로 가장 바람직한 것은 이원적two-track 협상 전략이다. CEO와 실무 팀이 각자 역할을 분담하여 두 가지 차원에서 동시에 협상을 진행하는 전략이다. 좋은 예가 지멘스, IBM, 도시바의 256D램 공동 개발을 위한 협상 사례다.

우선 세 회사의 CEO가 만나 전략적 제휴의 기본 목적과 커다란 제휴 틀에 합의했다. 이 같은 기본 합의 아래서 세 회사의 실무 전문가가 6개월 동안 미국, 일본, 독일에서 수차례 협상을 진행해 전략적 제휴에 따르는 구체적 사항을 정했다.

● **인수 후 하토리 경영을 맡길
김 팀장을 협상에 넣어야 할까**　여기에 대해선 전문가들의 의견이 둘로 갈라진다.

우선 협상 참여론이다. 르노, 웨스팅하우스, 후지쓰, 필립스 등은 전통적으로 미래 경영자를 협상 과정에 참여시킨다. 그 이유는 대략 다음과 같다.

첫째, 미래 경영자가 협상 과정에 참여함으로써 상대 기업의 강점과 약점을 잘 파악할 수 있다. 따라서 새로운 제휴 사업을 좀 더 잘 경영할 수 있을 것으로 생각한다. 프랑스의 르노 자동차는 일본의 닛산 자동차를 인수할 때 닛산을 경영하게 될 카를로스 곤 부사장을 협상 과정에 참여시켰다. 카를로스 곤의 협상 참여 경험은 닛산의 빠른 경영 정상화에 도움이 되었다.

둘째, 자신이 새로운 제휴 사업을 맡게 되므로 미래 경영자는 협상을 성사시키기 위해 더욱 열심히 노력할 것이다.

셋째, 불리한 조건으로 협상을 성사시키면 결국 자신의 부담이 되므로 미래 경영자는 신중한 태도로 협상 조건을 다룰 것이다.

다음이 협상 참여 배제론이다. 좋은 미래 경영자가 꼭 숙련된 협상자가 아니다. 그러므로 섣부른 협상 전략으로 회사에 불리한 결과를 만들 수 있다. 앞으로 같이 일하게 될 상대방을 너무 의식해 애매한 이중적 태도를 보일 수 있다. 심한 경우, 상대와 좋은 관계를 유지하기 위해 회사의 이익을 적당히 양보할 수 있다. 바로 이 점을 조심해야 한다.

"인수 협상에서 어려움이 있을 때마다 대우자동차 협상 팀에 있던 L이사가 정말 헌신적으로 노력했습니다."

GM대우의 닉 라일리 사장의 이야기다. 그는 GM과 대우자동차의 어려웠던 협상에서 맞은편에 앉아 있던 L이사를 입이 마르게 칭찬했다. 그런데 알고 보니 L이사는 인수 후 GM대우에서 요직을 맡아 잘나가고 있었다. 하지만 라일리 사장이 그렇게 칭찬하는 L이사의 '헌신적인 노력'이 과연 누구를 위한 것이었을까? 혹시 그는 망해 가는 대우자동차에 몸을 싣는 것보다는 미래 경영자인 GM에 잘 보이는 게 낫다고 승부수를 던지진 않았을까? 모든 CEO는 이 점을 한 번쯤 짚고 넘어가야 한다.

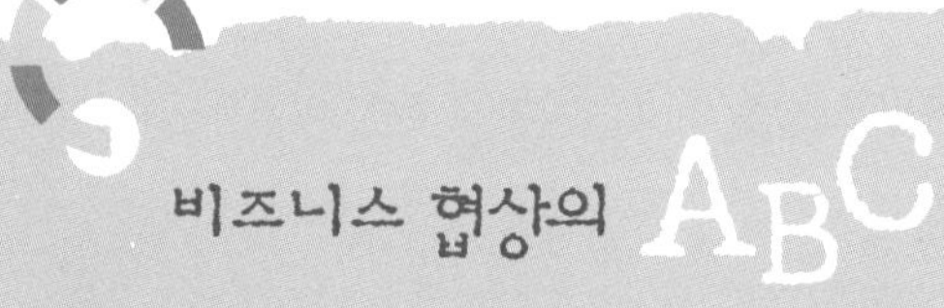

- M&A의 큰 그림은 CEO가 잡아주고 세부적인 사항은 다기능 전문 협상 팀이 해야 한다. CEO가 너무 설쳐댄다거나 실무자에게만 완전히 맡기는 것은 바람직하지 못하다.

- M&A나 합작같이 기업의 중요하고 복잡한 사항을 다루는 협상 팀에는 반드시 선역과 악역이 들어가야 한다. 악역은 회계, 세무, 부채, 환경 오염 등을 꼼꼼히 따져야 한다.

- 미래 경영자를 M&A 협상 팀에 참여시키는 것은 사례에 따라 달라진다. 협상은 그때그때 상황에 따라 결정한다.

만일 고구려가 당나라와 협상했다면

전쟁할 때와 협상할 때가 있다. 어느 나라든지 외적의 침입으로부터 완전히 자유로울 수 없다. 그런데 세계사를 찬찬히 훑어보면 재미있는 사실을 하나 발견할 수 있다.

무조건 용감하고 전쟁만 잘하는 민족이나 나라가 융성하는 것은 아니다. "칼로 일어선 자는 칼로 망한다."는 말이 있듯이 과거 질풍노도와 같이 나타나 유럽을 공포로 휘몰아 넣었던 바이킹, 훈족, 아킬라 등이나 동양사에서 한때 막강했던 흉노, 거란, 위구르 등 모두 어느 순간에 역사의 장에서 사라지고 말았다.

세계사의 주역을 차지하는 중국, 로마제국, 영국 등은 모두 전쟁할 때와 협상할 때를 잘 구별할 줄 아는 나라였다. 아시아에서 이를 잘 가릴 줄 알았던 나라는 동남아의 태국이다. 우리나라도 수천 년 동안 무수히 많은 전쟁을 치렀다. 아니, 정확히 말하면 침략을 당했다.

그런데 그 당시 왕들이 중국, 몽고, 만주, 일본 등에서 벌어지는 국제정세 변화를 눈치 빠르게 알아차리고 일전을 각오하고 버틸 때와 유연한 협상을 통해 전쟁을 피할 때를 구분할 줄 알았다면 우리 역사상 전쟁의 반 이상은 막을 수 있었을 것이다.

얼마 전에는 고구려를 주제로 한 텔레비전 드라마가 안방을 점령했다. 연개소문, 주몽, 대조영 등 한결같이 거대한 중국과 떳떳이 맞서 싸우는 용감한 고구려의 장군들과 상무정신이 영웅시되었다. 고구려가 자기 역사라고 주장하는 동북공정을 내세우는 중국과 촉각을 세우고 있는 미묘한 시점에 나름대로 의미 있는 드라마들이다.

이런 드라마들을 보면 고구려는 강력한 적에 당당히 맞서 용감히 싸우는 멋있는 국가이다. 하지만 신라는 어떠한가? 비굴하게 당나라와 손을 잡고 같은 민족인 고구려와 백제를 멸망시켰다. 신라 위주로 쓰인 우리의 삼국통일 역사는 잘못 쓰인 게 아닌가 하는 의심마저 들게 한다.

만일 고구려의 연개소문이 그 당시 동북아의 세력판도가 바뀐 것을 현명하게 알아차려 당나라와 협상을 했다면 무슨 일이 벌어졌을까?

냉정하게 그 당시의 역사를 살펴보자. 우리 역사에서 고구려가 랴오둥 반도까지 국도를 넓힐 수 있었던 것은 중국이 쪼개져 있었기 때문이다. 한나라가 망하고 난 후 수백 년 동안 중국은 남북조 시대에 접어들었다. 북위, 남위, 북연 등 많은 나라로 쪼개져 통일국가를 이루지 못하고 있었다. 덕분에 북방의 강자였던 고구려는 쪼개진 중국 대륙을 마음껏 호령할 수 있었다.

그런데 문제는 7세기 들어 수문제가 천하를 잡아 강력한 통일 중국이 출현했다는 점이다. 말하자면 고구려의 호적수인 중국의 힘이 쪼개져 있었을 때보다 열 배 이상 강해진 것이다. "적이 약할 때는 공격하고 강할 때는 물러선다."는 손자병법의 명언이나 "무림의 고수는 칼을 함부로 뽑지 않는다. 자신이 있을 때만 뽑는다."는 말을 들먹이지 않아도 많은 사람들은 진짜 고수를 만나면 삼십육계 줄행랑을 놓든지 고개를 숙인다.

수와 당 같은 거대한 제국이 나타났을 땐 당연히 이에 대한 대응 전략도 변했어야 했다. 칼보다 오히려 유연한 세치 혀로 협상을 하여 나라가 망하는 것을 일단 피하고 때를 기다리는 것이 나았을지도 모른다.

물론 씩씩한 고구려 무사로선 협상을 하다 보면 비굴함을 느낄 수도 있고 땅의 일부를 떼어줄 수도 있다. 하지만 잃어버린 일부 영토는 중국이 약해질 때를 기다려 다시 찾으면 된다.

하지만 애석하게도 연개소문은 칼로써만 그 당시 세계 최대의 제국 당과 맞서다 자멸했다. 그 이후 만주 땅에서 우리 민족의 흔적이 사라졌다. 당나라가 고구려 유민 20만 명을 지금의 운남성과 타림 분지로 강제 이주시켰기 때문이다. 모두 비천한 관노(관청의 노예) 신분으로 당나라군을 이끌고 저 멀리 사마르칸트까지간 고선지 장군도 그때 강제 이주당한 고구려인의 후예이다.

1500년이 흘렀지만 우리가 지금 잘 못하면 역사가 되풀이된다. 지금 중국의 영토는 역사상 가장 넓다. 내몽고에서 만주, 신강성, 티베트까지. 신강성은 한때 위구르족의 당당한 독립 국가였고, 만주와 몽고는 한족이 아닌 만주족, 몽골족의 땅이었다. 사실 은나라, 주나라 때만 해도 중국은 한족이 만든 황화 유역의 '많은 민족 중에 하나' 였다. 주위에 선비, 거란, 위구르, 몽고, 부여족, 돌궐, 말갈, 흉노 등 수많은 종족들이 중국 대륙에 어울려 살았다.

그런데 역사가 흐르며 하나, 둘씩 모두 중국에 녹아 들어가고 한족화되었다. 어떻게 중국은 수천 년 동안 온갖 외적을 침략을 받으면서도 나라를 키울 수 있었을까? 대답은 간단하다. 칼을 뽑을 때와 고개를 숙여 협상할 때를 가릴 줄 아는 중국인의 지혜 덕분이다.

그들은 주변정세에 따라 이 두 가지 전략을 교묘하게 번갈아 사용했다. 창과 칼로 도저히 대적할 수 없는 북방의 강자가 나타났을 땐 막대한 금은보화와 함께 천자의 공주를 시집보내며 다독거렸다. 한나라 시대의 흉노, 당나라 시대의 위구르, 티베트를 이런 식으로 다루었다. 이미 7세기에 당나라의 황제는 문성공주를 저 멀리 티베트까지 시집보냈다. 물론 중국의 힘이 다시 강대지면 다시 그들을 칼로 제압해 버리고 말이다.

다시 우리의 삼국시대로 돌아와 보자. 만일 신라가 외교협상이 아닌 칼로써 나라를 지키려 했다면? 신라는 확실히 망했다. 그 당시 국제정세는 북방의 고구려, 백제, 왜가 삼라동맹을 맺어 신라를 완전히 코너로 밀어넣고 있었다. 아무리 화랑정신이 있다고는 하지만 도저히 칼로써는 왕조를 유지하기 힘든 사면초가였다.

이 때 김인문, 김춘추 같은 뛰어난 지도자가 눈을 밖으로 돌려 외교협상으로 동아시아의 강자인 당과 손을 잡고 삼국을 통일했다. 물론 고구려 영토의 대부분을 빼앗긴 대동강 이남의 반쪽 통일이라는 아쉬움을 남겼지만 말이다.

상사 요리법

| 필요하면 상사도 위협하라 |

"김 회장이 흥분했을 때 이를 진정시키는 용기 있는 임원이 옆에 있었다면, 김 회장 본인은 물론이고 주위의 모두가 좋았을 텐데."

술잔을 비우며 허 팀장이 아쉬운 소리를 했다.

"말이야 쉽지. 일개 샐러리맨이 화가 나서 펄펄 뛰는 오너 회장을 어떻게 진정시켜? 까딱 잘못하면 밉게 보여 찬밥 신세가 될 수도 있는데."

옆에 있는 눈치 빠른 기관총 마 팀장의 한숨 섞인 말이었다. 퇴근 후 회사 근처 횟집에서 H그룹 김 회장의 구속 사건을 이야기하는 이 땅의 샐러리맨들의 심정은 이같이 착잡했다. 윗사람이 일시적으로 흥분하여 상식에 벗어난 행동을 할 수 있다. 이때 모시는 부하 직원으로서 이를 말리지 못한 채 무조건 따라가면 이 같은 일이 벌어진다.

동료들의 힘없는 넋두리를 묵묵히 듣고 있던 김 팀장이 한 수 가르쳐 주겠다는 듯 목소리를 높였다.

"이때 바로 절묘한 협상 전략이 필요한 거야. 샐러리맨도 필요하면 상사와 협상할 줄 알아야 해."

그러면서 자신의 경험담을 들려주었다.

김 팀장이 밤 12시 마감 뉴스를 보고 있는데, 휴대폰 벨이 울렸다. 비서실장이 다급한 목소리로 비상이 걸렸으니 빨리 회사로 달려오라며 이쪽에서 대답도 하기 전에 전화를 끊어 버렸다.

무슨 일인가 의아해하며 서둘러 회사에 가보니 분위기가 예사롭지 않았다. 사장은 화가 난 채로 앉아 있었고, 인사팀장, 비서실장 등 몇몇 간부 앞에서 평소 인사성 밝은 정문 수위 아저씨가 사시나무 떨듯 서 있었다. 사연인즉 이랬다.

저녁에 회사 근처 일식집에서 친구와 가볍게 한잔한 사장이 사무실에 놓고 나온 서류를 가지러 직접 차를 몰고 정문으로 들어서려다 해프닝이 발생했다.

사장이 몬 차가 집에서 쓰는 사모님 차였던 것이다. 당연히 정문에서 차번호를 알아볼 리 없었고, 설상가상으로 근무한 지 얼마 안 되는 수위 아저씨가 사장의 얼굴을 몰라본 것이다. 정문에서 옥신각신하던 수위 아저씨는 마침내 신분증까지 보자고 했다. 술 냄새가 나는 걸 보니 술에 취한 중년 남자가 객기를 부리는 줄로 생각했던 것이다. 사장이야 '딱 한잔했다'고 했지만, 얼굴을 보니 아직도 얼굴색이 벌겠다. 술 한잔으로 저렇게 얼굴이 벌게질 리가 없었다. 평소 사장의 비위를 맞추는 데 천재적 능력을 발휘하는 인사팀장은 사장보다 더 펄펄 뛰며 수위 아저씨를 나무랐다.

김 팀장은 이런 일로 밤늦게 회사로 불려 나온 것이 기가 막히고 어이가 없었다. 하지만 그것은 일도 아니었다. 사장과 인사팀장이 저렇게 화내면 저 아저씨는 내일 당장 짐 싸고 회사 문을 나서야 할 상황이었다. 수위 아저씨에겐 보호해 줄 노조도 없었다. 김 팀장이 생각하기에 저 수위 아저씨를 해고하면 절대로 안 될 것 같았다. 수위 아저씨가 잘못한 것이 전혀 없었다. 수위 아저씨의 입장에서는 자기 임무를 아주 충실히 수행했을 뿐이었다.

그런데 이 살벌한 와중에 어떻게 사장의 마음을 돌릴 수 있을까. 수위 아저씨를 옹호해 섣불리 사장을 설득하려 들다간 김 팀장이 엉뚱한 유탄을 받을지도 몰랐다. 김 팀장은 지난 봄 협상 특강에서 배운 '은근한 위협' 전략을 한번 써먹기로 했다.

"사장님, 잠깐 드릴 말씀이 있습니다."

"김 팀장, 뭐예요?"

사장은 김 팀장이 수위를 맹렬히 비난해 자신의 분을 삭혀 주기를 기다리는 눈빛이었다.

"잠시 옆방으로 가서 말씀드려도 되겠습니까?"

은근한 위협 전략을 쓸 땐 뭔가 긴장되는 분위기를 조성해야 하는 것이 기본이었다.

"사장님, 저 친구 자르면 일이 커집니다. 생각해 보십시오. 지금이야 우리 회사 밥 먹고 있으니까 사장님한테 꼼짝을 못하지만, 저 친구 이런 일로 회사 밖으로 몰아내면 무슨 일이 벌어질까요? 분명 억울하다고 떠들고 돌아다닐 것입니다. 꼭 신문이나 방송이 아니더라도, 인터넷에라도 한번 올려 보십시오. ‘일류기업의 CEO가 야간에 만취해 회사로 들어가다 수위와 말다툼’ 이건 회사 망신이자 사장님 망신입니다.”

“…….”

사장의 눈빛이 한결 부드러워졌다. 그간의 분기탱천했던 마음이 사라지고 이제야 정신이 들었는지 사리 판단을 하는 모양이었다.

“눈치 없는 친구, 인사팀장에게 말해. 다시는 그런 일이 없도록 교육을 철저히 시키라고 그래.”

은근한 위협 전략이 사장에게 먹혀 들어갔다. 그런데 진짜 협상 짱이면 여기서 칼을 칼집에 넣어선 안 된다. 김 팀장은 사무실을 나서려는 사장의 소맷자락을 잡았다.

“사장님, 그냥 가시면 안 됩니다.”

“또 뭐가 있어?”

“저 친구를 표창하십시오.”

순간 사장의 눈이 휘둥그레졌다.

“김 팀장, 지금 무슨 정신 나간 소리 하는 거야?”

“지난 1년간 우리 회사에 10여 건의 소프트웨어 도난 사고가 있었습니다. 이게 모두 누군가가 퇴근 후 사무실에 몰래 들어와 회사 기밀을 훔쳐낸 것입니다. 이번 일을 사내에 홍보하고 저 수위 아저씨를 표창하면 무슨 일이 벌어지겠습니까? 모두들 사장이 저 정도이니, 직원들은 야간에 무단으로 사무실에 들어가는 것은 어림도 없겠다고 생각할 것입니다. 물론 경비를 서는 직원들은 더욱 철저히 야간 경비를 서고요."

사장은 뭔가 깨달음을 얻은 듯한 얼굴로 김 팀장의 손을 꼭 쥐었다.

김 팀장의 재치 있는 은근한 위협 전략 덕분에 억울하게 목 잘릴 뻔한 수위 아저씨를 구해냈고, 회사 보안 관리도 철저해졌다. 이것이 바로 절묘한 원원 협상 전략이다.

협상묘수풀이

- **여단장 짚차에 총구를 겨눈 곰돌이 해병**　　　김 팀장이 해병대 중위 계급장을 달고 강화도에서 소대장을 할 때의 일이다. 별명이 곰돌이 해병인 신병이 있었는데, 막 신병 교육을 끝내고 전방 소대에 배속을 받아 소대 정문 보초를 서고 있었다. 이 친구, 야간 순찰을 나온 여단장 짚차와 마주쳤다. 전방에서 헤드라이트를 켠 정체 불명의 짚차가 나타나자 우직한 이 졸병이 훈련받은 대로 행동했다. 우선 여단장 짚차를 향해 총구를 겨냥했다.

"손들어, 정지. 헤드라이트 꺼! 대동강."

그날의 암구호는 '대동강-낙동강'이었다. 쉽게 말하면 보초가 '대동강' 하고 물으면 아군은 '낙동강' 하고 대답해야 한다. 이쯤은 모두들 영화에서 보았을 것이다. 이 졸병의 당돌한 행동을 보고 여단장 부관이 열을 받았다.

"야, 임마! 여단장님 차야, 총 내려."

"대동강, 대동강."

곰돌이 해병은 막무가내였다. 나와 여단장이 무슨 상관이란 말인가. 쫄따귀 해병한테 제일 무서운 건 내무반장이더라. 아군이면 빨리 대동강에 대한 응답인 낙동강을 말하라는 것이었다. 그 당시 전방에 이북에서 무장공비가 넘어와 목을 따가던 시절이었다. 이 말이 생각났는지 이 졸병, 이번에는 소총의 노리쇠를 '덜컹' 당겼다. 총구에 실탄을 장전한 것이다.

그 다음엔 방아쇠만 당기면 총알이 퉁겨 나간다. 천하의 해병 졸병 곰돌이 이병과 서부전선을 호령하는 여단장과의 일촉즉발의 대치 상황이었다. 군댓밥 20십 년 먹은 장군쯤 되면 이 정도에서 돌아가는 상황을 파악해야 한다.

"야, 부관 암구호 응답해 줘."

"야, 새끼야. 낙동강이다, 낙동강. 너 도대체 누구야. 이 자식, 겁도 없이 여단장님 차에 총구를 겨눠."

버럭버럭 악을 쓰는 부관이 짚차에서 내리며 곰돌이 해병을 군화 발로 한방 먹일 기세였다.

이때 여단장이 어떻게 행동했겠는가?

체면을 구겼다고 화를 냈을까? 명심할 것은 만일 윗사람이 이때 화를 내면 쪼다가 된다는 사실이다. 자랑스런 해병 청룡부대의 장군답게 멋진 CEO 리더십을 보여주었다.

"부관, 그만해."

곰돌이 해병 앞으로 다가선 여단장이 정색을 하고 물었다.

"귀관, 나 여단장이다. 귀관 관등성명이 뭐야?"

"필승! 군번 65810 해병 이병 김곰돌입니다. 근무 중 이상 무!"

'자식, 무슨 근무 중 이상무야, 엄청나게 개판 쳐놓고.'

정문에서 벌어지는 해프닝을 보고받고 그 자리에 헐레벌떡 달려온 소대장 김 팀장이 혼자 중얼거렸다. 그런데 여단장의 입에서 떨어진 말은 뜻밖이었다.

"이 친구, 열흘 특별 휴가 보내. 소대장, 대원들 훈련 아주 잘 시켰어. 이것이 바로 나라를 지키는 해병 정신이야."

그리곤 여단장은 짚차를 돌려 훌훌 떠나갔다. 정문 초병이 저렇게 근무를 잘 서는 걸 보면 더 이상 소대를 둘러볼 필요가 없다는 것이었다.

● 비즈니스 협상에선 비도덕적인 위협도 해야 한다　샐러리맨은 때론 필요하면 상사와도 묘한 협상을 해야 한다. 김 팀장도 사장을 은근히 위협해 결과적으로 모두가 좋은 윈윈의 결과를 가져왔다. 하지만 위협은 이유 여하를 막론하고 비도덕적인 행위이다.

그렇다면 당신도 회사를 대표해서 협상을 할 때 비도덕적 행위를 하겠는가?

쉽게 말하면 회사의 이익을 하나라도 더 챙기기 위해 거짓말, 위협

같은 점잖지 못한 협상 행위를 하겠냐는 질문이다.

아마 대부분의 비즈니스맨은 '요즘같이 투명성과 윤리경영이 요구되는 시대에 무슨 거짓말입니까?' 하고 펄쩍 뛸 것이다. 아주 고상하고 정직한 비즈니스맨으로 보인다.

그런데 문제는 사장이 그런 당신을 좋아할까? 밖에 나가 상대 회사와의 협상에서 마냥 손해만 보고 들어오는 직원을 좋아할 리가 없다. 하버드 대학에서 MBA를 하는 미국 비즈니스맨들에게 물어보니 75퍼센트가 '필요하면 비도덕적 행위를 하겠다' 고 대답했다.

이에 관해 협상학자들이 연구한 결과, 놀랍게도 다음 세 가지 경우에는 싫든 좋든 비도덕적 행위를 해야 한다고 나왔다.

첫째, 비도덕적 행위를 하는 것이 회사에 이익이 될 때이다.

둘째, 상대가 비도덕적 행위를 하면 맞받아쳐 똑같이 해야 한다. 많은 연구에 따르면, 상대는 비도덕적 행위를 하는데, 이쪽은 정직하게 협상하면 손해를 본다.

마지막으로 아주 당연한 이야기로, 본사나 윗사람이 시키면 해야 한다는 것이다. 이는 좀 서글픈 이야기다.

영국에도 이런 말이 있다.

"외교관이란 자국 정부에 이익이 된다면 거짓말을 서슴지 않고 해야 하는 해외에 파견된 정직한 사람이다."

그렇다면 비즈니스 협상에선 때론 비도덕적 행위를 해야 한다는 결론이 나온다. 여기에는 거짓말, 숨김, 허위 정보 유출, 거짓 약속 등 여러 가지가 있다. 그런데 회사 생활을 하다 보면 당신이 가장 많이 하게 되는 것이 위협 협상 전략이다.

일반적으로 위협 협상 전략에는 두 가지가 있다. 명시적 위협과 은근한 위협이다. 명시적 위협이란 드러내놓고 겁주어 상대가 겁에 질려서 양보하게 하는 것이다. 그런데 여기서 조심해야 할 것은 상대를 겁주어 질리게 만들 자신이 있을 때만 이 전략을 써야 한다. 기껏 마음먹고 위협을 했는데, 상대가 피식 웃는다거나 겁먹지 않으면 오히려 창피만 당한다.

지난 군사정권 시대 보안대란 무소 불위의 막강한 조직이었다. 당연히 이곳에 근무하는 검은 가죽 점퍼를 입은 사병들은 버스를 공짜로 타고 다녔다. 혹시 여차장이 요금을 달라고 하면, "나, 보안대야, 보안대!"라며 겁을 주면 일사천리로 통과되었다. 그 시절엔 장교도 보안대 사병은 건드리지 않았다.

그런데 어느 봄날 해프닝이 벌어졌다. 버스에 탄 검은 점퍼에게 차장이 요금을 내라고 시비를 건 것이다.

"야, 요즘은 보안대한테도 차비 받냐?"

"아저씨, 보안대가 뭐예요? 버스를 타면 요금을 내야지 공짜가 어디 있어요?"

여차장이 바락바락 덤벼드는 게 아닌가. 버스 차장이 된 지 얼마 안 돼 보안대의 위력을 모르는 차장이었다. 그러니까 보안대원의 위협 전략이 통할 리가 없었다. 보안대가 뭔지도 모르는 차장한테 아무리 보안대라고 외쳐대도 두려워할 리가 있겠는가.

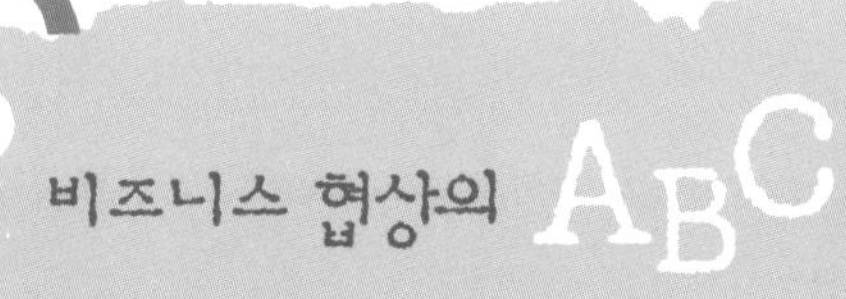

- 좀 서글픈 이야기지만 비즈니스맨은 필요하다면 비도덕적 행위를 해야 한다. 비즈니스 협상은 정글에서 회사의 사활을 걸고 게임을 하는 것이기 때문이다.

- 김 팀장의 경험에서 보았듯이 때론 직장 상사를 은근히 위협할 필요가 있다. 그러나 이는 어디까지나 회사의 이익을 위해서이지, 개인적인 목적을 위해서 하면 안 된다.

- "좋다! 회사를 위해서라면 거짓말을 하겠다. 그런데 문제는 어느 정도의 비도덕적 행위를 해야 하는가? 그렇다고 문서 위조까지 해야 하나."
비도덕적일 뿐 합법적인 행위인 허풍은 떨어도 되지만, 허위 공문서같이 불법적인 행위를 하면 절대로 안 된다.

황새와 눈높이를 맞출 줄 아는 뱁새가 돼라

| 상사의 몸짓을 읽어라 |

　　　　　"사장님, 분당 연구팀, 해도 해도 너무 합니다. 이번에는 전원 2박 3일로 중국으로 놀러 갔다 왔습니다. 그것도 회사 돈 가지고 부부 동반으로."

분당 연구소의 신제품 개발팀에 대해 노 전무는 CEO 박에게 고자질 아닌 고자질을 하고 있었다.

"……."

CEO 박 묵묵부답, 무표정.

"그리고 지난달에 무려 6억 원을 썼습니다. 무슨 연구 장비다 기자재 구입이다, 거기에다 수시로 해외 출장을 다닙니다. 그것도 일등석으로. 저도 회사 돈 아끼기 위해 이코노미를 타는데요."

노 전무는 회사에 대한 충성심에 주먹까지 불끈 쥐며 회사 돈을 함부로 쓰는 분당 팀에 대해 격분했다. 하지만 CEO 박은 그의 말을 듣는 둥 마는 둥 하며 연신 시계만 쳐다보았다. 처음부터 사장의 얼굴을 쳐다보지 않은 채 회계 서류만 보며 이야기하던 노 전무가 그런 사장의 표정을 읽을 리가 없었다.

"지난달에는 연구 팀이 회식이다 접대다 하며 술값으로 무려 1,500만 원을 썼습니다."

"사장님, 이러고 계실 때가 아닙니다. 이러다 회사 망하겠습니다."

'무슨 소리야, 분당 팀이 연말까지 신제품을 개발 못하면 회사가 휘청거리는데.'

사장이 실눈을 살짝 치켜 뜨더니 목에 힘을 주며 말했다.

"우리 회사에서 근무한 지 몇 년 되셨죠?"

뜬금없는 CEO 박의 말에 노 전무는 긴장하는 빛이 역력했다.

"30년이 좀 넘습니다. 평생을 바쳤습니다."

"요즘 건강이 안 좋으시다고 들었는데요."

"예?"

"노 전무 연세엔 일보다 건강이 중요합니다."

"무슨?"

"그간 우리 회사를 위해 참 많이 애써 주셨습니다. 이젠 인생을 즐기실 나이가 되신 것 같습니다. 회사 일은 걱정 마시고 해외 여행이나 하시며 푹 쉬십시오."

아니, 이게 웬 날벼락이람. 회사 돈 아끼려고 그렇게 꼼꼼히 챙기고 분당 연구팀의 '펑펑 써대는 것'을 사장에게 직언까지 했는데, 회사를 그만두라니.

사장실을 나가는 노 전무의 뒷모습을 보며 CEO 박은 얼마 전 있었던 일을 떠올렸다.

회장이 늘 강조하는 해외 우수 인재 유치 실적을 보고하다가 크게 한방 먹은 것이다.

그간 꾸준히 미국과 유럽에서 괜찮은 인재를 60명이나 데려다놓았으니, 칭찬을 받는 건 당연한 일이라고 생각했다. 그런데 보고를 건성으로 들으며 테이블 앞의 노트북이나 클릭하던 회장이 묘한 미소를 지으며 입을 열었다. 회장이 사장단 회의에서 사장들의 뒤통수를 칠 때 짓는 그 모나리자의 미소에 CEO 박은 내심 불안했다.

"데려다놓은 외국인 우수 인력 중에서 가장 많이 받는 사람의 연봉은 얼마지요?"

"예, 500만 달러, 약 5억 원을 주고 있습니다."

"박 사장은 얼마를 받죠?"

"예, 8억 정도 됩니다."

이때 회장이 테이블을 탁 치며 소리를 높였다. 불안한 예감이 맞아떨어진 것이다.

"이 양반, 그렇게 해서 어떻게 세계적 두뇌를 데려다 글로벌 기업으로 키우겠다는 거요? 기본 발상부터 비꿔요, 바꿔!"

내 연봉과 그들 연봉 사이에 무슨 관계가 있단 말인가? 정말 모를 일이었다. 가끔 회장의 경영철학과 리더십은 정말 이해하기 힘들 정도로 난해했다.

이번엔 회사를 5년 내 세계 카메라 산업의 정상에 올려놓겠다는 홍 사장이 보고할 차례였다. 그는 결연한 의지를 회장에게 전달하려는 듯 두 손을 불끈 쥐며 상기된 얼굴로 회장을 바라보았다.

"홍 사장은 카메라를 몇 대나 가지고 있어요?"

서류를 뒤적이던 회장은 이번에도 뜬금없는 질문을 던졌다.

"예, 카메라요?"

"아니, 회사에서 말고 개인적으로 몇 대의 카메라를 들고 다니며 사진도 찍어보고 하냐고요."

"제 개인용 카메라는 하나도 없는데요. 원체 회사 일이 바빠서 한 가하게 사진 찍을 시간이 없습니다."

이때 날벼락이 떨어졌다. CEO 박이 당한 것은 아무것도 아니었다.

"아니, 홍 사장, 당신 카메라 한 대도 안 가지고 있으면서 어떻게 세계적인 카메라 브랜드를 만듭니까?"

도대체 홍 사장이 개인용 카메라를 갖는 것과 세계적인 카메라 브랜드를 만드는 것이 무슨 관계가 있단 말인가?

협상묘수풀이

- ### CEO의 눈높이에 맞춰라

미래산업의 정문술 사장은 불모지대와 같았던 우리나라 반도체 장비 산업에 새로운 이정표를 만든 신화적 인물이다. 또한 그는 기업인의 사회적 책임이란 면에서도 존경을 받고 있다.

그런데 사연을 들어보면, 오랜 공직 생활 이후 반도체 장비 개발에 뛰어들어 좌절을 겪은 것도 꽤 여러 번이다.

그 과정에서 회사의 사운을 걸고 새로운 반도체 장비 개발에 착수한 적이 있었다. 연구팀을 구성하기 위해 진짜 발로 뛰며 인간적인 호소까지 해가며 나름대로 훌륭한 K박사를 모셔와 어렵사리 연구소를 개설했다. 이때 연구팀장과 아주 간단하면서 명료한 협상을 했다.

돈은 얼마든지 써도 좋다, 그 지출 내역은 묻지 않겠다, 그렇지만 반도체 장비 α 기술을 연말까지는 꼭 개발해라, 요즘은 반도체 관련 기술 개발은 시간과의 싸움이다, 아무리 좋은 기술 개발을 해내도 경쟁사한테 한발만 늦어도 안 된다 등이었다.

따라서 연구팀장은 '금년 말까지 α 기술 개발'을, CEO는 '무한정, 무조건적 R&D 자금 지원'을 약속한 것이다.

이것이 회사를 경영하는 CEO의 큰 그림이다.

그런데 대개 이럴 경우 평생을 계산기 두들기며 살아온 재무 담당이 사사건건 시비를 걸고 나선다. 노 전무는 회사 접대비 50만 원짜리 영수증까지 하나하나 체크하는 꼼꼼하기로 유명한 전무이다.

하여튼 이 정도로 끈질기고 집요한 재무팀 전무가 연구팀의 지출 내역을 사사건건 걸고넘어지면 당연히 연구팀장이 반발한다.

여기서 CEO는 결정을 내려야 한다. 회사의 회계 규정을 지키려는 재무 담당과 사활이 걸린 기술을 개발하고 있는 신제품 연구팀 사이에서.

요즘같이 회계의 투명성, 알뜰 경영이 강조되는 시대에 재무팀이나 관리팀의 기능도 매우 중요하다. 하지만 그 기능이 너무 지나치면 회사의 핵심 역량을 잠식할 우려가 있다.

번개같이 움직이는 인터넷 세상에 경쟁사와 싸우고 해외 시장을 개척하고 기술 개발을 하려면 세세한 회계 규정이나 지출 내역을 일일이 못 챙길 수도 있다. 이럴 때 지원 기능을 하는 재무팀이나 관리팀은 CEO와 큰 그림을 이해하고 그냥 넘어갈 것은 그냥 넘어가야 한다. 그런데 잘못하면 이 지원 기능 부서가 핵심 부서의 발목을 잡고 그 위에 올라타려고 한다.

- ### 아들 이야기에 고개를 돌리는 대통령

대통령이 고개를 돌려 창문만 쳐다보았다. 보고에 대한 아무런 반응도 하지 않고 있었다. 옆에 앉아 보고를 하던 R수석은 더 이상 말을 잇지 못하고 머쓱해져 접견실을 도망치듯 빠져나왔다. 지금 막 R수석은 대통령의 아들에 대한 좋지 않은 보고를 한 것이다.

대통령의 아들이 임기 말에 스캔들에 휘말린 것이다. 인사와 정치 자금에 개입을 했다는 보고가 정보기관을 통해 수차례 들어오자 대통령 친인척 관리를 하고 있는 R수석은 마냥 덮어둘 수만은 없었다. 하지만 어느 아버지가 자기 아들에 관해 안 좋은 소리를 하는 걸 좋아하랴.

며칠을 고민하던 R수석은 부속실장으로부터 '오늘 아침 대통령 기분이 아주 좋다' 는 귀띔을 받았다. 마침 대통령께 할 좋은 보고거리도 하나 있었다. 최근 대통령에 대한 지지도가 5퍼센트 상승했다는 것이었다. 눈치 보며 접견실에 들어가 지지도 상승에 관해 보고하니, 대통령의 입이 함지박만하게 벌어졌다.

바로 이때다 싶어 아들 이야기를 꺼냈다. 그것도 아주 조심스럽게.

"그런데 좀 말씀드리긴 어려운 일이 하나 있습니다. 여러 경로를 통해 자꾸 아드님에 대한 보고가 들어와 마냥 덮어두기가 곤란해서⋯⋯."

다음 말을 이으려 하는데 대통령이 슬며시 고개를 창문으로 돌린 것이다. 듣기 싫다는 신호였다.

만일 아들의 잘못을 바로 잡으려는 생각이 있었다면, 당연히 '보고 내용이 무엇이냐'고 물었을 것이다. 한 일년이 지나도 계속 같은 보고가 올라왔다.

도저히 안 되겠다는 생각이 든 R수석이 또 한번 용기를 내어 대통령에게 아들 이야기를 꺼냈다. 이번에도 반응은 똑같았다. 대통령의 반응이 이런데, 한번 더 아들 이야기를 꺼냈다간 분명 자신의 목이 날아갈 것이다.

● CEO의 바디랭귀지를

읽어라　　　노 전무도 R수석 정도의 눈치만 있었으면 CEO 박으로부터 '그만두라'는 이야기까지는 안 들었을지도 모른다. 이야기 와중에 CEO가 몇 번이나 신호를 보냈다.

묵묵부답, 시계만 연신 쳐다본 것.

회사 밥 30년 먹었으면 이 정도에서 자기 보고가 뭔가 안 먹힌다는 감을 잡았어야 한다. 그런데 CEO 박의 표정과 눈빛은 살피지 않은 채 우직하게 자기 생각만 늘어놓다가 당한 것이다.

● **왜 회장이 연봉을 물어보고 화냈을까** 그렇다면 CEO 박은 왜 그룹 회장에게 당했을까? 대답은 매우 간단하다. 경영에 관한 한 뱁새 수준인 CEO 박보다 두 단계 위의 고수인 회장의 눈높이를 맞추지 못한 것이다.

회장이 우수 인력의 최고 연봉을 물어보고 화를 낸 것은 그 당시 사장들 사이에 박혀 있었던 잘못된 고정 관념을 깨려는 것이었다.

'내가 이 회사에서 최고다. 따라서 연봉도 최고여야 한다.'

아무리 우수한 박사라도 자기보다 돈을 더 받는다는 것은 상상도 할 수 없다. 그런데 미국의 MIT나 스탠퍼드를 나온 세계적 과학자가 한국의 사장보다 적은 연봉을 받고 우리나라에 올까? 올 리가 없다. 실리콘밸리에 주저앉아도 10억 원 이상은 받을 텐데.

카메라 사업 담당 홍 사장도 비슷한 경우다. 회장 앞에서 보고만 잘하면 뭘하나? 과거 군대식 브리핑에 익숙한 우리나라 사람들은 보고 하나는 잘한다. 연초에 열리는 그룹 사장단 회의에서의 금년도 사업 계획을 만들 때 대개의 사장들은 한두 달 전부터 난리를 피며 준비한다. 아랫사람 여러 명이 밤샜을 것이다. 잘못하면 회장 앞에서 멋진 보고만 하는 연례 행사로 끝난다.

이런 보고도 좋지만 최고 경영자 스스로 카메라에 미치는 게 더 중요하다. 아마 세계에서 유명한 회사의 카메라 한 50개쯤은 주물러 먹어야 명품 카메라에 대한 감이 겨우 잡힐지도 모른다.

● **루스벨트 대통령과 태평양전쟁의 영웅 두리틀 대령의 눈높이 차이** 회사 경영을 보는 눈높이가 회장과 사장, 전무 사이에 차이가 나듯이 국운을 건 전쟁을 하는데도 이와 비슷한 경우가 있다. 이에 관련해 태평양전쟁 때 루스벨트 대통령과 도쿄를 공습한 두리틀 대령 사이에 얽힌 재미있는 이야기가 있다.

"미국에 돌아가면 영락없이 군법회의감이다. 그 많은 비행기와 조종사들을 잃어버렸으니."

중국에 불시착하여 허름한 농가의 곳간에 몸을 숨긴 두리틀 대령의 탄식이었다. 1942년 4월, 18대의 B21 폭격기를 이끌고 도쿄를 공습한 후 중국으로 가다가 비행 편대가 뿔뿔이 흩어져 제멋대로 불시착했다. 원래는 장개석군의 비행장으로 가려 했는데 연료가 바닥이 나버린 것이다.

당장 자신이 일본군에게 발각될지도 모르고 80여 명의 부하 조종사들의 생사도 모르는 상황이었다. 물론 군인이 생명같이 아끼는 최신예 폭격기 18대는 모두 잃어버린 것 같았다. 비행 편대를 모두 추락시킨 지휘관으로서 귀국하면 영창으로 직행할 것이라는 두려움을 안고 미국 땅을 밟은 그에게 무슨 일이 벌어졌을까?

미국에서 그는 이미 전쟁영웅이 되어 있었다. 플랭클린 루스벨트 대통령이 대국민 특별 담화를 통해 그렇게 만든 것이다.

"국민 여러분, 오늘 우리의 자랑스런 두리틀 대령이 이끄는 B21 비행기가 도쿄를 공습했습니다. 불과 넉 달 전 우리 하와이 진주만 기지를 기습 공격한 바로 그 대일본 제국의 심장부를 강타한 것입니다."

워싱턴에서 캘리포니아, 하와이에서 플로리다까지 모든 미국인들은 환호했다. 진주만의 악몽 이후 무적 일본군에 짓눌린 미합중국의 자존심을 되찾아준 것이다.

왜 이렇게 두리틀 대령이 예상치 못했던 일이 벌어졌을까? 대답은 아주 간단하다. 대통령과 두리틀 대령이 전쟁을 보는 눈높이가 달랐던 것이다.

직업 군인인 두리틀 대령에겐 비행기와 부하들이 중요했다. 그러나 루스벨트 대통령에겐 미국민의 사기 회복이 최대의 관건이었다.

진주만 공습으로 자존심이 찢길 대로 찢긴 루스벨트 대통령으로선 수십 대의 폭격기를 보내 단 한 대의 비행기가 단 한 발의 폭탄을 도쿄에 던지고 오더라도 "국민 여러분, 우리 비행기가 적군의 수도를 공습했습니다."라는 말을 할 수 있었다. 물론 이는 엄청난 정치적 효과를 가져왔다.

- 항상 경영자가 회사 경영에 대해 가지고 있는 큰 그림을 보고 상사와 협상하라. 요즘 세상은 회사의 경영 비전을 이해하지 못한 채 좁은 안목만으로 무조건 일만 꼼꼼히 하는 중간 관리자는 싫어한다.

- 지식기반경제시대에 정말 우수한 인재는 단순한 샐러리맨이 아닌 회사의 귀중한 자산이다. 그러므로 때론 사장보다 훨씬 많은 연봉을 받을 수 있다.

- 윗사람에게 보고할 때 항상 상대의 바디랭귀지를 살펴라. 얼굴을 찌푸리며 불쾌한 내색을 하는데 자신의 주장만 내세우면 영락없는 낙제감이다.

당신, 얼마면 되겠니?

| 연봉 협상의 '해야 할 것'과 '하지 말아야 할 것' |

평소 안면이 있는 헤드헌터사의 유 사장이 점심이나 같이하자고 했다. 유 사장은 미국 와튼 MBA 출신으로 헤드헌터계의 뜨는 별이었다. 김 팀장으로선 마다할 이유가 없었다.

다음날 한강이 내려다보이는 하얏트 호텔 레스토랑에서 만났다. 테이블이 아닌 룸으로 자리를 잡았다.

'유 사장이 한턱 단단히 내려나 보다' 하고 방으로 들어서니 한 번도 본 적이 없는 신사와 같이 있었다.

"김 팀장님, US디지털사 한국 지점을 맡게 될 피터 최입니다."

말쑥한 차림의 피터 최. 김 팀장보다 서너 살 많아 보이는 호감이 가는 상대였다. MIT에서 컴퓨터 박사학위를 받고 오랫동안 US디지털사에서 일했다고 한다. 그런데 US디지털사라면 작년에 맹 사부와 같이 시카고에 가서 협상을 한 그 회사인데……. 하여튼 김 팀장을 불러낸 사연을 들어보자.

"김 팀장님, 저희 회사가 한국에 진출하려고 합니다. 제가 이 일을 맡아 유 사장께 좋은 사람 좀 추천해 달라고 졸랐습니다."

"피터 최, 한국에서 디지털 솔루션 분야에 우리 김 팀장만큼 유능한 사람 없어요. 이렇게 자리를 내서 만난 것만도 대단한 것인 줄 아세요."

옆에서 유 사장이 호들갑을 떨었다. 대단한 꾼이었다. 이 정도니 입으로 먹고사는 헤드헌터계의 강자로 군림하리라.

"저희 회사가 한국에 진출하려면 바로 김 팀장 같은 분이 필요합니다. 마침 본사의 카네기 사장도 한번 만난 적이 있다고 기억하시네요."

'알고 보니 유 사장이 나를 US디지털사에 팔아먹으려고 이 자리를 만들었구나!'

하여튼 김 팀장으로선 기분이 나쁘진 않았다. 헤드헌터가 군침을 흘린다는 것은 그만큼 자신의 능력이 알려졌다는 걸 뜻하니까. 마침 요즘 회사에서 짜증나는 일도 있고 아내도 가족과 시간을 같이 안 보내고 너무 회사 일에만 매달린다고 푸념이었다. 그러고 보니 지난 3년간 휴가다운 휴가를 가지 못했다. 미국 기업이라면 여름 휴가 한번 푸짐하지는 않을까?

김 팀장의 이런 의중을 알아차렸는지 피터 최가 보다 적극적으로 나왔다.

“카네기 사장께서 아주 의욕적으로 한국 진출을 생각하고 계십니다. 김형께서 오시면 분명히 중요한 일을 맡기시고, 대우도 괜찮을 거예요. 아마 지금 받으시는 것보다 훨씬 많을 것입니다. 참고로 지금 받으시는 연봉이 얼마인가요?”

“제 연봉이요? 그 놈의 연봉 때문에 골치가 다 아파요. 원래 사내 비밀인데 우연히 알려져 요즘 동료들로부터 질시를 받고 있답니다. ‘동일 직급인데 자기들보다 터무니없이 많이 받는다’ 고요.”

“걱정 마십시오. 저희 회사는 연봉 책정을 철저히 비밀로 하고 있습니다.”

“그런데 제 연봉 책정에 관해선 누가 결정권을 가지고 있나요? 피터 최이신가요, 아니면 시카고 본사인가요? 그리고 한국에서의 구체적 사업 계획을 듣고 싶은데요.”

김 팀장은 장밋빛 청사진을 펼치고 장황하게 이야기하는 피터 최를 뒤로 하고 호텔 문을 나섰다. 물론 아내와 의논해 보고 다음주에 대답해 주겠다는 약속을 하고.

오후에 회사에 들어오니 정 대리가 쭈볏거리며 들어왔다. 자기 연봉을 올려 달라는 것이었다. 오늘은 참으로 재미있는 날이었다. 점심 땐 김 팀장 자신의 연봉 협상을 하고, 지금은 부하 직원과 연봉 인상 이야기를 해야 하는 것이다. 그런데 이 친구, 마음에 들지 않았다. 지난주에 직속 상관인 김 팀장을 제치고 본부장에게 먼저 연봉 인상 이야기를 꺼냈다.

“정 대리도 회사 분위기를 알고 있겠지만 지금 월급 올려 달라는 이야기를 꺼낼 분위기가 아니야. 사운을 걸고 신제품 개발에 자금을 투입하느라 회사에 여력이 없어. 그리고 직원 연봉 인상은 1년에 한 번 인사위원회에서 일괄적으로 결정해.”

“저도 그 점은 잘 알고 있습니다. 그런데 사실은…….”

뭔가 털어놓고 싶은 말이 있는 눈치였다.

“팀장님을 평소 형님처럼 모시고 있어 말씀드립니다. 절대 회사에서 딴 사람에겐 말하지 마세요. 사실 경쟁사인 M사에서 저보고 오라고 합니다. 조건도 꽤 좋고요.”

적당히 등을 두들겨 돌려보내려던 김 팀장은 바짝 긴장하고 의자를 끌어당겨 앉으며 정 대리와 연봉 인상 협상을 했다. 지금 이 친구가 빠져나가면 당장 괴로운 사람은 김 팀장이었다. 성인 게임 개발 분야에 정 대리만큼 통달한 직원을 찾기 쉽지 않기 때문이다.

협상묘수풀이

- ### 채용이 결정되기 전에는 현재의 연봉을 말하지 마라

당신도 한 번쯤은 헤드헌터로부터 전화를 받을 것이다. 아마 매력적인 매너로 점심이나 같이하자고. 그리곤 넌지시 ‘직장을 옮길 생각이 없느냐?’고 물을 것이다. 바로 김 팀장에게 제안했던 것처럼.

분명 헤드헌터한테 찍힌다는 것은 좋은 일이다. 그만큼 당신의 능력이 업계에 잘 알려졌다는 걸 의미하니까. 헤드헌터를 직업소개소와 혼동해선 안 된다. 헤드헌터는 유능한 인재를 찾아 달라는 회사의 부탁을 받아 사람을 찾아주는 비즈니스를 한다. 쉽게 말해 좋은 회사에서 멀쩡히 일을 잘하고 있는 인재를 찾아내 꼬드기는 것이다. 연봉을 더 많이 줄 테니 직장을 옮기라고.

대개 얼마를 더 주어야 직장을 옮길까?

로저 도슨Roger Dawson에 따르면, 미국에선 적어도 15퍼센트 연봉 차이가 나야 직장을 옮긴다고 한다. 이사 비용, 새 직장에서 사람 사귀는 노력 등을 감안한 액수다.

그런데 인간 관계를 더 중요시하고 직장 텃세가 심한 한국에선 최소한 30퍼센트 이상은 차이가 나야 직장을 바꾼다고 한다. 물론 이는 스스로 직장을 바꾸는 경우가 아니라 헤드헌터한테 스카우트를 당할 때를 말한다.

당신이 직장을 옮기기로 마음먹고 새 회사의 인사 담당자를 만나면 약방의 감초처럼 꼭 나올 질문 두 가지가 있다.

"지금 연봉을 얼마나 받고 있나요?"

"우리 회사에서 얼마를 받으시길 원하나요?"

절대 이 질문에 그 자리에선 대답해선 안 된다. 새 회사가 당신을 채용하기로 결정한 후에 연봉 협상을 시작해야 한다. 당신이 지금 받는 연봉을 처음부터 밝히면 이것이 새 연봉 협상의 출발점이 되어버린다.

예를 들면 1억 원은 충분히 받을 수 있는 상황인데, 현재 연봉이 6,000만 원이라고 밝힌다고 하자.

"그럼 현재 연봉의 1.5배인 9,000만 원을 드리겠습니다."

‘오, 50퍼센트나 올려줘!’

당신이나 상대 모두 엄청난 연봉 인상률에 만족할 것이다. 그것으로 끝이다. 상대가 당신을 인터뷰하는 것은 당신이 필요해서이다. 그러므로 탐나는 채용 대상으로서 당신의 가치가 얼마일지는 협상을 해보기 전에는 아무도 모른다. 심한 경우, 기존 연봉의 두 배, 세 배 받고 외국 다국적 기업으로 옮겨가는 경우가 허다하다.

연봉을 묻는 피터 최의 질문에 협상의 고수인 김 팀장은 절묘하게 되받아쳤다. 동료보다 훨씬 높은 자신의 연봉이 알려져 골치가 아프다고 말했다. 교묘한 방법으로 자신의 몸값을 높인 것이다. 당신도 새 회사와 연봉 협상을 할 때는 김 팀장처럼 당신의 능력과 가치를 은근히 과시해야 한다.

예를 들면 ‘사내 최고 세일즈맨상’ 같은 표창 경력, 자신이 성사시킨 큰 프로젝트 상담건 등을 여러 가지 방법을 통하여 상대에게 알려주면서 말이다.

상대의 ‘윗분 들먹이기’에 넘어가지 마라.

왜 김 팀장이 ‘연봉 결정 권한이 한국 지사장인 피터 최에게 있는지 또는 시카고 본사에 있는지’를 물었을까? 상대의 ‘윗분 들먹이기’에 넘어가지 않기 위해서였다. 당신이 새 회사의 인사팀장을 만나 어렵게 연봉 협상을 해서 1억 원을 받기로 했다고 하자. 그런데 상대가 마지막 순간에 흔히 내미는 오리발이 있다.

“사실 우리 회사에서 연봉 책정의 최종 결정은 사장님이 합니다. 사장님 결재를 받고 다음주에 결과를 알려드리겠습니다.”

기껏 당신과 연봉 협상을 해놓고 윗분을 팔아 좀 더 유리한 고지를 점령하려는 술책이다. 분명 다음주에 상대는 당신한테 이렇게 말할 것이다.

"사장님께서 연봉 1억 원은 안 된다고 하십니다. 8,000만 원은 어떠세요?"

이렇게 나오면 지난주에 어렵사리 한 연봉 협상은 허사가 된다. 그러므로 김 팀장처럼 누가 최종 결정권자인지를 처음부터 분명히 해둬야 한다. 당신이 유리한 협상 상황에 서 있다면 좀 더 배짱 있게 나갈 수도 있다.

"팀장님께서 권한이 없으시다면 결정권을 가지신 사장님과 직접 이야기하게 해주세요."

사람을 스카우트하거나 채용할 땐 대개 자기 회사에 관해 많은 것을 떠들어댄다. 들으면 당장이라도 달려가고 싶은 충동이 생기는 화려한 사업 계획들을 늘어놓는데 이때 조심하지 않으면 안 된다. 상대는 지금 유리한 것, 매력적인 면만 이야기한다.

비즈니스에는 반드시 빛과 그림자가 있다. 따라서 당신이 꼭 짚고 넘어가야 할 부분은 상대가 슬쩍 지나쳐 버린 어두운 측면과 논쟁거리가 될 점들이다.

다음으로 협상의 마지막 단계에서 상대가 '윗분' 을 들먹이면 당신도 똑같은 핑계를 대라. 가장 편한 것이 아내 핑계이다. 직장을 옮기는 것은 중요하기에 아내와 상의해 봐야겠다는 것이다. 이때 당신의 협상력을 높이려면 집안에서 아내의 발언권이 세다는 것을 은근히 암시해라. 그러면 다음번에 만날 때 당신도 이렇게 핑계 댈 수 있을 것이다.

“아내와 상의해 보았는데 겨우 1억 원으로 직장을 옮기냐고 잔뜩 핀잔만 들었습니다. 가족들이 지금 있는 회사에 대단한 긍지를 느끼고 있고 발전 가능성도 크다고 말하네요.”

그러면서 이 완고한 아줌마를 설득하려면 연봉을 좀 더 올려줘야겠다고 은근히 협박하는 것이다.

휴가, 각종 수당에 관한 협상도 본 협상과 같이해야 한다. 연봉 못지않게 보너스 협상도 중요하다. 직종에 따라선 보너스 체계가 연봉보다 당신의 주머니 사정에 더 큰 영향을 줄 수도 있다. 투자회사, 보험회사, 판매 전문회사 등으로 옮길 경우이다. 다음으로 의료보험, 유급 휴가, 학비 보조, 주택 수당 등도 상세히 논의해야 한다. 대개의 경우 연봉이 타결되면 상대는 협상 테이블에서 손 털고 일어서려 한다.

“자, 그럼 이제 우리 회사의 새 식구가 되었습니다. 손잡고 잘해 봅시다.”

그러고는 큰 것이 결정되었으니 자질구레한 수당이나 휴가 등은 다음에 이야기하자고 할 것이다. 여기서 넘어가면 안 된다. 아마 새 회사에 출근한 몇 주 후 휴가, 각종 수당에 관한 조건이 적힌 종이 한 장을 내밀고 서명하라고 할 것이다. 그때 당신은 이들 조건을 제대로 협상조차 못하고 새 회사의 지침을 받아들일 수밖에 없을 것이다.

전문가의 분석에 따르면, 각종 후생 혜택에 대한 협상이 당신 소득의 10퍼센트 정도까지 영향을 미친다. 론 크란니치Ron Krannich 박사에 따르면, 당신이 서구 다국적 기업과 연봉 협상을 할 때 이사비, 월 주차료, 회사 골프 회원권과 헬스클럽 사용권, 해외여행 시 비즈니스 클래스 사용권까지도 꼼꼼히 따져야 한다.

배짱 있게 나가는 연봉 협상 전략

연봉 협상 전략의 제1조는 무조건 '하이볼'로 때리라는 것이다. 만약 상대가 6,000만 원을 제안하면 아주 난처한 표정 내지는 어처구니없다는 태도를 보여라. 그리곤 한 1억 원쯤으로 세게 되받아쳐라. 이때 꼭 얼굴에 미소를 띠어야 한다. 그래야 상대도 호의적으로 나오면서 협상하려 들 것이다.

제2조는 계속 버텨라. 1억 원 이하면 회사를 옮길 생각이 추호도 없다는 단호한 태도를 보여라. 물론 이때 상대 회사가 나에게 1억 원을 주더라도 밑질 것은 없다. 나의 능력은 그 열 배 이상을 벌어줄 수 있다는 객관적 자료와 정보를 제공하라. 자연히 협상이 교착 상태에 빠질 것이다. 이때 당신이 먼저 적당히 타협하자고 하면 안 된다.

"말씀하시는 6,000만 원과 제가 제시한 1억 원의 딱 중간인 8,000만 원으로 합시다."

이렇게 말하면 상대는 당신이 양보할 의사가 있다는 것을 알아채고 8,000만 원 이하로 내려치려 덤벼들 것이다. 설사 협상이 교착 상태에서 벗어나지 못하더라도 딱 자르지 말고 다음에 만날 여지를 남겨라.

"서로 며칠 더 생각해 보고 다음주에 다시 만나죠. 저도 제 집사람과 상의해 보겠습니다."

여기서 한 수 더 뜨려면 경쟁 회사가 있다는 것을 은근히 암시하며 위협할 수도 있다.

"사실, 솔직히 말씀드리면 비슷한 제안을 한 군데서 더 받았습니다. 그 회사와 이야기를 해보고 연락드리겠습니다."

어쩌면 상대가 바짝 달아오를지도 모른다. 정 대리의 말에 김 팀장이 태도를 바꾸듯이 말이다.

● **연봉 협상에서 피해야 할 몇 가지 실수**　　당신이 1억 원을 제시했다. 그러나 마음속으로 8,000만 원만 받으면 수락할 생각이다. 로저 도슨에 따르면, 이때 피해야 할 몇 가지 실수가 있다.

첫째, 상대의 블러핑에 넘어가 한번에 카드를 다 던져 버리는 것이다. 인터뷰한 얼마 후에 새 회사의 인사 담당자가 당신과 밥이나 한번 먹자고 하며 아주 솔직히 나올 수도 있다.

"사실, 저는 선생님이 제일 마음에 들어 뽑고 싶습니다. 그런데 사장님이 최종 후보 세 명 중에서 제일 낮은 연봉을 제시하는 사람을 뽑으라고 합니다. 저는 선생님 편입니다. 우리끼리니 꼭 받으실 연봉만 말씀해 주십시오. 그러면 제가 사장님을 설득해 보겠습니다"

한국인은 정에 아주 약하다. 여기에 당신이 넘어가 인간적으로 2,000만 원을 한꺼번에 양보해 버린다 하자. 당연히 상대는 8,000만 원에서부터 협상을 시작해 더 깎으려 들 것이다.

둘째, 당신이 양보하는 액수에 어떠한 형태로든 '어리석은 패턴'을 보여주어선 안 된다. 예를 들어 500만 원씩 세 번 양보하는 것이다. 상대는 한 번 당신을 몰아붙일 때마다 최소 500만 원씩 연봉을 끌어내릴 수 있다는 걸 알아차릴 것이다.

셋째, 점점 크게 양보해서는 안 된다. 1억 원을 요구해 놓고는 상대의 반응을 살피기 위해 200만 원 정도 양보하는 것이다. 당연히 상대는 안 받아들일 것이고 다시 400만 원, 600만 원…… 하는 식으로 양보 폭을 점점 크게 하는 것이다. 이때 상대는 당신이 급속히 무너져 내리고 있다고 속으로 쾌재를 부를 것이다.

이러한 오류를 피하기 위한 연봉 협상의 정석은 리처드 셸식 가격 협상 전략을 쓰는 것이다. 처음에 한 600만 원 양보한 9,400만 원에서 버텨라. 다음에 500만 원 양보한 8,900만 원, 400만 원 양보한 8,500만 원, 300만 원 양보한 8,200만 원.

이렇게 양보 폭을 600만 원, 500만 원, 400만 원, 300만 원, 200만 원으로 줄여가며 당신이 처음에 목표로 한 연봉 8,000만 원에 접근해가는 것이다. 물론 상대가 당신의 양보 패턴을 파악하면 조금 문제가 있기는 하지만, 그래도 이 방법이 가장 바람직한 연봉 협상 전략이다.

- 헤드헌터를 통해 스카우트가 될 경우 적어도 현재 연봉보다 30퍼센트 이상 더 받거나, 스스로 직장을 움직일 경우에는 10퍼센트 이상 받을 때 움직여라. 직장을 바꿀 때에는 보이지 않는 비용과 정신적 부담이 있다. 특히 한국같이 인간관계가 중요하고 텃세가 심한 사회에서 말이다.

- 새 회사에서 당신의 채용을 결정하기 전에는 절대 현재의 연봉과 희망 연봉을 말하지 마라. 현재 연봉이 새 연봉 협상의 발목을 잡는다. 많은 경우 두 배 이상 받고 스카우트되는 경우까지 있는 점을 명심하라.

- 상대의 첫 번째 연봉 제의를 수락하지 마라. '하이볼'로 높게 제시한 뒤 거기서 버티고 버텨라. 물론 자신의 능력을 은근히 과시하면서 절대 먼저 타협하자고 해서는 안 된다. 만일 협상이 교착에 빠지면 반드시 다음에 만날 여지를 남겨 둬라.

- 상대의 '윗분 들먹이기'에 넘어가지 마라. 협상을 시작할 때 누가 연봉 최종 결정권자인지를 확인하라. 끝판에 사장 결재를 받아야 한다고 윗분을 들먹이면 당신도 똑같이 받아쳐라. 아내와 상의해야 한다고.

- 유급 휴가, 각종 수당 등도 본 협상과 같이 마무리해라. 이를 뒤로 넘겨버리면 불리한 입장에서 회사의 일방적 요구를 받아들이게 된다.

- 지금 회사에서 연봉을 올려 달라고 할 땐 직속 상관을 건너뛰지 마라. 만일 차상급자가 연봉 권한을 가지고 있다 하더라도 먼저 직속 상관과 연봉 고민을 하고 난 후 차상급자와 협상하라.

- 미국에선 기존 회사를 떠날 각오로 연봉 인상 협상을 해야 한다. 그러나 우리나라 비즈니스 문화에선 좀 더 '한국적인 방법'으로 협상해야 한다. 말하자면 은근한 방법으로 협상력을 높이는 것이다. 다른 회사에서 스카우트 제의가 왔다거나 선배 사업이 번창해 도와 달라는 부탁을 받았다는 식으로 말이다.

협상으로 나라를 구한 서희 장군

우리 역사에도 협상으로 전쟁을 막고 옛 영토를 되찾은 뛰어난 인물이 있다. 바로 서희(942~998) 장군이다. 지금으로부터 1천여 년 전 고려 성종(재위 981~997) 때 일이다. 만주 지방에서 세력을 키운 거란의 장수 소손녕이 대군을 이끌고 고려를 치러 압록강까지 왔다.

나라가 일촉즉발의 위기에 빠진 가운데, 서희 장군이 달랑 수행원 몇 명만 데리고 소손녕 장군과 담판을 짓겠다고 나섰다. 본인이 가보겠다고 하니까 말리지는 않았지만 어느 누구도 서희 장군에게 기대를 걸지 않았다. 잘하면 협상이라는 명분 아래 시간을 좀 벌 수 있을 것이라고 내다봤을 뿐이다.

그런데 놀라운 일이 벌어졌다. 거란군이 자진 철군하고 더욱이 고구려의 옛 땅이었던 압록강변의 강동 6주까지 되돌려주었던 것이다. 서희 장군이 도대체 어떤 협상을 했기에 거란군이 말머리를 돌렸을까? 대군을 이끌고 침입한 적을 협상으로 돌려보내기 위해서는 자국 영토를 떼어주는 것이 상식인데, 어떻게 서희 장군은 거꾸로 강동 6주까지 되찾았을까? 도저히 믿을 수 없는 일이 벌어졌던 것이다.

이에 대한 대답은 뜻밖에도 간단하다. 소손녕과 협상 테이블에 마주앉은 서희 장군은 '상대가 무엇을 원하고 왔는지' 의중bottom-line을 정확히 꿰뚫어보았다. 거란의 왕은 고려 침공을 명분으로 내세웠지만 진정으로 바라는 것은 송나라를 정벌해 광대한 중국 대륙을 차지하는 것이었다.

하지만 송나라를 치기 위해 섣불리 출병했다가는 송과 군사동맹을 맺은 고려한테서 기습당할 수도 있었다. 말하자면 거란은 송나라로 출병하기에 앞서 후환을 없애기 위해 그들의 배후에 있는 고려를 먼저 제압하고자 했던 것이다. 즉, 고려 땅을 침공하는 것 자체가 거란의 목적은 아니었다. 서희 장군은 이 같은 거란의 고민을 꿰뚫어보고는 '송나라와 동맹관계를 단절하겠다' 는 협상카드를 내놓았다. 사실 거란은 송나라와 총력전을 앞둔 상황이었기 때문에 굳이 이롭지도 않은 고려와 전쟁을 벌일 필요가 없었다. 그래서 소손녕과 서희 장군은 이른바 '누이 좋고 매부 좋다' 는 윈윈 협상을 성사시킬 수 있었다.

소손녕이 협상을 마무리했다고 생각하고 말머리를 북으로 돌리려는데 서희 장군이 말고삐를 잡았다.

"장군, 협상이 아직 끝난 것이 아닙니다. 이대로 개성에 돌아가면 나는 맞아죽을지도 모릅니다. 장군도 알다시피 지금 고려 조정에는 친송파인 강경파가 득세하고 있습니다. 이 자리에서 송나라와 동맹을 끊겠다고 장국과 약속을 했으나 개성에 돌아가서 임금님과 강경파를 설득하는 것이 큰 문제입니다. 오랜 기간 종주국인 송나라와 관계를 끊고 북쪽 오랑캐와 손을 잡았다고 나를 몰아칠 것이 뻔하지 않습니까?"

소손녕이 서희 장군의 말을 듣고 보니 일리가 있었다.

"그러면 내가 어떻게 해주면 고려 왕을 설득할 수 있겠소?"

"강동 6주를 돌려주시오. 옛 고구려 영토인 강동 6주를 되돌려 받는다면 고려 조정에서도 이번 협상 결과에 대해 왈가왈부하지 않을 것입니다."

"가지시오."

당시 압록강변의 강동 6주는 명목상으로는 거란 영토였지만 여진족이 살고 있었다. 거란은 거대한 중국 대륙이 눈앞에 아른거리는 마당에 여진족이 살고 있는 보잘것없는 땅덩어리 정도는 떼어줘도 괜찮다고 생각했던 것이다.

그로부터 600여 년이 흐른 뒤에 이와 비슷한 상황이 또 한 차례 벌어졌다. 조선 인조 때 만주족을 일으켜 청나라를 세운 태종이 조선에 대해 명나라와 관계를 끊으라고 요구하고 나섰던 것이다. 이때도 거란의 침입을 받았던 고려 조정과 마찬가지로, 조선 조정은 강경파와 화친파로 갈라져 우왕좌왕했다.

불행히도 서희 장국 같은 뛰어난 협상가가 없었던 조선은 곧바로 병자호란에 휘말리고 말았다. 인조는 남한산성으로 도망갔다가 결국 항복할 수밖에 없었고 지금의 송파구에 있는 삼전도에서 청나라 태종 앞에 엎드려 비굴하게 항복의 예를 치러야 했다. 형제국이 아닌 신하국으로서 조선의 임금이 이마를 맨땅에 세 번 치받는 삼전도의 치욕을 치렀던 것이다. 수많은 백성들이 만주족의 창칼에 살육당했음은 물론이다.

엿듣는 낮 새와 밤 쥐를 조심하라

| 비즈니스도 도청당한다 |

센 강이 내려다보이는 파리 니꼬 호텔 707호실. 김 팀장은 서울의 사장님에게 전화를 하려고 침대 옆 스탠드에 있는 수화기를 들었다. 지난 일주일간 디지털 솔루션 특허 기술을 사는 협상을 했는데, 당초 생각했던 것보다 상대 회사의 기술력이 좋았다.

그런데 문제는 가격이었다. 서울 떠날 때 3억 달러면 충분할 줄 알고 여기까지만 OK를 받아왔다. 그런데 상대 회사가 3억 5,000달러 이하면 안 팔겠다고 버티고 있었다. 전문가의 입장에서 볼 때 5,000달러를 더 주더라도 지금 사는 게 회사에 이익이었다. 미국과 독일의 몇몇 회사가 이 기업에 군침을 흘리고 있다는 소문도 들렸다.

'잠깐!'

김 팀장은 전화번호를 누르다가 전화를 끊어 버렸다.

'혹시…….'

누군가 자기의 통화를 엿듣고 있을지도 모른다는 생각이 들어서였다. 도청은 007 영화에서만 나오는 일이 아니므로.

협상묘수풀이

- ### 전쟁의 승패를 가르는 도청

오늘날 비즈니스도 정보전이다. 상대 회사의 정보를 하나라도 더 갖는 자가 협상에서 훨씬 유리한 고지에 설 수 있다. 사실 정보는 전쟁의 성패까지도 좌우한다. 상대방 군사 정보를 얻기 위해 스파이, 미인계 등 별의별 수단을 다 쓴다. 그중 가장 대표적인 것이 상대의 암호를 도청하는 것이다. 일본이 태평양전쟁에서 결정적으로 패한 미드웨이 해전은 미국의 도청과 암호 해독 때문이었다.

하와이 진주만 기습에 고무된 일본 해군은 태평양 한가운데에 있는 미드웨이 해군기지를 또다시 기습하기로 하고 최정예 연합 함대를 비밀리에 출동시켰다. 일본 해군의 갑작스런 교신 증가를 감지한 미 해군 정보국은 긴장했다. 이건 기습의 징조였다. 그들은 진주만에 이어 또다시 뒤통수를 맞아선 안 된다고 생각했다.

일본 해군 사이에 'AF'라는 지명이 끊임없이 오가는 것으로 봐 AF

가 공격 목표인 것 같았다.

"그런데 이 AF가 넓은 태평양에 흩어져 있는 그 많은 미군기지 가운데 어느 곳일까?"

이때 미 해군 정보국이 꾀를 내었다. 미드웨이 미군 기지에서 '물탱크 고장, 긴급수리 필요!' 라는 내용을 일부러 평문으로 보냈다. 그랬더니 'AF(?)에 식수 부족' 이라는 암호문들이 일본 함대 사이에 바쁘게 오갔다. 바로 미드웨이가 공격 목표였다!

니미츠 제독의 함대는 다가오는 일본 연합 함대를 느긋하게 기다리고 있었다. 이를 모르고 제2의 진주만을 노리고 미드웨이로 간 노구모 제독의 함대는 기습은커녕 복병을 만나 일본이 자랑하던 주력함대를 고스란히 바다에 가라앉혔다.

바로 이 미드웨이 해전에서 태평양전쟁의 승세가 뒤바뀐 것이다.

암호 해독에 얽힌 재미있는 이야기를 하나 더 해보자.

워싱턴 골프장에서 일본계 미국인 노부부를 만나 말을 나눴다. 할아버지는 제2차 세계대전 때 미군 정보부OSS에서 일본군 암호를 해독하는 일을 했단다. 그런데 할머니는 제2차 세계대전 때 미 정부가 일본계 미국인을 강제로 이주시킨 캘리포니아의 수용소에서 고생했다고 했다. 그래서 짓궂은 질문을 했다.

"일본계 미국인으로서 일본과 미국이 싸울 때 누구 편을 들고 싶었습니까?"

"당신은 엄마와 아버지가 싸울 때 누구 편을 들겠습니까?"

주먹만한 캘러웨이 드라이버를 든 할아버지의 재치 있는 대답이었다.

● 미국과 유럽 사이의
　　비즈니스 도청 스캔들　　　　한미 FTA 협상을 하러 우리

대표단이 미국에 갈 때도 암호로 서울과 교신한다. 도청을 당하지 않기 위해서이다. 그럼 김 팀장의 파리 통화는 도청을 당할까?

'까짓 기업 사이의 협상인데, 누가 할 일 없이 도청할까?'

대부분의 비즈니스맨은 이렇게 가볍게 여길 것이다. 천만의 말씀이다. 이는 크게 잘못 생각한 것이다. 무한 경쟁시대에 비즈니스의 세계는 정글과 다름없다. 필요하다면 상대방이 얼마든지 당신을 도청할 수 있다. 여기서 말하는 상대방은 거래 회사뿐만 아니라 상대국 정부나 첩보기관일 수도 있다. 그러므로 협상에 관계된 중요한 정보를 서울 본사와 주고 받을 때는 조심해야 한다.

이 같은 일은 도덕적 기준이 낮은 삼류 국가에서만 벌어지는 것이 아니다. 미국 같은 나라도 필요하면 이 같은 염치없는 짓을 한다.

실제로 몇 년 전에 미국이 주도해 온 세계적인 전자 첩보망인 에셜론이 산업 스파이 용도로 악용돼 온 사실이 밝혀져, EU가 발칵 뒤집힌 적이 있었다. 미국 중앙정보국CIA이 에셜론을 이용해 국제 비즈니스 협상을 도청했던 것이다.

브라질 정부가 아마존 환경 감시를 위한 위성 장비 발주에 대해 국제적으로 공개 입찰을 실시한 적이 있다. 막대한 규모의 이 사업을 따내기 위해 많은 외국 기업들이 달려들었고, 결국 미국 기업과 유럽 기업이 막판까지 경쟁을 벌였다. 이때 브라질로 날아간 유럽 기업인이 정부 고위 관리와 은밀한 협상을 했다.

"도와주면 단단히 사례하겠다."

이것은 물론 쥐도 새도 모르는 비밀 거래였다. 브라질 고위 관리의 대답은 OK! 유럽 기업인은 이 사실을 브라질리아에서 유럽 본사로 알렸다. 그런데 이 대화를 우주에 떠 있는 에셜론이 포착했던 것이다. CIA는 이 정보를 유럽 기업과 경쟁하고 있던 미국 기업에 주었다.

당신이 이 정보를 받아 쥔 미국 CEO라면 이를 어떻게 활용하겠는가? 브라질 정부 관료를 접촉해 유럽 기업보다 더 많은 액수를 제시하는 협상을 하겠는가? 그 정도 수준이라면 협상자로서 낙제이다. 당연히 이 카드로 브라질 관리를 협박해야 한다.

"우리에게 협조하지 않으면 이 비밀 거래를 폭로해 버리겠다."

이렇게 해서 발목을 잡힌 브라질 관리는 엄청난 떡을 결국 미국 기업에 내주고 말았다.

그런데 2000년 초에 CIA 비밀 문서가 해제되면서 문제가 불거졌다. 이런 도청 덕분에 미국 기업이 엄청난 이득을 챙겨 왔다는 사실이 낱낱이 밝혀진 것이다. EU는 에셜론특별위원회까지 만들어 야단법석을 떨었지만 이미 물 건너간 사건인데 어쩌겠는가.

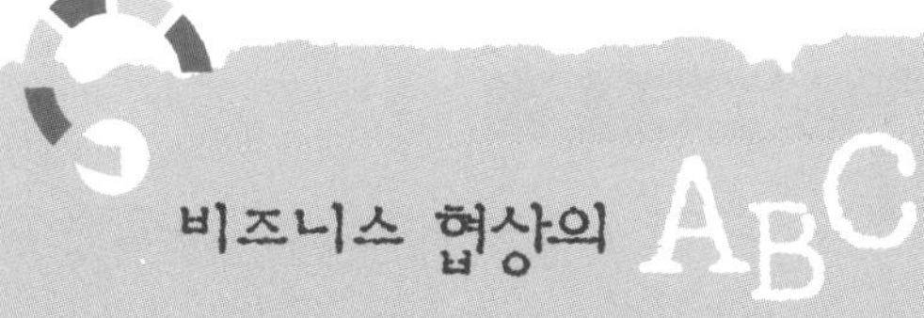

● 해외에서 중요한 내용을 본사와 통화할 때는 호텔 방의 전화를 쓰지 마라. 비즈니스 협상도 도청당할 수 있다. 가능하면 거리의 공중전화나 휴대폰, 또는 공항에서 빌려주는 임대폰을 써라.

● 이메일도 금물이다. 모든 인터넷 통신은 상대가 마음만 먹으면 식은 죽 먹기로 접근할 수 있다. 비문으로 바꾸어도 소용이 없다.

진정한 '한 수 위'를 보여줄 것

| 군말이 필요없는 리더십 협상 |

"어! 소대장님 아니십니까?"

"돌팔이! 아니 황 병장, 정말 반갑다!"

김 팀장은 퇴근길에 해병대 전방 소대장 시절의 황 병장을 만났다. 비도 내리고 출출하기도 해서 둘은 술 한잔 기울이며 군대 시절 이야기를 했다.

"그때 읍내 보건소 옆 중국집 탕수육 정말 맛있었지?"

"에이, 소대장님, 또 그 이야기하십니까! 소주나 한잔 드세요."

벌써 20년의 전의 일이다.

"소대장님, 황 병장이 도저히 못 걷겠다고 난리입니다. 큰일났습니다. 내일 어떻게 하죠?"

오전에 소대원을 집합시켜 놓고 단체기합을 주었는데 말썽이 생긴 것이었다. 다음날이면 국방부 특검이 나오기로 되어 있었다. 구타금 지라는 명령이 여단에서 수시로 내려오는데, 분명 특검단이 구타 여 부를 확인할 것이었다.

황 병장이 누워 있으면 이유를 따질 테고 그 다음부턴 일이 복잡해 질 게 뻔했다. 그런데 김 팀장, 아니 그 당시 김 소위는 머리를 갸우뚱 하지 않을 수 없었다.

"분명 저렇게 못 걸을 정도로 호되게 다루질 않았는데, 이상하다?"

뭔가 꿍꿍이가 있는 것 같았다. 그래서 조용히 황 병장을 불렀다. 그 러자 황 병장이 지팡이를 짚고 거의 기다시피 해서 내무실을 나왔다.

"정말 아픈가?"

"소대장님, 말도 마십시오. 쑤시고 저리고 걷지를 못하겠습니다."

"그럼 병원엘 가야지. 지금 나와 같이 가자."

전방 산길을 두 시간 걸으면 조그만 읍내가 있고 그곳에 보건소가 있었다. 소대 정문을 나서려니 지팡이를 짚고 쓰러지고 엎어지고 난 리였다. 도저히 못 걷겠다는 것이다. 그런 황 병장을 데리고 산을 넘 고 내를 건너 읍내에 도착했다. 읍내라고 해보았자 시골 초등학교 하 나, 우체국, 지서, 식당, 가게 몇 개에 민가 몇 채뿐이었다.

보건소로 들어가는 골목 입구에 시골 중국집이 하나 있었다. 마침 열린 주방문으로 나오는 구수한 중화요리 냄새가 코를 찔렀다. 날마 다 군량미만 먹는 젊은 군인들에게 중화 요리는 에덴동산의 사과보다 더욱 달콤한 유혹이었다.

이때 김 소위가 아무 소리도 하지 않고 허름한 중국집 문을 밀었다. 황 병장과 나란히 앉은 김 소위가 주문을 했다.

"탕수육 한 접시, 야끼만두 두 접시, 짬뽕 곱빼기 둘, 그리고 고량주 두 병 주세요."

황 병장이 놀라지 않을 수 없는 진수성찬이었다. 둘이서 정신 없이 먹고 마셨다. 꺼칠한 정부미에 메말랐던 위장에 기름기와 독한 고량주가 들어가니, 기분은 하늘을 찌르고도 남았다.

두 사람은 느긋하게 이쑤시개로 이빨을 쑤시며 중국집 문을 나섰다. 오른쪽으로 꺾어지면 보건소, 왼쪽으로 돌아서면 소대로 되돌아가는 길이었다.

김 소위는 아무 말도 하지 않고 왼쪽 길로 발길을 꺾었다. 아카시아 향기가 싱그러운 고개를 하나 넘고 나서 뒤를 흘끔 돌아보았다. 황 병장이 두 발로 씩씩하게 걸으며 따라오고 있었다. 언제 절뚝거렸냐는 듯이. 물론 올 때 손에 들고 있던 그 지팡이는 벌써 내팽개치고서 말이다. 소대에 돌아온 그들은 아무 말도 하지 않은 채 헤어졌다. 김 소위는 소대장 벙커로, 의무병이던 황 병장은 의무실로.

야간 근무를 진입하느라 연병장에 모여 인원 점검을 하고 있던 선임하사와 소대원들이 그들의 모습을 어안이 벙벙한 얼굴로 바라보았다. 절뚝 황 병장이 씩씩하게 걷는 모습을 보고도 어느 누구도 둘 사이에 무슨 일이 벌어졌는지를 묻지 않았다.

다음날 국방부 특검이 잘 끝난 것은 두말할 필요가 없었다.

협상묘수풀이

● **모택동식
리더십 협상**   정말 절묘한 무언의 협상이다. 김 소위와
황 병장은 단 한마디도 하지 않고 협상을 깨끗이 윈윈 게임으로 마무
리했다. 황 병장은 당시 전방 사병이 꿈도 못 꾸던 탕수육과 고량주를
마음껏 먹고 마셨다. 이에 대한 답례로 엄살을 걷어치우고 두 발로 걸
어 귀대했다.

처음부터 보건소에 갈 일이 없었다. 나중에 알고 보니 고참 내무반
장이 황 병장에게 엄살을 피우라고 시켰단다. 자신들에게 체벌을 가
한 신임 소대장을 골탕 먹이기 위해 일부러 그런 것이다.

동서고금을 막론하고 군대의 가장 큰 관심은 어떻게 하면 상급자
와 하급자 사이의 지휘 명령과 복종 체계를 세우냐는 것이다. 말하자
면 군대에서 상급자와 하급자 사이의 특별한 협상 방법이다. 전통적
으로 가장 쉬운 방법은 병사에 대한 체벌이다. 하지만 역사적으로 모
든 나라의 군대들이 비인간적인 구타는 없애려고 노력했다.

우선 영국군은 19세기 중반 크림 전쟁 때부터 군에서 구타를 없앴
다. 그 전에는 채찍으로 등을 때렸다. 미군은 남북전쟁 때, 모택동 군
대는 항일 운동을 하던 1930년대에 이미 구타가 없었다고 한다. 기록
상으로 제일 늦게까지 구타가 남아 있던 곳이 일본 군대와 한국 군대
라고 한다.

"아니, 게릴라전을 하려면 식량도 충분치 않고 부하를 통솔하기가 어려울 텐데, 어떻게 구타 없이 모택동 군대는 전쟁을 했나요?"

당연히 이렇게 물을 것이다. 이에 대한 대답은 매우 간단하다.

"말을 듣지 않는 사병은 장교가 권총으로 쏴버렸다. 모택동 군대에는 야전 지휘 장교가 즉결 처분권을 가지고 있었다."

이 말을 들으면 한국 남아로 태어난 게 정말 다행이라는 생각이 들 것이다. 차라리 군복 입고 몇 대 쥐어 맞는 게 훨씬 낫지.

● **알렉산더와 나폴레옹의 리더십 협상** 상관과 부하간의 또 다른 협상은 리더십을 통한 것이다. 리더십이 얼마나 중요한가를 알아보기 위해 역사 속에서 위대한 영웅이나 장군들의 리더십을 살펴보자.

알렉산더 대왕은 전투를 시작하기 전 병사들 앞을 돌며 개개 병사의 이름을 불렀다고 한다.

"마케도니아의 용사, 티벨리우스, 파리우스, 아르테미우스……."

3만 5,000여 명의 병사를 데리고 페르시아에서 몇 년간 생사고락을 같이했으니, 어지간히 용감한 고향 병사의 이름을 대왕이 친히 기억하고 있었던 것이다. 이렇게 대왕으로부터 이름을 불린 병사들은 용기가 백배하여 물불을 안 가리고 적진으로 돌진했다. 바로 대제국 페르시아를 집어삼킨 알렉산더 군대의 힘은 여기서 나왔다.

나폴레옹은 알렉산더 대왕 방식을 교묘히 발전시켜 이용했다. 수만의 장병이 모인 열병식에서 황제가 어느 병사 앞에 가서 '프랑소와 피에르' 라고 부르며 손을 덥석 잡았다. 이름을 불린 병사는 감격하고 자리에 모인 장병들도 '야, 우리 황제가 일개 졸병의 이름까지 기억하는구나' 하고 감탄했다. 그러나 알고 보면 나폴레옹은 피에르라는 병사를 잘 몰랐다. 사전에 부관이 '두 번째 줄 가운데쯤에 피에르라는 병사가 있습니다' 라고 귀띔해 준 것을 바탕으로 열병할 때 두 번째 줄에 가서 병사의 이름을 부른 것이다. 자기 이름을 불린 병사는 놀라서 '움칠' 할 때 나폴레옹은 '이 친구가 바로 피에르구나' 하며 손을 잡은 것이다.

나폴레옹 군대와 싸우고 있던 영국군의 웰링턴 장군의 리더십은 판이하게 달랐다. 그는 철저히 부하 장교와 사병을 불신했다. 군대는 사기나 감정보다는 잘 짜여진 군율과 엄격한 훈련에 의해 움직여야 한다고 믿었다.

이와 관련한 유명한 에피소드가 있다. 하루는 나폴레옹 군대와 전투를 치른 후 많은 부상병이 나왔다. 이때 웰링턴 장군이 영국군 장교 숙소를 임시 야전 병원으로 쓰라는 명령을 내린다. 당연히 부하 장교들의 반응은 시큰둥했다. 그 당시 영국군에서 장교와 사병 간의 차이는 하늘과 땅이었기 때문이다.

그날 저녁 웰링턴 장군은 자신의 명령이 잘 이행되는지를 확인하기 위해 수십 리 밤길을 말로 달려갔다. 명령을 이행하지 않은 몇 명의 장교가 처벌을 받은 건 물론이다.

알렉산더, 나폴레옹, 웰링턴 장군들의 리더십에서 보듯이 리더십에는 정답이나 정설이 없다. 그때그때의 상황이나 여건에 따라 리더십이 달라질 수 있다.

요즘 대학생들이 해병대 입대하기가 하늘의 별따기라고 한다. 해병대에 입대하기 위해 재수, 삼수까지 한다고 한다. 평균 경쟁률이 7 대 1, 8 대 1이니, 흔히 우스갯소리로 '서울대' 위에 '해병대'가 있다고 한다.

나도 연말이면 강화도 김포에 있는 해병대 전방대대에 위문을 간다. 대대장의 말을 들어보면 사병의 거의 대부분이 대학 재학이거나 대학 졸업생이라고 한다. 대한민국 해병대는 세계에서 학력이 제일 높은 군대인 셈이다.

회사에서도 영업 실적이 나쁜 사업 팀은 해병대에 극기 훈련을 보낸다. 좀 더 적극적인 투쟁 의식을 가지고 사업 실적을 올려보라는 것이다. 그런데 비즈니스 협상에서도 이런 해병대에서 배울 점이 있다. 바로 소대장이 보여준 리더십 협상이다. 사실 김 팀장이 요즘 회사에서 협상 짱으로 명성을 날릴 수 있는 것도 해병대 장교 계급장 달고 전방소대에서 갈고 닦은 리더십 덕분이다.

경영학에서도 CEO의 리더십이 각별히 요구되는 요즘 해병대식 리더십 협상을 한번 배워보자.

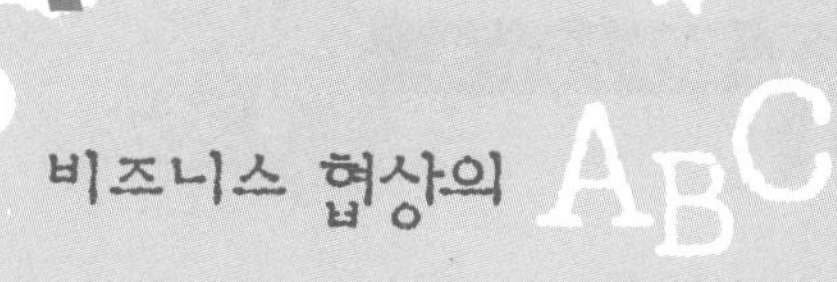

● 사실 M&A, 합작투자 등과 같이 회사의 많은 중요한 협상에는 여러 부서에서 온 사람들로 협상 팀이 구성되고 팀장이 선발된다. 그런데 이 팀 내부에서부터 이해 관계의 충돌과 갈등이 생긴다. 따라서 팀장이 가지는 리더십이 협상의 성패에 결정적 영향을 미친다.

● 성공하기를 원하는 CEO는 모두 리더십 협상 능력을 갖춰야 한다. 경영에서 CEO 리더십 없이 아무 일도 할 수 없듯이 비즈니스 협상에서 리더십도 필수적이다.

● 리더십은 사장이나 경영진에게만 필요한 것은 아니다. 조그만 팀이나 부서를 책임진 중간 관리자나 팀장에게도 필요하다. 쉽게 말하면 가정에서 어머니나 아버지의 리더십도 중요하다.

● 역시 리더십의 본고장은 군대이다. 해병대식 리더십 협상을 눈여겨볼 필요가 있는 것도 이 때문이다.

세계가 놀란 청계천 협상

| 원칙 협상 전략의 성공 |

맑은 물이 졸졸 흐르고 붉고 노란 꽃들이 모여 있는 개울, 어느 강원도 산골에 있는 시냇물 같다. 서울 한복판에 있는 청계천이다.

김 팀장의 바쁜 하루 일과 중 가장 큰 낙은 점심을 먹고 청계천변을 걷는 것이다. 소화도 시키고 생각을 정리하기에 청계천 만한 곳이 없다.

김 팀장은 오전에 만난 정 사장이 계속 마음에 걸렸다. 대기업에 물건을 팔러 오는 중소 납품업체 사장은 대개 저자세이다. 그런데 산전수전 다 겪은 듯한 정 사장은 뭔가 달랐다.

맹 사부와의 해군장교 동기였다는 친분을 입에 침이 마르도록 과시했다. 그저 그런 군대 동기가 아니고 아주 가까이 지내 술도 많이 마셨단다. 유독 맹 사부가 발렌타인 17년산을 즐긴다는 사실을 아는 걸로 보아 진짜 술친구이긴 한 것 같다. 마침 오늘 저녁 맹 사부와 저녁을 같이하기로 했단다.

"오늘 김 팀장과 이야기해 보니 협상 수완이 보통이 아니네요. 이렇게 훌륭한 직원이 있다고 저녁에 제가 맹 부사장에게 이야기해야겠습니다."

직속 상관한테 칭찬해 준다니, 김 팀장으로선 나쁠 게 없었다. 그런데 뭔가 찜찜했다. 맹 사부와 가깝다는 이야기를 너무 해대는 통에 가격을 좀 더 후려치지 못한 것 같아서였다. 충분히 더 깎을 수 있는 상황이었는데, 혹시 상대의 무슨 꼼수에 말려든 것은 아닐까?

그때 광교 위에서 시위가 한창이었다.

"농민의 생존권 위협하는 자유무역협정FTA 결사 반대!"

김 팀장은 문득 5년 전 이곳의 모습이 생각났다.

"청계천 상인 생존권 위협하는 청계천 복원 결사 반대!"

상인들의 시위가 심각했다. 당시 김 팀장은 서울시가 상인들을 설득하지 못할 것으로 생각했다.

하지만 놀랍게도 당초 약속한 2년 4개월 만에 청계천의 옛모습을 되찾았다. 사실 청계천 상가에는 6만여 개의 상점이 있었고, 여기에 생계를 의존하는 사람만도 20만 명이나 되었다. 2,000여 가구 남짓한 비닐하우스 포도 재배 농가의 정치적 반발조차 이기지 못해 칠레와 FTA를 출범시킬 때 1조 원이 넘는 정부 예산을 내놓았던 우리 정부의 협상 수준으로 보면 애초부터 불가능한 협상으로 보였다. 온갖 협상을 해본 김 팀장은 이런 종류의 협상이 얼마나 어려운 줄 알고 있었다.

서울시가 청계천 사업 계획을 발표했을 때, 주변 상인들이 요구한 보상 수준은 10조 원이었다. 2년이 넘는 공사 기간 동안 생업에 타격을 입으니, 이를 보상해 달라는 것이었다. 보통 이럴 경우 정부는 2~3조 원의 보상안을 내밀고 10조 원과 2~3조 원 사이에서 서로 밀고 당기다가 중간 정도인 5~6조 원 수준에서 슬며시 협상을 타결하는 것이 다반사였다. 그런데 놀랍게도 청계천 협상에서 서울시는 한푼도 보상을 해주지 않고도 예정된 공기에 공사를 끝낸 것이다.

협상묘수풀이

- **청계천 협상의 제1성공 요인, 원칙 협상 전략**　서울시가 어떻게 이같이 놀라운 협상을 했을까? 지난주 고려대에서 열린 한국협상학회 세미나에 갔다가 김 팀장은 오랫동안 품었던 궁금증을 풀었다. 이 자리에는 학자뿐만이 아니라 청계천 복원에 관계했던 서울시 담당국장, 그와 맞서 싸웠던 청계천 상권수호위원회 위원장도 나와 있었다.

그들이 이야기한 것을 종합해 보면 청계천 협상의 성공 요인은 뜻밖에도 매우 간단했다. 우선 서울시가 원칙 협상 전략을 처음부터 끝까지 철두철미하게 고수한 것이다.

하버드 대학의 로저 피셔 교수에 따르면, 협상에는 소프트 협상, 하드 협상, 그리고 원칙 협상 등 세 가지가 있다.

소프트 협상은 쌀 개방, 한·칠레 FTA에서 농민단체의 정치적 반발에 마냥 밀리는 정부처럼 연약한 협상 스타일이다.

하드 협상은 북핵 협상에서 보듯이 상대를 적대자로 보며 무조건 밀어붙이는 협상 전략이다.

원칙 협상은 말 그대로 '양보해야 할 것'은 양보하고 '지켜야 할 것은 지키는' 협상의 기본 원칙을 철저히 지키는 협상 전략이다.

"상인 여러분의 어려움을 해결하기 위해 모든 것을 성심껏 협상하겠습니다. 그러나 현금 보상만은 안 됩니다."

말하자면 새로운 공구단지 조성, 재개발, 임시 주차장 마련 등 모든 것을 협상하겠지만, '공공시설을 보수하는데 정부가 이해 관계자에게 보상해 주는 현금 보상만은 법적 근거가 없어서 안 된다'는 원칙을 처음부터 끝까지 일사불란하게 지켰다. 상인들이 아무리 시위를 하고 삭발을 해도 서울시 일선 공무원부터 시장까지 보상 불가의 원칙만을 되풀이하며 한 발자국도 물러서지 않았다. 이에 1년이 지나고 나서부터 계란으로 바위 깨기라는 것을 깨달은 상인들이 협상 테이블에 나타났다는 것이다.

● **역시 협상자간 신뢰가 중요하다**　　　다음으로 들 수 있는 성공 요인은 신뢰이다.

"처음 발령을 받고 청계천에 나갔더니 상인들이 저를 한방 때릴 기세였습니다.”

한국협상학회에 참석한 서울시 담당국장의 이야기였다.

상인들 입장에서는 자신들의 생업을 위협하는 일을 하는 서울시 공무원이 얼마나 미웠겠는가. 그 심정 충분히 이해가 가고도 남는다. 그런데 시장이 매일 현장에 나가라니, 담당국장은 출근을 청계천으로 했단다. 때려죽이고 싶어도 자주 보면 한국인들에게 무슨 일이 벌어질까?

정情이다. 정!

한국인끼리의 협상에서 나오는 바로 정이 든 것이다. 당연히 포장마차에 걸터앉아 소주잔을 기울였고 서로들 신세 한탄을 했다.

“앞으로 어떻게 먹고사느냐?”

상인들이 한탄을 하면 정 국장도 같이했다.

“어쩌다 보니 이 보직을 맡아 처자식 먹여 살리려 이 일을 하지, 저도 여러분의 이야기를 들으면 괴롭습니다.”

소주잔을 주고 받다 보면 마음의 문이 열리고 서로 정보가 교환된다. 아무리 어려운 협상이라도 서로 대화를 하고 정보가 오가면 물꼬가 풀리게 마련이다.

“그런데 말이야, 공사 기간 중 손님의 주차 문제는 어떻게 해결하지? 가게 앞에 차 댈 데가 없잖아.”

정 국장은 이를 놓치지 않았다. 다음날 서울시 간부회의에서 이를 보고해 동대문운동장에 임시 주차장을 설치해 주었다.

“저 정 국장, 서울시에서 우리 상인들 편들어주다 여러 번 궁지에 몰렸지요.”

한국협상학회 세미나에 나왔던 청계천 상인 대표가 웃으며 한 말이다. 잘 못하면 으르렁거려야 할 두 당사자 사이에 이 정도 인간적 신뢰가 쌓였다면 청계천 협상에 관해 더 물을 필요도 없으리라.

● **웃으면서 하는 '암시적 위협'을 조심하라**　마지막으로 청계천 협상에 결정타를 먹인 것은 '암시적 위협' 전략이었다. 협상에서 상대를 위협하는 방법은 두 가지 있다. 명시적 위협은 말 그대로 상대가 겁먹게 하여 뭔가 양보를 받아내는 것이다.

그런데 문제는 암시적 위협이다. 얼굴에 웃음을 머금고 이야기해 상대는 위협을 당하고 있다는 걸 느끼지 못한다. 하지만 상당한 심리적 압박을 받아 상대방에게 자기도 모르게 양보하게 된다.

바로 오늘 아침 김 팀장이 부산에서 온 정 사장에게 바로 이 암시적 위협을 받았다. 협상 테이블에서 평소 존경하는 직속 상사인 맹 사부와 절친한 사이라는 것을 계속 강조하면 김 팀장은 무슨 생각을 하게 될까?

'아, 저 양반과 좋게 지내야지 괜히 각을 세웠다가는 내 윗사람에게 애꿎은 험담을 하겠네.'

사실 정 사장의 이 같은 암시적 위협에 말려들어 김 팀장은 한 10퍼센트는 더 깎을 수 있는 가격을 더 내려치질 못했다.

다시 청계천 협상으로 돌아가 보자.

"상인 여러분들께서 청계천 복원을 정 그렇게 반대하신다면 할 수 없죠. 포기하겠습니다. 그 대신 전임시장 때 안전도가 지적된 청계천 고가도로나 전면 보수하겠습니다."

서울시가 말이야 부드럽게 했지만, 그 말을 들은 청계천 상인들에
겐 날벼락이었다.

"이 말을 듣곤 가슴이 덜컹 내려앉았어요."

한국협상학회에 참석했던 청계천 상권수호위원장의 말이다.

건설한 지 수십 년이 지난 이 낡은 고가도로를 전면 보수하면 어차
피 교통을 통제하고 공사 기간은 3년이나 된다. 사실 상인들로선 시
민의 안전이 달린 고가도로의 보수를 반대할 명분이 없었다. 청계천
복원이면 서울시 숙원사업이므로 무슨 수를 쓰든지 2년 4개월 만에 끝
낼 것이다. 그런데 서울시가 토라져서 고가도로 전면 보수 작업을 한
다면, 3년? 누가 이 기간에 마친다고 보장하는가. 예산 타령하며 5년,
6년을 끌지도 모른다. 어차피 둘 다 생업에 지장을 받는 건 마찬가지
였다. 그럴 바에야 공사 기간이 짧고 서울시로부터 뭔가라도 얻어낼
수 있는 청계천 복원이 훨씬 낫다는 계산이 섰다. 이렇게 해서 세계가
놀란 청계천 협상이 성사되었다.

● 하버드 대학의 피셔-유리 협상 이론 정도는 공부합시다

세계에서 가장 널리 알
려진 협상 이론이 하버드 대학의 피셔 교수와 유리 교수의 하드, 소프
트, 그리고 원칙 협상 전략이다.

1 _ 협상 상대가 적이냐, 친구냐

세 협상 사이의 가장 큰 차이는 '상대를 어떻게 보느냐?' 이다. 하드

협상에서 협상자는 상대를 적으로 보고 무조건 불신한다. 반면 소프트 협상에서는 상대를 친구와 같이 우호적으로 보고 무조건 신뢰한다. 원칙 협상에서는 냉정하게 친구도 적대자도 아닌 문제 해결자problem-solver로 본다.

2 _ 협상의 목적이 승리인가, 합의인가

하드 협상의 목적은 승리이기 때문에 "합의해 줄 테니 양보하라"는 식으로 상대의 일방적 양보를 요구한다.

소프트 협상의 목적은 합의에 도달하는 것이기 때문에 합의를 위해서라면 일방적 양보를 서슴지 않는다. 소프트 협상은 우리나라 비즈니스맨들이 고질적으로 범하는 실수이다. 일단 협상을 시작하면 뭔가 합의에 도달해야 한다는 강박관념에 빠지기 때문이다.

3 _ 관계에 대한 인식의 차이

강성 협상자는 관계를 담보로 양보를 요구한다. 즉 "거래 관계를 계속 유지할 테니 이번 협상에서는 양보하라"는 식이다. 연성 협상자는 상대를 친구로 보기에 우호적 관계를 위해서라면 양보를 서슴지 않는다. 관계를 중시하는 중국, 한국 등 동양권 협상자에게서 흔히 볼 수 있는 협상 유형이다.

원칙 협상자는 관계와 협상을 별개의 문제로 취급한다. 되도록 상대와 좋은 관계를 유지하려고 하지만 일단 협상 테이블에 앉으면 관계에 얽매이지 않고 자신의 협상 이익을 최대한 얻어내기 위해 협상한다. 숙련된 미국의 협상가가 이러한 협상 태도를 많이 보인다.

판매	하드 협상	소프트 협상	원칙 협상
상대에 대한 인식	적대자adversary 상대를 불신	친구 상대를 신뢰	문제해결자 신뢰 여부와 관계없이 협상 진행
협상 목적	승리	합의	현명한 합의
합의에 대한 인식	합의 대가로 일방적 양보 요구	합의를 위해 일방적 양보	상호 이익을 얻는 방법 모색
관계	관계를 담보로 양보를 요구	관계를 돈독히 하기 위해 양보	관계로부터 협상을 분리

4 _ 아무리 보기 싫은 협상 상대라도 개인적으론 부드럽게 대해라

"Be hard on the issues and people!" 협상 이슈에서도 끝까지 양보 안 할 뿐더러 상대도 아주 거칠게 다룬다(하드 협상).

"Be soft on the issues and people!" 상대를 친구같이 대하기 때문에 협상 이슈를 철저히 따지지 않고 적당히 넘어가려 한다(소프트 협상).

언뜻 보아도 둘 다 나쁘다. 우리나라 비즈니스맨도 두 가지의 극단에 빠지는 경향이 크다. 상대가 꼴 보기 싫으면 하드 협상 쪽으로 마냥 몰고 간다. 반대로 상대와 뭔가 통하면 '좋은 게 좋다'는 식인 소프트 협상을 하려 할 것이다. 하지만 가장 바람직한 것은 "Be hard on the issues, but be soft on the people."이다. 아무리 협상 테이블에선 치고 받고 거칠게 논쟁하더라도 상대를 개인적으로 혐오하거나 거칠게 다뤄선 안 된다는 것이다.

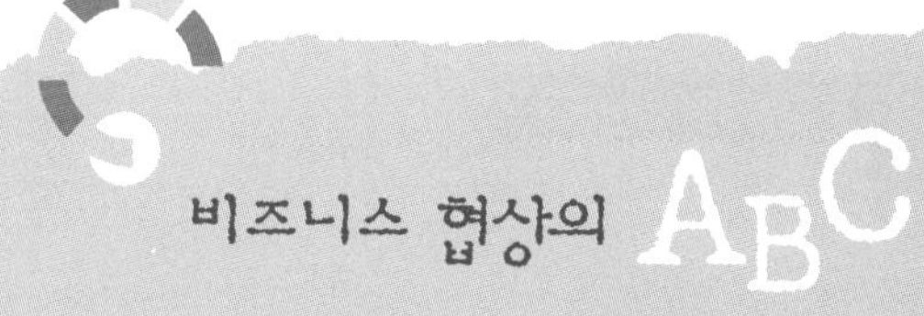

- 상대의 은근한 위협 전략을 조심하라. 아마 당신이 비즈니스 협상을 하며 자기도 모르게 많이 걸려드는 함정일 것이다.

- 필요하면 비즈니스에서도 은근한 협상 전략을 써봐라. 특히 고객을 맞는 서비스 업종에서 이런 협상 전략이 필요하다. 고객이 매장에 와서 무리하게 소란을 피우면 대개 소프트한 협상을 하려 한다. 양보하고 적당히 달래서 돌려보내려는 것이다. 잘못하면 떼쓰는 고객만 양산할지도 모른다. 이런 고객에게는 가끔 은근한 위협을 할 필요가 있다. 물론 얼굴에 웃음을 띠면서.

- 원칙 협상 전략을 하도록 노력하라. 잘못하면 한국인은 소프트 협상과 하드 협상의 양극단을 치닫는다는 것을 잊지 마라.

- 신뢰는 '아주 한국적인 방법'에 의해 형성될 수 있다. 정에 약하고 정서적인 한국인 협상 당사자끼리 소주잔을 기울이면 협상의 절반은 성공이다.

미련한 황소 뿔싸움

| 상대를 밀어붙이기만 한다고 이기는 것이 아니다 |

"온라인 게임 사업 본부의 윤미숙 박사가 직속 상관인 장하윤 본부장을 성차별로 고발하겠다고 씩씩댑니다."

인사팀장의 골치 아픈 보고에 CEO 박의 눈이 휘둥그레졌다. 사연인즉 이랬다.

새로 취임한 장 본부장이 회사 히트 상품인 '오리온 성의 백기사'의 업그레이드 팀으로 윤 박사를 배속한 데서 문제가 발생했다.

지난 반 년간 완전히 새로운 차원의 온라인 게임 '알파성'을 개발하기 위해 밤잠을 설쳐온 윤 박사가 반발하고 나선 것은 불 보듯 뻔한 일이었다. 윤 박사로서는 난데없는 홍두깨고, 장 본부장으로서는 윤 박사의 능력이 필요한 곳에 윤 박사를 쓰겠다는데 무슨 말이 많냐고 나온 것이다. 서로 티격태격하는 과정에서 화가 난 장 본부장이 그녀를 타부서로 내쫓겠다고 겁을 준 것이 화근이었다.

이에 발끈한 윤 박사가 인사팀장에게 찾아가 이건 직장에서 여성에 대한 성차별이라고 항의했다. 윤 박사가 게임 사업 본부의 유일한 여성이기 때문에 이를 불편하게 여긴 장 본부장이 부당하게 인사 조치를 하려 한다는 주장이었다.

윤 박사는 톡톡 튀는 아이디어와 함께 승부 근성이 있는 인재였다. 잘 키우면 회사에 많은 도움이 될 듯하다고 생각했던 CEO 박으로서는 안타까운 일이 아닐 수 없었다.

우선 CEO 박은 윤 박사부터 불렀다.

"지난 여섯 달 동안 새 게임을 개발하기 위해 주말도 없이 밤을 샜어요. 이제 거의 신제품에 대한 컨셉이 잡혀가는데, 사정을 아무것도 모르는 장 본부장이 저를 다른 일로 돌리려고 해요."

그녀는 닭똥 같은 눈물을 흘렸다.

자신이 개발하는 신제품 '알파성'은 한국과 중국의 젊은 게임 마니아를 겨냥한 것으로 온라인 게임 사업 본부의 매출을 두 배로 올릴 수 있다고 말했다.

말을 들어보니 그녀는 뜻밖에도 자신이 속한 온라인 게임 사업 본부의 실적에 대한 애착이 강했다. 개발 중인 '알파성'의 시연을 본 CEO 박은 매우 만족스러웠다. 신제품 개발에 대한 컨셉도 좋고 거의 완성 단계에 와 있었다.

일단 윤 박사를 내보내고 장 본부장을 불렀다. 나름대로 게임 사업

본부의 실적을 올리기 위해 갖은 아이디어들을 짜내고 있는 것 같았다. 그는 실적을 올리는 최선의 길이 기존 게임 산업 개발부를 업그레이드시키는 것이라 생각하고 직원 중에 똑똑한 윤 박사를 이 업그레이드 작업에 집어넣으려고 하다가 마찰을 빚은 것이다. 말을 들으니 윤 박사나 장 본부장 둘 다 자기 사업 본부의 실적을 위해 열심이었다.

장 본부장에게 물었다.

"윤 박사가 개발 중인 '알파성' 게임을 한번 살펴보았습니까?"

별것 아니라고 생각했는지 살펴보지 않았다고 대답했다. 이 점이 바로 중간 관리자로서 장 본부장의 약점이었다. 간단한 해결책이 CEO 박의 머리에 떠올랐다. 지금 이 두 사람은 협상에서 '포지션position'과 '속내concealed interest' 사이를 혼동하고 있었다. 지난 20여 년간 회사를 경영해 본 경험에 따르면 사내 갈등의 거의 대부분은 잘못된 외고집의 포지셔널 협상positional negotiation에서 나왔다.

우리나라 비즈니스맨이 저지르는 가장 큰 실수 중에 하나는 앞의 윤 박사와 장 본부장의 해프닝과 같이 포지셔널 협상을 하려는 것이었다. 이는 미련한 황소 두 마리가 서로 뿔을 맞대고 씩씩거리는 것과 같다. 자기 주장만 반복하고 상대의 입장이나 마음속은 전혀 이해하려 들지 않으니, 해결책이 나올 리가 있겠는가.

장 본부장의 포지션은 윤 박사가 기존 게임의 업그레이드 업무에 달라붙어 전념해야 한다는 것이다. 반면에 윤 박사의 포지션은 자기가 지난 반 년간 해온 신제품 개발에 계속 전념하겠다는 것이다.

두 개의 포지션이 만나면, 즉 두 사람이 하버드 대학의 피셔-유리 교수가 말하는 포지셔널 협상을 하면 해결책이 없다. 앞의 경우에도 여성 차별로 고소 사태까지 번질 기미였다.

CEO 박은 윤 박사와 장 본부장을 함께 불러 이야기를 시작했다.

"내가 두 사람의 '속내'를 살펴보니 똑같더군요. 장 본부장도 게임 산업 본부의 실적을 올리고 싶어하고, 윤 박사도 자신이 속한 사업 본부의 실적을 올려 자신의 능력을 인정받고 싶어하고."

두 사람은 고개를 끄덕이며 CEO 박의 말에 귀를 기울였다.

"우선 장 본부장은 윤 박사가 개발 중인 '알파성' 게임을 보세요. 썩 괜찮은 신제품 개발임을 알게 될 것입니다. 그리고 윤 박사는 계속 신제품 개발에 전념하면서 30퍼센트 정도의 시간만 업그레이드 업무를 도와주면 어떨까요?"

그제야 윤 박사는 눈물을 닦아냈고, 장 본부장도 고개를 끄덕이며 윤 박사의 어깨를 토닥였다.

협상묘수풀이

● **서로 마음속에 품었던 것들을 털어놓으라**   삼성전자의 박 대리와 LG전자의 이 대리가 오렌지 하나를 놓고 협상을 한다고 가정해 보자. 박 대리는 사장으로부터 무슨 수를 써서라도 저 오렌지를 차지해야 된다는 지시를 받았다. 이 대리도 똑같은 이야기를 사장으로부터 들었다. 오렌지는 단 하나뿐인데, 박 대리와 이 대리의 포지션은 모두 저 오렌지를

꼭 갖는 것이다. 한번 협상해 보자.

당연히 해결책이 나올 리가 없다. 두 사람의 포지셔널 협상으로 교착 상태에 빠진 것을 '숨은 의중'을 물어 윈윈 협상으로 살짝 바꾸어 보자.

"왜 오렌지를 가지려 하느냐?"

두 사람의 포지션 뒤에 숨어 있는 '속내'를 알아내는 것이다.

박 대리는 이 오렌지를 먹으려 한다. 이 대리는 오렌지 껍질로 차를 끓여 마시려 한다. 그러면 해답은 의외로 손쉽게 나온다. 오렌지 껍질을 벗겨 이 대리에게 주고, 알맹이는 박 대리에게 주는 것이다.

테이블 맞은편에 앉아 당신과 협상하는 상대는 두 가지를 가지고 있다는 것을 늘 명심하라.

- 겉으로 드러내놓고 당신에게 요구하고 주장하는 '포지션'
- 마음속으로만 가지고 있는 '숨은 의중', '속내'

● **간단히 해결책을 찾은 주류업체 매각 협상**　　실제 우리나라 비즈니스 협상에서도 이런 사례가 있다. 외환위기 이후 국내 주류업체를 유럽 기업에 파는 소위 M&A 협상을 할 때였다. 두 회사간에 순조로이 진행되던 매각 협상이 갑자기 교착 상태에 빠졌다. 매각 가격을 계산하는 과정에서 두 기업이 서로 포지셔널 협상을 해버린 것이다.

국내 주류업체는 앞으로 10년간 주류 수요가 연 10퍼센트 증가할 것으로 보았는데, 막상 이를 인수하고자 하는 유럽 기업은 3퍼센트로 보았다. 국민소득이 높아질수록 주류 소비가 줄어든다고 보수적으로 본 것이다.

매각 기업의 포지션인 수요 10퍼센트 증가와 인수 기업의 포지션인 수요 3퍼센트 증가가 서로 충돌하여 협상이 몇 달 동안 꼼짝달싹도 하지 않았다. 그런데 답답한 것은 과연 10년 후에 한국의 주류 수요가 어떻게 증가할지는 아무도 모른다는 점이었다. 그러니 해결책이 나올 리가 없었다.

이때 세계적 컨설팅 업체인 맥킨지가 끼어들어 이 문제를 간단히 해결했다. 두 기업 사이의 포지셔널 협상을 윈윈 협상으로 바꿔버린 것이다.

둘이 싸우지 마라. 이 수요 예측 차이 때문에 생기는 매각 기업의 가치는 빼고 M&A 계약을 해라. 그 대신 10년 후 두 기업이 한국 주류 시장 수요 증가의 결과에 따라 서로 정산하면 될 것 아니냐.

3퍼센트 수요 증가를 주장하는 유럽 기업은 800억 원밖에 줄 수 없다고 하고, 10퍼센트 수요 증가를 주장하는 국내 기업은 1,000억 원은 꼭 받아야겠다고 주장했다. 그러면 우선 800억 원에 매각하고 10년 후 나머지 200억 원에 대해 서로 정산하는 것이다. 국내 기업 주장대로 수요가 10퍼센트 늘어나면 유럽 기업이 200억 원을 더 내고, 반대로 3퍼센트밖에 안 늘어나면 한푼도 안 내는 것이다.

우리가 이 포지셔널 협상을 하는 가장 큰 이유는 협상 상황을 제로섬 게임으로 보기 때문이다. 즉 상대를 몰아쳐야만 내가 차지할 몫이 커진다고 잘못 생각하는 것이다.

그러나 현실 비즈니스 세계는 다르다. 상대와 머리를 맞대고 창조적 협상을 잘하면 얼마든지 윈윈 해결책을 찾을 수 있다. 협상에서 상대가 말하는 '포지셔널 협상' 뿐만 아니라 상대의 등뒤에 숨어 있는 '속내'를 찾아내야 한다.

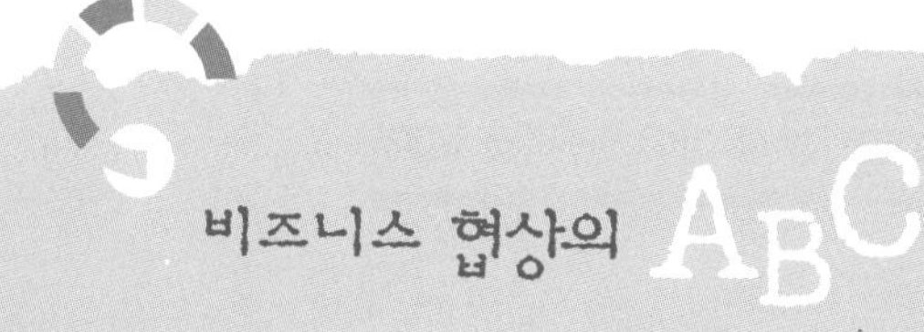

● 상대를 밀어붙여야만 내가 이긴다는 '포지셔널 협상'은 절대로 하지 마라. 대부분의 우리 기업은 잘못된 포지셔널 협상을 하려고 한다.

● 누이 좋고 매부 좋은 상생의 윈윈 협상을 하려면 상대가 마음속에 숨긴 '속내', '숨은 의중'을 찾아내라. 그리고 제3의 창조적 대안을 꼭 찾아라.

● 서로 '숨은 의중'을 털어놓으면 확실히 좋은 협상 결과가 나온다. 물론 문제는 어떻게 상대의 마음을 열게 하느냐는 것이다.

청산리 전투를 승리로 이끈 기관총 협상

우리는 모두 독립운동사 최대의 쾌거, 청산리 대승을 기억하고 있다. 청산리 전투에서 우리 독립군의 화력이 일본군보다 우세했다. 이는 김좌진 장군이 협상을 잘해 체코제 기관총을 마련했기 때문이다.

러시아에서 공산혁명이 일어난 후 유럽의 군대가 백군을 돕기 위해 러시아에 출정했다. 체코군 1개 여단도 같이 참전했다가 볼셰비키 군대에 쫓기고 쫓겨 지금의 블라디보스토크 항에서 배를 타고 귀국하려 했다. 이때 김좌진 장군이 체코 여단장과 절묘한 협상을 했다.

"돈을 줄 테니 기관총을 우리에게 파십시오."

돈을 달라는 대로 다 준다고 가격 협상을 했는데 체코 여단장이 꿈쩍도 안 했다. 어떻게 군인이 총을 팔아먹느냐? 이때 김좌진 장군이 협상 전략을 바꿨다. 설움받는 같은 약소민족으로서 인간적 호소를 한 것이다.

'나라를 찾기 위해 맨주먹으로 싸운다' 는 김 장군의 호소에 체코 여단장의 마음이 움직였다. 당시 세계 최고의 체코제 기관총을 거의 공짜로 넘겨주었다. 만일 협상 테이블에서 김좌진 장군이 계속 돈을 더 줄 테니 팔라고 졸랐다면, 체코 여단장은 절대 팔지 않았을 것이다. 아울러 우리 역사에 빛나는 청산리 전투의 승리도 없었을지도 모른다.

청산리 전투에서 김좌진 장군을 모신 또 한 명의 영웅이 이범석 장군이다. 그도 젊은 시절 만주 벌판을 떠돌며 독립운동을 했다. 만주 군벌 밑에서 청년 장군을 하던 시절의 이야기다. 하루는 황혼이 지는 소만국경의 들판을 말 타고 시찰하고 있는데 여인의 흐느끼는 소리가 들렸다. 갈리나라는 여인으로 백군 장교인 오빠를 찾아 만주에 왔다가 돈을 잃어버려 곤란한 상황에 처한 것이다. 나라를 찾기 위해 만주 벌판에서 말 달리는 청년 장군, 이역만리에서 갈 곳 없는 금발의 러시아 처녀, 둘은 금방 사랑에 빠져 꿈 같은 세월을 보냈다.

그런데 그때 김좌진 장군이 이범석 장군을 불렀다. 같이 사관학교를 만들어 독립군 장교를 양성하자는 것이다. 여기서 이범석 장군은 심각한 고민에 빠졌다. 만일 이 사실을 자기 하나만 철석같이 믿고 있는 갈리나에게 말하면 얼마나 슬퍼하겠는가. 더욱이 어디로 간다고 장소를 알려주면 그녀는 일본 정보기관에 잡혀 더 큰 고초를 치를지도 몰랐다. 결국 그는 고민 끝에 야반도주를 결심하고 이를 실행에 옮겼다. 황량한 만주 벌판의 밤길을 달리는 장군의 가슴은 찢어지는 것만 같았다. 사나이가 사랑하는 여인을 내팽개치고 도망가다니, 나라를 찾기 위한 것이지만 그는 괴롭기 짝이 없었다.

갈리나에 대한 죄책감을 가지고 지내던 그가 그녀를 만난 것은 하얼빈의 카페에서였다. 김좌진 장군과 함께 사관학교 후보지를 물색하기 위해 하얼빈 역에서 내렸고, 술 한잔하다가 우연히 카페에서 일하는 갈리나를 만난 것이다. 그녀와 눈물의 재회를 하게 된 그는 김좌진 장군에게 모든 사실을 털어놓았다. 그의 사연을 들은 김 장군은 눈시울을 붉히며 허리에 찼던 돈주머니를 풀어 테이블 위에 올려놓았다. 그 돈으로 공부해서 새 생활을 시작하라는 뜻이었다.

하지만 문제는 그 다음부터였다. 목적지까지 가기 위해 마차를 빌려야 하는 돈을 모두 그녀에게 줘버린 것이다. 김좌진 장군은 젊은 시절 차력할 때 먹은 동銅 가루 때문에 다리가 부어 오래 걸을 수가 없는 상태였다. 다음날 둘은 흙먼지 날리는 만주 벌판을 무거운 짐을 등에 지고 절뚝거리며 힘겹게 걸었다. 하지만 한 여인에 대한 의리를 지킨 두 사나이의 마음은 가벼웠다.

갈리나와의 더 극적인 상봉은 몇 년 후에 모스크바와 만주를 오가는 기차 속에서 이루어졌다. 그녀가 멋진 열차 승무원이 되어 있었던 것이다. 당시 열차 승무원이면 여자로선 최고의 직업이었다. 그녀는 김 장군에게서 받은 돈으로 모스크바에 가서 철도 승무원 양성학교를 다녀 멋진 열차 승무원이 된 것이다. 청년 장교 이범석 장군의 그제야 마음을 놓을 수 있었다. 사랑했던 한 여인에 대한 도리를 다 했으니 말이다.

로비도 훌륭한 협상 전략이다

| 톱다운 로비 전략과 보텀업 로비 전략 |

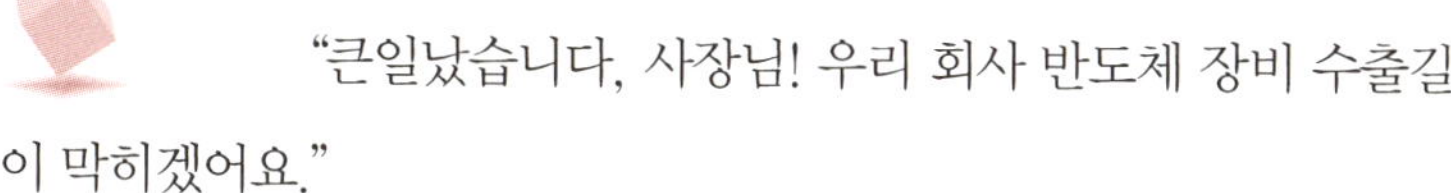

　　"큰일났습니다, 사장님! 우리 회사 반도체 장비 수출길이 막히겠어요."

　피터 박 미주 사업본부장의 전화였다. 미국 시간으로 한밤중일 텐데, 전화를 걸어온 것을 보면 뭔가 심각한 문제임이 분명했다. 미국 상무성에서 우리 회사의 반도체 장비에 대해 반덤핑을 하려 한다는 그의 말에 CEO 박은 더 자세히 말해 보라며 다그쳤다.

　"우리 회사가 고용한 워싱턴의 화이트앤페트리 법률 사무소의 알렌 변호사한테서 방금 입수한 정보입니다. 상무성의 산업 3과에서 지금 한창 우리 회사 제품의 반덤핑 마진을 계산하고 있답니다. 실무 책임자는 콜롬비아 대학 로스쿨을 나온 다니엘 과장인데, 단단히 벼르고 덤벼드는 것 같답니다.”

“담당 과장이 모든 걸 결정하는 건 아니잖아요? 최종 칼자루는 누가 쥐고 있지요?”

“산업 3과에서 덤핑 마진을 실무적으로 계산해서 보고하면 이를 바탕으로 반덤핑 관세를 부과하느냐 마느냐는 전적으로 데일리 상무 장관의 결정에 달렸습니다.”

“과거 사례로 볼 때 실무자가 가져온 반덤핑 관세 부과안을 장관이 그냥 사인하나요?”

“그렇진 않습니다. 설사 반덤핑 관세 부과 대상이 되더라도 장관의 ‘정치적 판단’ 에 의해 우리 회사 제품에 대한 관세 부과를 보류할 수도 있습니다.”

“이 친구야, 그렇다면 그렇게 호들갑만 떨지 말고 좀 더 정보를 수집하고 단단히 챙기세요. 그때그때 상황을 보고하시고요.”

이렇게 말은 하면서도 CEO 박은 어떤 대책도 말해 줄 수 없는 자신의 입장에 입술이 바짝 타들어갔다.

하여튼 반도체 장비가 반덤핑 관세를 두들겨 맞으면 문제가 복잡해진다. 무슨 수를 써서라도 막아야 한다.

협상묘수풀이

● **미국은 로비스트들의 천국**　　미국 워싱턴의 백악관 뒤쪽에는 K스트리트라는 큰 길이 있다. 이 K스트리트에는 미국 로비스트들이 밀집해 있다.

미국에는 등록된 로비스트만 3만 5,000여 명이다. 워싱턴 지역에서 로비 활동에 지불된 비용은 1998년과 2004년 사이 무려 120억 달러에 달한다. 1년에 100만 달러 이상의 수입을 올리는 대형 로비 회사도 120여 개나 된다. 미국에서의 로비 활동은 1995년 로비활동법 The Lobby Disclosure Act of 1995에 근거를 두고 합법적으로 행해진다. 물론 외국인도 미국 내에서 합법적으로 로비 활동을 할 수 있다. 우리나라 주요 업종 단체들도 거의 모두 미국 로비스트를 고용하고 있다.

워싱턴 로비스트의 70퍼센트는 전직 미국 연방, 주 정부 고위 관리이거나 상원·하원 의원이다. 또한 이들 로비스트의 3분의 1이 변호사 자격증을 가지고 있다. 미 의회는 전직 의원에게 많은 특권을 부여한다. 의회 내 의원 전용 식당, 의원 전용 체력 단련실 출입이 가능하고, 심지어는 회기 중에 본회의장 출입도 허용할 정도다.

로비 활동 제한 기간이 없는 행정 관료의 K스트리트 직행은 더 흔하게 볼 수 있다. 조지 W. 부시 대통령의 교육정책 참모였던 샌드 크레스 씨는 로비회사 애킨 검프에 합류해 학습지 기업인 구몬의 로비스트로 변신했다. 백악관 근무 경력자가 현직 로비스트로 등록한 것으로 확인된 사람만 273명이나 된다.

● **톱다운 로비 전략과**
보텀업 로비 전략　　지금 CEO 박에게 급한 것은 발등
에 떨어진 급한 불을 끄는 것이었다. 우선 먼저 결정해야 할 것은 '상
무장관과 담당자 중 누구에게 먼저 로비하느냐?' 는 것이었다. 한국식
으로 장관을 먼저 붙잡는 것이 낫지 않을까?

이것이 톱다운 로비 전략이다. 상무장관과 가까운 미국 로비스트
를 고용해 반도체에 대해 반덤핑 관세를 부과하지 못하도록 하는 것
이다. 프린스턴 대학을 나온 화이트앤페트리 법률사무소의 페트리 변
호사의 프린스턴 인맥을 활용해 같은 대학 출신인 데일리 장관을 설
득하는 전략이다. 이 톱다운 로비가 제대로 되면 그 효과는 결정적이
다. 한방에 끝나버리는 것이므로.

그런데 페트리 변호사가 엄청난 돈을 요구할지도 모른다. 그리고
미국같이 투명한 사회에서 실무과장인 다니엘을 건너뛰는데 부작용
이 생길 수도 있었다. 차라리 일을 크게 벌이지 말고 다니엘 과장에게
실무적으로 접근하는 '보텀업' 로비가 큰돈도 안 들고 의외의 성과를
얻을 수도 있다.

지난번 반도체 상계 관세 건도 이렇게 조용히 해결했다. 그런데 이
같은 보텀업 로비의 문제는 기껏 실무자에게 공을 들여놓아도 장관이
한칼에 바꿀 수 있다는 점이다. 따라서 가장 바람직한 로비 전략은 두
가지 전략을 한꺼번에 적절히 쓰는 것이다.

우선 보텀업 로비 전략으로 다니엘 과장을 잡아야 한다. 실제 반덤핑 최소 마진율 계산에 가능한 한 마진율이 낮게 나오도록 로비하는 것이다. 잘 구워삶아 덤핑 마진율을 1~2퍼센트포인트만 낮추어도 회사로선 수백만 달러를 번다. 그런 다음 데일리 장관을 설득하여 아예 정치적 고려에 의해 반덤핑 관세 자체가 부과되지 않도록 해버릴 수도 있다.

● 비즈니스 로비의 네 가지 에티켓

1 _ 로비 대상자에 대한 절묘한 접근 전략

당신이 급히 만나려는 상대방 회사 간부나 고위 관리일수록 무척 바쁘다. 그냥 만나줄 리가 없다. 용기를 내어 전화를 걸어도 여비서가 십중팔구 '회의중'이라며 메모를 남기라고 할 것이다. 물론 거의 리턴 콜은 안 오고. 이럴 때 '주고 받는give and take' 전략으로 배짱 있게 접근해야 한다.

예를 들어 CEO 박 쪽에서 데일리 장관실에 전화한다고 하자.

"왜 우리 장관을 만나려 하시죠?"

당연히 비서실장이 이렇게 물어볼 것이다.

"상무성에서 우리 회사 제품에 반덤핑을 부과하려 한다는 이야기를 듣고……."

이런 식으로 나오면 말이 다 끝나기도 전에 데일리 장관은 연말까지 스케줄이 꽉 차 있다고 오리발을 내밀 것이다. 이럴 땐 절묘한 협상 전략을 써야 한다.

"저희 회사가 미국에 투자하려고 하는데…… 어쩌고저쩌고."

만일 데일리 장관이 텍사스 출신이면 '휴스턴에 공장 입지를 고려 중'이라는 언질 정도만 주어도 일단 매정하게 면담을 거절하지는 못할 것이다.

2 _ 로비 상대의 가슴속에 들어앉아 접근하라

재미있는 질문 하나 해보자.

당신이 미주 사업본부장이다. 다행히 일이 성사되어 사장이 서울에서 데일리 장관을 만찬에 초대하게 되었다. 워싱턴 일대에는 좋은 한식, 일식, 중국식, 양식 레스토랑이 많다. 물론 최고급은 K스트리트의 일식집 긴자이다. 웬만한 미국 관리를 긴자에 초대하면 눈이 휘둥그레진다. 펜타곤 옆에 있는 우래옥 갈비도 소문나 있다.

한류의 고유한 음식을 소개하기 위해 우래옥을 예약하나, 아니면 최고급 일식집 긴자로 모실까?

아니올씨다. 미안하지만 둘 다 낙제이다. 정답은 상무장관 비서실에 "장관께서 어떤 음식을 좋아하시는지?"를 물어보는 것이다. 장관이 채식주의자여서 갈비를 안 먹을 수도 있고 회를 입에 대지도 않을 수 있다. 가장 많이 범하는 실수가 자기 기준으로 상대를 대접하려 드는 것이다.

3 _ 세련되게 행동하고 과감하게 포기하라

워싱턴의 로비스트를 보면 처음에는 자기 신분을 드러내지 않는다.

대개 무슨 법률 회사의 '컨설턴트'라는 명함을 내밀 것이다. 그런데 이들은 한결같이 세련된 매너를 지녔다. 절대 선약 없이 사무실을 찾아가 상대의 업무를 방해해 짜증나게 해선 안 된다. 물론 시도 때도 없이 전화를 해대도 안 된다.

'상대를 설득하려고 여러 가지로 노력했는데도 효과가 없다.'

'로비에 대해 상대가 짜증을 내는 기색이 보인다.'

이때는 과감히 포기해야 한다. 상대가 짜증을 내는데 로비를 계속하면 이는 오히려 안 하느니만 못한 역로비를 하는 셈이다.

4 _ 한 장짜리 메모를 꼭 전하라

내가 외부 MBA과정에서 강의할 때 모 대기업 부장이 찾아왔다.

"이번에 교수님 과목에서 꼭 A를 받아야만 승진합니다."

얼굴 표정이 사뭇 심각했다. 오죽하면 찾아왔겠는가? 채점을 할 때 그 부장의 답안지를 유심히 보려 했다. 그런데 웬 걸! 그 사람의 얼굴만 가물거리지 정작 이름이 생각나지 않았다. 그 대기업의 부장은 어렵게 로비하며 가장 중요한 자기 자신의 명함조차 안 준 것이다.

어렵게 만난 로비 대상자에게 아무리 길고 장황하게 설명해도 그가 사무실에 돌아가 핵심 내용을 잊어버리면 아무 소용이 없다. 바쁜 장관이나 회장일수록 더욱 그럴 것이다. 따라서 로비의 요지를 안주머니에 넣을 수 있을 만한 크기로 요약해 줄 필요가 있다.

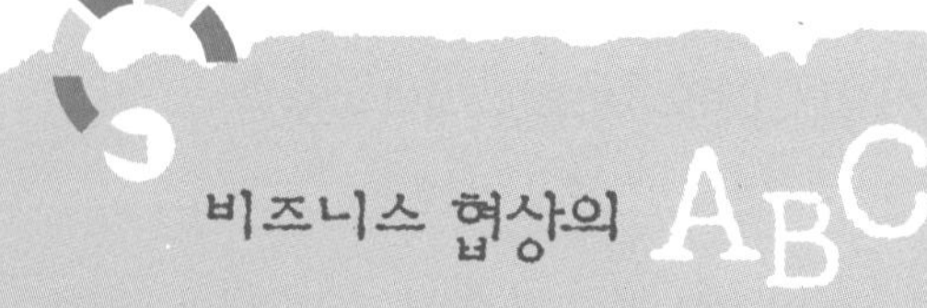

- 로비도 훌륭한 비즈니스 협상 수단이다. 로비에 대한 잘못된 편견을 버려라.

- 어떤 로비 전략을 쓸 것인가는 협상 상대에 따라 달라진다. 일반적으로 선진국에선 톱다운과 보텀업 두 가지 전략을 같이 써야 한다. 하지만 권력이 위쪽에 집중된 개도국에선 보텀업 로비 전략이 절대적으로 유리하다.

- 로비도 상대의 마음을 움직이는 하나의 멋진 예술이다. 절대 구질구질하게 상대에게 매달리거나 짜증나게 하지 마라.

포커페이스에서 거짓말 찾아내기

| '거짓말 같기道' 거짓말도 아니고, 참말도 아녀 |

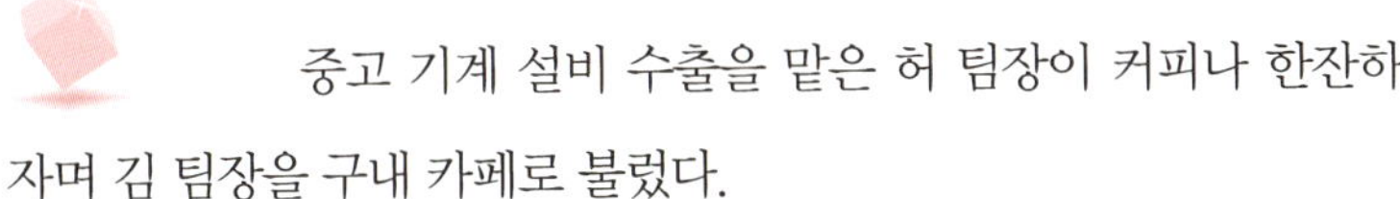

중고 기계 설비 수출을 맡은 허 팀장이 커피나 한잔하자며 김 팀장을 구내 카페로 불렀다.

"사실 어제 베트남 파트너와 협상을 하는데 정말 난처한 입장에 처했습니다."

사연인즉 이랬다.

작년 말 회사가 처리하려는 중고 기계 설비를 동남아 시장에 내놓았는데 지금까지 파리만 날렸다는 것이다. 그런데 어제 베트남에서 온 비즈니스맨이 기계 설비를 둘러보더니 이렇게 말했다고 한다.

"지금 한국에 출장 와서 이와 비슷한 기계를 돌아보고 있는 중입니다. 그중 이 회사의 기계 상태가 가장 좋지 않군요."

말은 그렇게 하면서도 그는 관심 어린 눈빛으로 기계를 꼼꼼히 살펴보았다는 것이다.

"다른 회사들로부터도 이 기계 설비에 대한 가격 협상 제의를 받은 적이 있습니까?"

사실대로 말하면 사정없이 설비 값을 후려칠 것이고, 그렇다고 여태까지 이 설비에 관심조차 보인 업체가 없는데 새빨간 거짓말을 할 수도 없고. 거짓말을 해도 금방 들통이 날 것이 뻔한데, 정말 난감하다며 허 팀장은 한숨만 쉬고 있었다.

"그런 협상 한두 번 하나?"

김 팀장은 허 팀장의 어깨를 두드리며 말했다.

"100만 달러짜리 노하우를 알려줄 테니 퇴근 후 소주 한잔 사게."

말도 꺼내기 전에 허 팀장의 얼굴에 화색이 돌았다.

"그럴 때 거짓말을 안 하고도 어려운 협상 상황을 슬며시 피해 가는 블로킹 테크닉*blocking techniques*이라는 것이 있지."

허 팀장은 두 귀를 쫑긋 세우고 김 팀장의 다음 말을 기다렸다.

협상묘수풀이

협상에서 신뢰나 좋은 관계가 중요하다. 하지만 오랜 기간 거래하여 신뢰가 쌓인 기업도 '극한의 상황'에선 거짓말을 할 수 있다. 하물며 한두 번 만나 협상하는 허 팀장 같은 상황에선 오죽하겠는가?

● **언제 비즈니스 상대가 거짓말을 하는가?** L. 톰슨에 따르면 일반적으로 협상자가 거짓말을 하는 경우는 다음의 아홉 가지 협상 상황에 처했을 때이다.

1 _ 맞대응 거짓말 상황

협상 테이블에서 상대가 협상자 자신을 속이고 있다고 의심할 경우이다. 이때 당연히 협상자는 같이 거짓말을 하며 맞대응한다.

2 _ 거래적 협상 상황

협상 과정에서 상대 협상자를 한 번 만나고 다시 만날 일이 없다고 판단되는 경우이다. 이때 협상자는 심리적 부담감 없이 거짓말을 한다.

3 _ 개인적 이득 상황

협상에서 거짓말을 통해 개인적인 이득을 얻을 수 있다고 생각할 때이다. 즉 거짓말을 해 회사 돈을 자기 개인 주머니에 챙기려는 비열한 상대를 조심해야 한다.

4 _ 곤경 탈출 상황

협상 테이블에서 협상자가 곤경에 처할 때 곤경을 벗어나기 위해 거짓말을 할 수 있다. 협상의 마지막 단계에서 난처한 입장에 빠졌을 때 '나는 서명할 권한이 없기 때문에 본사 사장의 허락을 맡아야 한다'고 오리발을 내미는 허위 권한 협상 전략이 좋은 예이다.

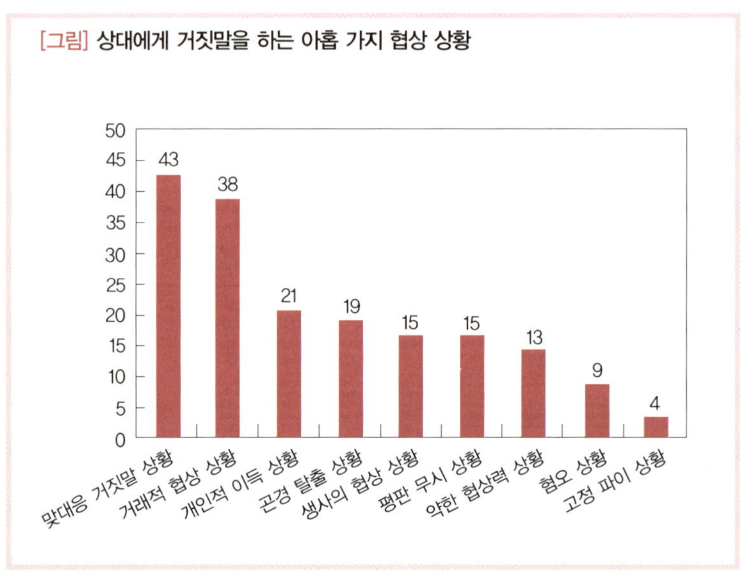

주 : Y축은 거짓말을 할 확률
자료 : The Mind and Heart of the Negotiator, Leigh L. Thompson, 2005.

5 _ 생사의 협상 상황

협상이 기업의 존폐 혹은 개인에게 매우 중요한 영향을 미치는 생사의 협상 상황이다. 이때 협상자는 거짓말을 해서라도 우선 다급한 상황에서 빠져나오려고 한다. 오늘 협상이 타결되지 않으면 상대 기업이 내일 부도가 난다고 상상해 보라. 아무리 오랫동안 거래를 해온 기업이라도 거짓말을 할 수밖에 없을 것이다.

6 _ 평판 무시 상황

협상자가 협상 테이블에서 자신에 대한 평판에 별로 신경을 쓰지 않을 경우이다. 따라서 반드시 협상 상대의 과거 협상 경력이나 평판을 미리 알아봐야 한다. 지저분한 협상자는 늘 지저분한 협상을 한다.

7 _ 약한 협상력 상황

상대 협상자에 비해 압도적으로 약한 협상 상황에 놓여 있는 경우 협상자는 거짓말을 통해 협상을 유리하게 이끌고자 한다. 블러핑이 좋은 예이다.

8 _ 혐오 상황

협상 테이블에서 상대 협상자가 싫을 때에도 거짓말을 한다. 미팅에서 꼴도 보기 싫은 남자가 파트너로 걸렸으면 여자는 불가피한 선약이 있다고 하며 자리를 뜨려 하는 것과 같다.

9 _ 고정 파이 상황

협상으로 얻을 수 있는 이익이 파이처럼 정해져 있다고 생각할 때이다. 협상자는 상대를 몰아붙여야만 자기에게 돌아오는 이익이 크다고 생각해 거짓말을 한다.

앞의 그림에서 보듯이 아홉 가지 각각 다른 거짓말 협상 상황 중에 거짓말을 할 확률은 맞대응 거짓말 상황이 43퍼센트로 가장 높고 거래적 협상 상황이 38퍼센트로 그 뒤를 잇는다. 그리고 개인적 이득 상황이 21퍼센트, 곤경 탈출 상황이 19퍼센트, 생사의 협상 상황이 15퍼센트, 평판 무시 상황이 15퍼센트, 약한 협상력 상황이 13퍼센트, 혐오 상황이 9퍼센트, 마지막으로 고정 파이 상황이 4퍼센트이다.

톰슨의 아홉 가지 경우 중에 허 팀장이 거짓말을 한다면 일곱 번째 '약한 협상력 상황' 에 해당할 것이다.

● **솔직하면 손해 볼 협상 상황 빠져나가기** 리처드 셸 교수에 따르면, 거짓말을 하지 않으면서 난처한 협상 상황을 비껴 가는 블로킹 테크닉에는 다음과 같은 세 가지가 있다. 우선 허 팀장의 고민을 풀어주는 묘수를 살펴보자.

1 _ 권한 밖 질문 Declare the question out of bounds

"우리 회사와 거래하는 고객에 관해 제 3자에게 말하는 것은 회사 규칙으로 금지되어 있습니다. 이는 고객의 정보 보호를 위한 것으로 당신과 진행 중인 협상도 다른 고객에게 말하지 않겠습니다."

이렇게 대답을 하면 상대방의 질문을 교묘히 회피하며 고객의 정보 보호를 철저히 한다는 좋은 인상을 줄 수 있다.

2 _ 동문서답 Dodge the question

"그간 이 기계를 보기 위해 우리 회사를 방문한 사람이 많습니다."

언뜻 보기에는 질문에 대답한 것처럼 보이지만 그렇지 않다. 베트남 기업인의 질문이 중고 방적기에 대한 '구매 의사'를 보인 다른 사람이 있냐는 것이었는데, 대답은 "기계를 보기 위해 단순 방문한 사람이 많다."고 대답을 교묘히 회피하고 있는 것이다.

3 _ 역질문하기 Ask a question for your own

"중고 방적기를 사러 베트남에서 오신 것 같은데 다른 회사에서 마음에 드는 기계를 발견하셨습니까? 한국에는 저희 회사 말고도 중고 방적기를 팔려는 회사가 많을 것입니다."라고 오히려 자기가 먼저 상대에게 질문해 버리는 것이다. 많은 경우 협상 상대자는 무의식적으로 상대가 던진 질문에 대답을 한다.

● **에크먼 교수의 거짓말
찾아내기**　　　캘리포니아 대학의 폴 에크먼 교수는 평생을 거짓말 찾아내기에 관해 연구했다. 대개 사람들이 거짓말을 할 때 세

가지 의식을 가진다. 죄책감, 두려움, 그리고 쾌감이다. 상대의 면전에서 거짓말을 하면 당연히 죄책감이 생기지 않을 수 없다. 다소간의 거래 관계라도 있었던 상대라면 더욱 그럴 것이다. 그리고 '발각되면 어떡하나' 하는 두려움이다. 나중에 거짓말이 탄로나면 더 큰 손해를 볼지 모르기 때문이다.

인간은 깜빡 속아넘어가는 상대를 보면 은근한 쾌감을 느낀다는 것이다. 그런데 이 쾌감은 혼자만 즐기지 못하고 꼭 다른 사람에게 자랑하고 싶어한다. 말하자면 거짓말하고 나서 입이 근질근질해 못 견디고 많은 경우 여기서 거짓말이 들통난다.

에크먼 교수는 아무리 포커페이스라도 죄책감을 갖거나 두려움에 떨거나 쾌감에 들뜨거나 할 때 반드시 무의식적인 바디랭귀지로 나타난다고 말한다. 얼굴 표정, 눈놀림, 손이나 발을 흔드는 것, 자세, 말하는 속도와 억양 등에서 뭔가 평소와 다른 게 나타나는 것이다. 따라서 협상 테이블에선 상대의 이 같은 변화를 알아내는 능력이 굉장히 중요하다.

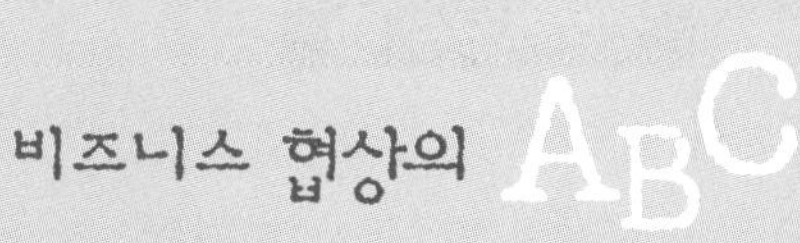

- 오랜 거래선, 즉 단골이라고 방심해선 안 된다. 상대의 사활이 걸린 상황에선 충분히 거짓말을 할 수 있다. 따라서 오랜 거래 상대라도 가끔 군대식 불시점검을 해볼 필요가 있다. 뭔가 찜찜한 게 있으면 하나하나를 철저히 따져보는 것이다. 그래야 상대가 섣불리 거짓말을 못한다.

- 거짓말을 안 하면서도 난처한 협상 상황을 빠져나가는 '블로킹 테크닉'을 익혀라. 아무리 비즈니스 협상의 세계를 정글의 법칙이 지배하더라도 가능하면 거짓말을 안 하는 것이 낫다.

- 노련한 포커페이스 상대라고 당황하지 마라. 상대의 바디랭귀지를 잘 관찰하면 상대가 거짓말을 하는지 여부를 80퍼센트는 찾아낼 수 있다. 그런데 이 같은 거짓말을 찾아내는 능력은 평소 훈련을 통해 가능하다.

- 거짓말할 때 가장 많이 나타나는 무의식적 행동은 얼굴에 띠는 '묘한 미소'이다. 이때 주의해서 상대를 살펴라. 하여튼 상대가 몸을 흔들거나 동작의 변화가 많아지면 일단 주의해라. 뭔가 심상치 않은 징표이다.

참을 수 없는 잔꾀의 가벼움

| 훤히 보이는 잔꾀는 협상의 극약이다 |

카리브 해의 도미니카에서 온 페르디난도, 이 친구 아까부터 잔머리를 너무 굴리고 있었다. 자기가 원하는 디지털 솔루션 제품 '알파'를 팔 회사는 우리나라에 딱 두 회사였다. 김 팀장 회사와 구로디지털 단지의 마리오 IT사. MBA 동기인 마리오사의 홍 부장과 오전에 통화를 했다.

"페르디난도 이 친구가 어제 우리 회사를 들른 것이 사실이야. 하지만 그 회사에 물건을 팔 생각은 없어."

그런데 이 친구 아까부터 계속 마리오사는 300만 달러에 판다고 했으니, 김 팀장 보고 더 깎아 달라고 치근대고 있었다. 더욱이 오늘 미팅 시간을 두 번이나 펑크냈다. 처음에는 배탈이 나서, 그 다음에는 택시를 못 잡아서. 뻔히 보이는 거짓말이었다. 김 팀장은 이 친구의 수를 훤히 읽고 있는데, 계속 잔꾀만 부리며 협상하려 들었다. 도무지 신뢰가 가지 않았다. 적당히 구슬려 돌려보내야겠다.

'그럼 나는 잔꾀를 안 부렸나?'

불현듯 이런 생각이 스치며 오래전 부산에 내려갔을 때가 생각이 났다. 부산시청에 근무하는 친구와 소주나 한잔하자는 약속을 해놓고, 우연찮게 길에서 군대 동기를 마주쳤다. 그는 부대 내에서도 '부산 재벌'로 통해 돈 잘 쓰고 호방한 친구였다. 그러한 그가 저녁에 술 한잔 화끈하게 사겠다고 말했다.

순간 김 팀장은 잔머리를 굴렸다. 공무원인 친구 따라가봤자 겨우 광안리쯤에 가서 소주일 게 뻔했다. 하지만 부자인 군대 동기를 따라가면 분명 호화판으로 퍼마실 것이라는 계산이 나왔다.

김 팀장은 전화통을 들고 공무원 친구에게 양해를 구했다. 급한 일이 생겨 오늘 저녁 약속을 최소해야겠다고.

그런데 막상 저녁에 군대 친구를 만나러 호텔 커피숍에 가니, 이 친구 얼굴이 부어 있었다. 마누라와 한바탕 해서 기분이 안 좋단다. 술도 기분이 좋아야 마시지. 저녁 내내 이 친구 고민을 들어주고 푸념을 받느라 곤욕을 치렀다. 공무원 친구와의 소탈한 소주 한잔이 그렇게 그리울 수가 없는 시간이었다

"친구 사이건 비즈니스 협상에서건 잔재주를 부리면 제 꾀에 속아 넘어갑니다. 역시 의리를 지키고 신뢰를 쌓는 게 중요합니다."

부산의 씁쓸한 경험을 예로 들며 김 팀장이 후배 비즈니스맨에게 늘 하는 말이다.

협상묘수풀이

인생을 살아갈 때 정직함이 최고의 미덕이듯이 협상에서도 마찬가지다. 비즈니스 세계가 아무리 정글의 법칙이 난무하는 곳이라지만 꾸준히 신뢰를 쌓아가면 그것만큼 든든한 무기는 없다.

거꾸로 개인 사이건, 기업끼리건, 정부 간이건 신뢰를 잃으면 협상이 꼬이고 꼬인다.

이에 대한 좋은 교훈 사례는 GM-대우자동차 매각 협상이다.

● **잔꾀부리다 헐값에
팔아치운 대우자동차 협상**　2002년 4월 30일 GM은 주머니에서 단돈 4억 달러를 꺼내 대우자동차를 삼켰다.

"너무 헐값에 팔아치웠다. 50억 달러 이상은 받을 수 있었는데."

요즘 GM대우가 정상화되어 잘 돌아가고 있으니까 수그러들었지만, 매각 직후 한동안 오가던 이야기이다. 옆의 GM과 대우 사이에 한 3년간 인수가격을 놓고 밀고 당긴 것을 보면 '억울하게 싸게 팔았다'는 이유가 나올 만도 하다.

외환위기가 터지고 1999년 대우 그룹이 워크아웃에 들어가자 대우자동차가 갈 곳을 잃었다. 오래전부터 대우자동차 인수를 노리고 있던 GM은 은밀히 한국 정부와 접촉했다.

대답은 'OK'였다. 수의계약으로 팔 의사가 있다는 것이다. 이에 GM은 서둘러 1999년 12월 13일 금융감독위원회에 인수 의향서를 공식 제출했다. 제안 가격은 무려 55억 달러! 실제로 GM이 인수한 가격의 거의 열 배였다.

그런데 도대체 협상을 어떻게 했길래 결과적으로 터무니없는 가격에 팔아치웠단 말인가?

GM이 인수 의사를 공개적으로 밝힌 후 포드가 뛰어들었다. 우리도 참가할 테니 국제 공개 입찰로 하자는 것이다. 한국 정부로선 꽃놀이 협상패가 된 것이다. GM, 포드, 거기다 크라이슬러, 폭스바겐까지, 이 모두를 경쟁시키면 55억 달러보다 훨씬 많이 받을 수 있지 않을까? 물론 당초 GM과의 수의 계약 언질은 언제 그랬냐는 듯이 던져버리고 잔머리를 굴린 것이다.

처음에는 잘 돌아갔다. 2000년 6월 국제 입찰에서 70억 달러를 내건 포드가 우선 협상자로 선정되었다.

"야, 협상을 잘하니 15억 달러나 더 받아내는구나."

당시로선 쾌재를 불렀다. 그런데 얼마 후 포드사가 뒤로 나자빠졌다. 인수를 못하겠다는 것이다. 여기서부터 대우자동차의 가격이 정신 없이 떨어지기 시작했다. 2000년 9월, GM은 12억 달러를 제시했다. 불과 10개월 전 40억 달러의 3분의 1, 포드사가 제안한 가격의 6분의 1수준이었다. 말도 안 되는 가격이었지만 울며 겨자 먹기로 GM과 협상하지 않을 수 없었다.

대우자동차를 매각할 수밖에 없다는 것이 당시의 사회 분위기였다. 그런데 막상 사겠다는 상대는 GM밖에 없었기 때문이다. 결국

GM에 질질 끌려 다니다가 어처구니없는 가격에 팔아치운 것이다.

이 GM-대우 협상을 놓고 우리가 배워야 할 점은 분명하다. 만일 신뢰를 지켜 잔머리 안 굴리고 1999년 겨울 GM과 협상을 성사시켰으면 정확히 55억 달러에 팔 수 있었다.

● **한국 정부는 신뢰 못할 불공정무역국**　　내가 공직에서 미국 정부와 협상하면서 느낀 점을 한번 살펴보자.

"한국 경찰은 외제차 운전자에게 의도적으로 교통위반 딱지를 뗀다면서요?"

"설마요, 한국 경찰이 그럴 리가 있겠습니까?"

한국 정부 협상 팀은 펄쩍 뛰었다. 그러자 미국 정부 대표가 한국의 교통 위반 딱지 세 장을 보란 듯이 테이블 위에 올려놓았다. 모두 서울 가락시장 앞에서 크라이슬러 밴에게 발부된 것이었다. 위반 사유는 한결같이 차창의 색이 너무 진하다는 것이었다.

미국은 협상 테이블에서 상대를 공격할 때는 반드시 이를 뒷받침하는 객관적 자료를 제시한다. 미국 사람과 협상할 때는 특히 이 점을 염두에 두어야 한다. 그런데 어떻게 똑같은 장소에서 똑같은 이유로 교통 위반 딱지가 세 장씩이나 발부됐을까? 한국 정부 팀도 이해할 수 없었다. 부랴부랴 서울시에 알아보니 사연인즉 이러했다.

한 젊은 의경이 가락시장 앞에서 교통정리를 하고 있었다. 그런데 창문을 검게 칠한 크라이슬러 밴이 지나가는 것이 아닌가. 의경은 당연히 밴을 불러 세웠다.

"이 차 법규 위반이에요. 창문 색깔이 너무 진하잖아요."

지금은 어떤지 잘 모르겠지만, 얼마 전까지만 해도 우리 경찰은 차창을 어둡게 한 자동차를 단속했다. 관련 법규에 '10미터 밖에서 차 안에 있는 사람을 알아보지 못할 정도로 차창 색깔을 진하게 해서는 안 된다'라고 되어 있기 때문이다.

"무슨 소리요? 이 차를 딜러한테 살 때 아무 문제없다고 했는데요."

한국 사람들은 교통경찰한테 고분고분하지 않다. 한참 둘이서 티격태격하다 젊은 의경은 결국 딱지를 떼었고 운전자는 씩씩거리며 그 자리를 떠났다. 그런데 다음날 똑같은 문제가 발생했다. 크라이슬러 주인 아저씨가 가락시장에서 일하기 때문에 그 앞을 다시 지나치지 않을 수 없었던 것이다. 전날과 똑같이 시비가 붙었고 결과는 두 번째 위반 딱지! 셋째 날도 똑같은 일이 벌어졌다. 이쯤 되면 젊은 의경도, 아저씨도 오기가 발동한 셈이다.

세 번째 딱지를 받은 아저씨는 크라이슬러 대리점으로 달려갔다.

"이것 보시오, 이 차 도로 가져가시오. 한국 경찰이 창문 색깔이 진하다고 딱지를 세 번씩이나 뗍디다. 아, 그래, 차를 살 때 당신들이 아무 문제가 없다고 하지 않았소?"

아저씨는 씩씩거리면서 딱지 세 장을 딜러 앞에 휙 던져버렸다. 다음에는 무슨 일이 벌어졌을까? 한국 딜러는 당연히 미국 디트로이트에 있는 크라이슬러 본사에 이를 보고했고, 이는 워싱턴에 있는 미국 무역대표부에 넘겨졌다. 미국 무역대표부로서는 한국의 불공정 무역 행위를 반증할 수 있는 좋은 건수를 잡은 셈이었다.

● 한국은 외제차를 소유한 사람들을
특별 세무사찰을 한다면서요?   이는 10여 년 전
부터 최근까지 한미 통상 협상을 할 때마다 약방의 감초식으로 나오는
기본 메뉴다. 사실 미국 측이 내미는 자료를 보면 외제차를 소유한 사
람들이 특별 세무조사를 더 많이 받은 것이 사실이었다. 객관적인 수
치 앞에서 난감해진 내가 국세청에 있는 고시 동기에게 물어보았다.

"여보게, 이 국장. 당신네 국세청 관리 때문에 요즘 죽을 맛이네.
협상을 할 때마다 미국 애들이 계속 물고 늘어져서 말이지. 너희들 진
짜 외제차 소유한 사람들만 따로 찍어 세무사찰하나?"

"아니, 그게 무슨 소리야? 우리가 할 일 없어서 그런 짓 하겠나?"

"우리끼리니까 한번 솔직하게 털어놔 보게나. 나도 미국이 뭔가 이
해할 수 있는 이야기를 해줘야 하지 않겠나?"

국세청 관리가 설명하는 사연인즉 이러했다. 국세청 관리도 고민이
많단다. 어떻게 하면 소득은 많은데 미꾸라지처럼 요리조리 빠져나가
면서 세금을 안 내는 탈세자를 잡아내느냐는 것이었다. 그래서 이런
사람들을 잡아내는 내부 지침이 당시 일선 세무서에 내려와 있었다.

특정 소득 신고 없이 1년에 호화 해외 관광을 몇 번 이상 하는 자,
골프 회원권을 몇 장 이상 가진 자 등등. 이 같은 지침 중에 고급 외제
차를 소유한 자가 들어 있다는 것이었다. 그러니 외제차를 소유한 사
람을 일부러 찍어 세무사찰을 한 것이 아니라 탈세한 사람을 위의 지
침에 따르다 보니 외제차 소유자가 많이 걸려든다는 것이었다.

이를 어떻게 해석해야 할까? 우리로서는 국세청 설명에 고개가 끄
덕여지기도 하지만 과연 미국 정부 관리가 이를 믿을까?

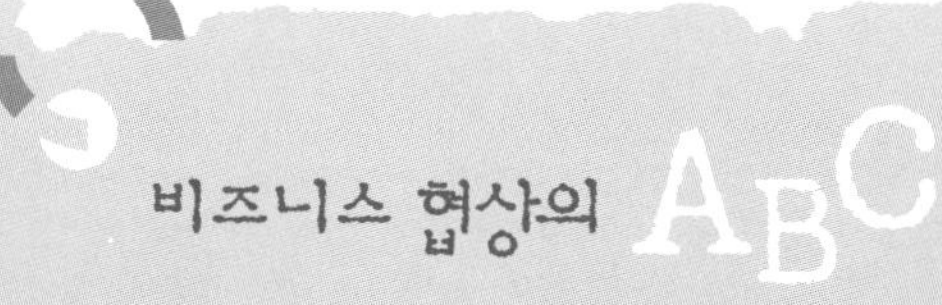

- 상대가 당신을 신뢰하게 만들 수 있을 때, 그리고 당신이 상대를 신뢰할 때 이미 협상의 절반은 성공이다. 신뢰는 비즈니스 협상뿐만 아니라 정부간 협상에서 중요한 역할을 한다. 냉전을 종식시킨 레이건과 고르바초프 사이의 협상도 결국은 협상자 사이의 신뢰에 바탕을 두고 있다. 회고록에 따르면 두 국가 지도자가 아이슬란드의 레이카비크에서 첫 대면했을 때 '이 사람은 신뢰할 만하구나'라고 서로 느꼈다고 한다.

- 학자들이 연구한 바에 따르면, 신뢰를 바탕으로 한 협상 팀이 '결국은' 잔꾀를 부리는 협상 팀을 이긴다. 여기서 '결국은'이란 표현을 쓴 것은 단기적이며 일시적으론 잔꾀 팀이 이길 수도 있기 때문이다.

이기는 심리의 기술 트릭

지은이 / 안세영
펴낸이 / 김경태
펴낸곳 / 한국경제신문 한경BP
등록 / 제 2-315(1967. 5. 15)
제1판 1쇄 발행 / 2007년 11월 10일
제1판 6쇄 발행 / 2009년 4월 30일
주소 / 서울특별시 중구 중림동 441
홈페이지 / http://www.hankyungbp.com
전자우편 / bp@hankyung.com
기획출판팀 / 3604-553~6
영업마케팅팀 / 3604-561~2, 595
FAX / 3604-599

ISBN 978-89-475-2642-5
값 12,000원